VOCÊ TEM FILHOS?

Kate Kaufmann

VOCÊ TEM FILHOS?

COMO AS MULHERES VIVEM QUANDO A RESPOSTA É NÃO

Tradução de Fernanda Mello

Copyright © 2019 Kate Kaufmann
© 2021 Casa dos Mundos / LeYa Brasil
Título original: Do You Have Kids?: Life When the Answer Is No

Todos os direitos reservados e protegidos pela Lei 9.610, de 19.02.1998.
É proibida a reprodução total ou parcial sem a expressa anuência da editora.

Editora executiva
Izabel Aleixo

Revisão
Carolina M. Leocadio

Produção editorial
Carolina Vaz
Emanoelle Veloso

Diagramação
Filigrana

Preparação
Mariana Rimoli

Capa
Leandro Dittz

Dados Internacionais de Catalogação na Publicação (CIP)
Angélica Ilacqua CRB-8 / 7057

Kaufmann, Kate
    Você tem filhos?: como as mulheres vivem quando a resposta é não / Kate
Kaufmann; tradução de Fernanda Mello. — São Paulo: LeYa Brasil, 2021.
    272 p.

ISBN 978-65-5643-080-5
Título: *Do you have kids? : Life When the answer is no*

1. Mulheres sem filhos 2. Mulheres - Conduta de vida 3. Mulheres - Estilo de vida I. Título
II. Mello, Fernanda

21-0448   CDD 306.874

Índices para catálogo sistemático:
1. Mulheres - Escolhas - Filhos

LeYa Brasil é um selo editorial da empresa Casa dos Mundos.

Todos os direitos reservados à
Casa dos Mundos Produção Editorial e Games Ltda.
Rua Avanhandava, 133 | Cj. 21 – Bela Vista
01306-001 – São Paulo – SP
www.leyabrasil.com.br

ESTE LIVRO É DEDICADO A:

*Anne, mãe do meu coração, pelo apoio desde a primeira
vez que falei em público sobre não ter filhos.*

*Deb, que me acompanhou na caminhada pela praia que deu início a
minha pesquisa e se tornou uma de minhas amigas mais queridas.*

*Jenny, que me incentivou a levar a sério a escrita e
continuamente defende a mim e o meu trabalho.*

*E às centenas de mulheres que compartilharam suas histórias
sobre como é construir uma vida sem filhos.*

Sumário

Introdução   9

Capítulo 1	Quem somos?	13
Capítulo 2	Construindo uma vida	25
Capítulo 3	Emprestadas desde o início	45
Capítulo 4	Amizade permanente	63
Capítulo 5	Assuntos de família	79
Capítulo 6	Onde vivemos	105
Capítulo 7	Use-o ou perca-o	131
Capítulo 8	Movimentos espirituais	151
Capítulo 9	Velhos órfãos	183
Capítulo 10	O que deixamos para trás	213
Posfácio	Você tem filhos?	235
Notas		259
Agradecimentos		269

Introdução

Caminho ao longo de uma praia quase deserta, ao lado de minha nova amiga, chutando areia e conversando, como fazem as mulheres quando estão se conhecendo melhor. Respiro fundo e então lanço a pergunta que sempre temo ouvir e sempre deixo de fazer. Só para acabar logo com aquilo.

– Você tem filhos?

– Não, eu não – responde ela. – E você?

– Não.

Caminhamos em silêncio por um tempo, vagando pela extensão de areia que nos envolve. Há muito tempo eu quero falar sobre a vida sem filhos. Então pergunto se tudo bem conversarmos sobre o assunto. Ela diz que sim.

Falamos sobre como definimos nossa vida, o que importa para nós, como somos diferentes de nossas irmãs e amigas com filhos. É fascinante. Nenhuma de nós jamais falou sobre o assunto tão abertamente antes.

Com o passar dos anos, nossa amizade cresce e continuamos falando sobre isso. Às vezes incluímos uma ou duas amigas sem filhos na conversa.

Atualmente, de vez em quando, realizamos pequenas reuniões com mulheres que, como nós, também não têm filhos. Nesses encontros, falamos sobre como nossa vida é impactada de várias formas pela ausência de filhos, incluindo nossa saúde, espiritualidade e nossa própria definição de família. Falamos de dinheiro, planejamento para o fim da vida, de como passamos as férias. Como minha amiga e eu, essas mulheres raramente conversam sobre tais assuntos com outras pessoas, mesmo com aquelas que elas sabem que também não têm filhos.

Algumas de nós não conseguiram engravidar. Outras optaram por não ter filhos ou não quiseram se arriscar a transmitir doenças genéticas. Ou seja: nenhuma de nós vai deixar descendentes. Isso não é bom nem ruim, apenas diferente.

Há coisas sobre as quais as mulheres que não são mães sabem pouco, como as dores do parto, a imposição do toque de recolher a adolescentes ou como é o sentimento de ver uma filha se tornar mãe.

Há outras sobre as quais frequentemente sabemos muito – como a aprendizagem contínua, independência pessoal ou doações para o fundo universitário de crianças que talvez nunca encontremos. É claro que esse tipo de coisa não está fora do alcance das mães, mas nós simplesmente estamos mais disponíveis para nos dedicar a elas.

Por que isso importa? Por um lado, porque mulheres sem filhos estão por toda parte – uma irmã, uma tia, a professora favorita de um filho. Dependendo de quando nasceram, uma em cada cinco ou seis mulheres com mais de 45 anos nunca terá filhos.[1] É o dobro da proporção de apenas uma geração atrás. As filhas e netas mais jovens de hoje podem muito bem crescer e se juntar a nós. A ausência de filhos pode dobrar novamente, já que as mulheres da geração X e as millennials costumam pensar em suas opções de parceria, nos fatores econômicos da criação de uma família e no impacto do crescimento populacional em nosso planeta.

Como as jovens de hoje encaram a maternidade? A quem recorrem quando consideram um caminho que não inclui gerar bebês? Ou se descobrem que não podem tê-los por causa da infertilidade ou pela falta de um parceiro viável? Eu gostaria de ter tido mulheres sem filhos mais velhas em quem confiar e com quem pudesse buscar orientação.

Mas, depois que meu marido e eu nos mudamos da cidade em que nos conhecemos – primeiro para um bairro mais residencial, depois para uma pequena comunidade rural –, poucas vezes conheci outras mulheres sem filhos. Quando aconteceu, eu não sabia muito bem como abordar o assunto sem me sentir uma bisbilhoteira. Quando falava sobre isso e havia mães no grupo, elas rapidamente tentavam me consolar ou apontavam todas as crianças que tenho em minha vida – sobrinhos e filhos de amigos. Ou falavam sobre animais de estimação. Era legal, mas as mulheres que eu queria ouvir, aquelas como eu, dificilmente falavam.

*

Agora meus dias de timidez acabaram. Eu me tornei sensivelmente despudorada em relação à pergunta que relutei em fazer naquele dia na praia. Não mais para tirar logo o assunto do caminho, mas para que possamos tentar chegar ao âmago da questão. Tive a chance de aprender com mulheres sem filhos de todas as idades. Explorar a vivência de outras pessoas me abriu opções de vida que eu sequer sabia que existiam.

Sei que muitos pais e avós estão interessados em saber como é a vida de suas filhas e netas que não têm filhos, mas relutam em abordar o assunto por medo de ferir seus sentimentos. Em *Você tem filhos? Como as mulheres vivem quando a resposta é não*, nós que vivemos há anos sem filhos compartilhamos nossas histórias na esperança de construir uma compreensão mais ampla e incentivar conversas sobre o assunto.

O que não há em página alguma deste livro são críticas às mulheres que optaram por ter filhos, nem julgamentos de valor de qualquer mulher por suas escolhas ou circunstâncias reprodutivas. Não porque esses comentários tenham sido editados, mas porque nenhuma mulher com quem falei expressou tais sentimentos.

A vida sem filhos pode ser tão interessante e gratificante quanto aquela em que se opta pela criação de uma família. Nosso impacto no mundo é enorme, mas geralmente subestimado. No trabalho, ganhamos dinheiro e exercemos poder. Nos relacionamentos com amigos, familiares e filhos de outras pessoas, nossos interesses e contribuições mudam vidas. Embora nosso sistema reprodutivo possa ser suscetível a doenças, trazemos vivências diversas para as comunidades em que vivemos. E, quando nosso tempo na Terra termina, deixamos para trás outras coisas além dos passos de nossos descendentes.

Normalmente mulheres que já tiveram filhos ajudam grávidas a navegar durante a gestação e, depois que os bebês nascem, orientam as novas mães em seu novo e desconhecido papel. É uma bela conexão intergeracional.

Mas sua mãe não pode descrever como é não ter filhos, e não há um *O que esperar quando você está esperando* para quando você não está nem nunca estará esperando nada. Quem orienta a mulher sem filhos? Em *Você tem filhos?*, mulheres sem filhos são sinceras, muitas vezes engraçadas e sempre perspicazes sobre como é a nossa vida – boa, ruim, surpreendente.

CAPÍTULO I
QUEM SOMOS?

Meninas inquietas entram na quadra da escola, rindo, constrangidas. Os botões dos seios estão cobertos pelas camisetas de algodão, alguns já começando a crescer. Algumas das garotas populares são atraentes aos olhos dos meninos, que passam por elas boquiabertos, a caminho do intervalo que será mais longo que o normal. Lá dentro, as meninas sentam-se em arquibancadas, não muito preparadas para falar sobre assuntos de mulheres adultas: menstruação, sexo e bebês. Como meninas se tornam mulheres. A maioria sabe alguma coisa sobre sexo por meio de filmes, irmãos ou irmãs, festas do pijama, mas a conversa de hoje é principalmente sobre períodos menstruais e o espetáculo sangrento que em breve ocorrerá na calcinha de cada uma delas. Isso acontece com todas as meninas da sala, anuncia a professora, com exceção de algumas atletas, cujo alto nível de atividade física pode atrasar seus ciclos mensais. Depois de menstruar, diz ela, cuidado. É fácil engravidar.

A professora segue uma linha tênue – apresentando informações úteis sem muito choque, medo ou conotação sexual. Mas a estrondosa mensagem é clara: tenham cuidado, porque com o primeiro ciclo menstrual vem a fertilidade, e com a fertilidade vem o risco de engravidar. Um bebê planejado é um presente para seu futuro casamento, mas ter um bebê muito cedo é trágico. Cabe a vocês, meninas, manter os meninos afastados até que estejam prontas para ser mães.

A maioria dessas meninas vai crescer e ser mãe. Tem sido assim. Uma mulher engravida e dá à luz seu bebê. Nesse dia, ela se torna mãe. Sua vida agora está ligada à nova vida que criou. Nunca mais será a mesma.

Mas há aquelas que não passarão por isso. Quem somos nós? E por que não temos filhos?

*

Antes de mais nada, uma ou duas palavras sobre palavras. As palavras que usamos quando nos referimos uns aos outros são importantes. Por isso, lamento dizer que não há uma boa palavra para definir uma mulher que não teve filhos. Os termos existentes sempre invocam o que não somos, e não quem somos.

Estéril. *Childfree*. Sem filhos.

Essas palavras estão encharcadas de julgamento.

Não mãe. Mulher sem filhos. Mãe de ninguém.

Não há como descrever essa mulher sem o negativo. Terminamos reduzidas ao oposto do que uma mãe é.

Mesmo uma rede de professoras de estudos de gênero teve dificuldade em nos nomear.[1] Numa troca de e-mails, debateram a confusa fronteira que diferencia o que em inglês se chama de *childless* das *childfree*. *Childless* normalmente se refere a mulheres que queriam ter filhos, mas nunca os tiveram, e *childfree* seriam aquelas que optaram por não ter filhos. Algumas defendem a sigla Pank (sigla em inglês para Tia Profissional Sem Filhos). "Não procriadora" foi mencionado, acredito que de brincadeira. Em seguida, com uma ardilosa isca, mudaram a discussão para o direito de a mulher ser chamada por seu termo preferido, a racialização da linguagem e as realidades de classe da maternidade. Com certeza tópicos fascinantes, mas ainda assim ficou faltando encontrar um termo neutro e fácil de dizer.

Por enquanto, estamos presas a termos como *childless* e *childfree*, os quais sugerem que há uma fronteira fixa entre a tristeza da impossibilidade e a alegria vertiginosa da escolha.

Nulípara, o jargão médico para uma mulher que nunca deu à luz, chega mais perto. Mas é uma palavra complicada, e o termo também é usado para uma mulher que *ainda* não teve filhos.

Sem uma palavra adequada, nomear-nos é constrangedor e desajeitado. Certamente, porém, à medida que nossos números aumentam, um termo apropriado entrará em uso comum. Até lá, palavras imperfeitas terão de bastar. Com desculpas a todas as que se sentem menosprezadas por minha escolha de palavras, em *Você tem filhos?*, os termos *childless*, *childfree*, *não mãe* e *nulípara* são todos usados dentro de um contexto e com cuidado e respeito.*

*

É impossível assistir a uma hora de televisão sem ver anúncios estrelados por bebês, famílias felizes, avós entusiasmados abraçando adoráveis pequeninos. Os Estados Unidos são um dos países mais pró-natalistas do mundo, e ainda é uma expectativa cultural que as mulheres gerem bebês.[2] Mas sempre há uma porcentagem que não gera. No início do século XXI, esse número era de cerca de 20% das mulheres, o dobro do que era em 1980.[3] Em 2016, a ausência de filhos, segundo o Centro de Pesquisa Pew, caiu para cerca de 14%.[4]

---

* N. da E.: Esses movimentos e discussões ainda não se desenvolveram o suficiente no Brasil para que tenhamos estabelecido mesmo termos não definitivos, como os que a autora menciona. Por isso optamos por usar nesse texto a expressão "mulheres sem filhos", definindo pelo contexto se a situação foi ou não opcional, se isso for relevante.

Os demógrafos nos Estados Unidos definem como sem filhos a parcela da população de mulheres de quarenta a 44 anos que não deram à luz uma criança viva e presumem que essas mulheres permanecerão sem filhos pelo resto da vida.[5] Apesar das fotos de capa de revista mostrando bebês de celebridades mais velhas e dos avanços nas tecnologias reprodutivas, o número de nascimentos a partir de mulheres com 45 anos ou mais ainda é minúsculo (<0,2% em 2016, de acordo com a análise do Pew dos dados do US Census Bureau, o departamento de censo americano).

Ainda não sabemos como a Grande Recessão afetará a taxa total de nascimentos, mas durante a Grande Depressão e nas duas Guerras Mundiais ela ficou em torno de 20%.[6] Naquele tempo, a pobreza, a má nutrição e a ausência de homens intensificavam a diminuição do número de nascimentos. Hoje, são mulheres em grande parte saudáveis que se abstêm da maternidade, e a maioria dos homens não é militar da ativa.

Um analista estatístico poderia dizer que as mulheres sem filhos de hoje são mais propensas a serem instruídas, moradoras de centros urbanos e caucasianas.[7] Isso até poderia ser verdade, se as mulheres caucasianas, afro-americanas e asiáticas sem filhos não estivessem igualmente representadas em seus gráficos étnicos (respectivamente 17%, 15% e 14%). Com 10%, as mulheres hispânicas sem filhos não ficam muito atrás demograficamente. Uma mulher sem filhos também tem mais probabilidade de ser solteira, ocupar uma posição profissional de liderança, possuir casa própria (geralmente numa cidade grande) e ser filha única em sua família de origem.

Algumas de nós tentam ter filhos e são malsucedidas. Doze meses ou mais de relações sexuais sem métodos contraceptivos que não produzem uma gravidez ganham a denominação de "fecundidade prejudicada" em prontuários médicos (outro termo desagradável). Aproximadamente 18% de todas as mulheres sem filhos na faixa etária de quarenta a 44 anos pertencem a essa categoria, o que significa que ter um bebê um dia é improvável.[8] Como a gravidez é adiada em favor da escolaridade e da carreira, os óvulos ficam mais velhos. E óvulos mais velhos não são apenas mais difíceis de fertilizar, mas também têm maiores chances de gerar bebês com anomalias genéticas ou físicas.

Algumas de nós, mulheres sem filhos, tentam não engravidar. Os avanços nos medicamentos e dispositivos contraceptivos apoiam o esforço. Mas *decidimos* não ter filhos ou simplesmente continuamos sem filhos?

Estudos sugerem que não ter filhos não necessariamente é uma única grande decisão, mas muitas vezes o resultado de várias outras escolhas menores.[9] Em vez de escolher explicitamente *não ter* filhos, muitas mulheres simplesmente não tomam a decisão afirmativa de *tê-los*. Em outras palavras, *permanecer* sem filhos é o resultado lógico de adiar a decisão e se concentrar em outros empreendimentos. Então a natureza toma a decisão por nós quando a menopausa encerra nossa fertilidade.

Culpe os estudos. E o trabalho. E a falta de relacionamentos comprometidos.

Todas as pesquisas confirmam que mulheres com níveis mais altos de educação têm maior probabilidade de nunca ter filhos ou adiar a gravidez.

De acordo com um desses estudos, a cada nível acadêmico que uma mulher completa (bacharelado, mestrado, doutorado), suas chances de permanecer sem filhos aumentam em 14%.[10]

Níveis mais altos de educação geralmente resultam em maiores oportunidades de emprego, e mulheres empregadas continuamente (sem períodos de desemprego superiores a um mês) têm muito menos probabilidade de se tornar mães. (Ironicamente, homens empregados continuamente têm muito *mais* chances de se tornar pais.) Desde 2010, as mulheres ocupam mais da metade de todos os cargos de liderança, e um número cada vez maior de mulheres nesses cargos não têm filhos.[11]

Depois, há os relacionamentos. Hoje, muitos jovens americanos adiam o casamento ou o evitam completamente. A idade média em 2010 foi de 28 anos para noivos e 26 para noivas; em 1960, era 23 para noivos e vinte para noivas. Durante seu período fértil, a cada ano uma mulher sem um parceiro comprometido aumenta em 15% suas chances de permanecer sem filhos, embora haja evidências crescentes de que mulheres solteiras estão dispostas a ter filhos sem o laço conjugal.[12] De fato, desde 2014, a maioria das mulheres que nunca se casaram são mães.

A escolaridade, a carreira e a decisão de adiar o casamento podem resultar em anos de fertilidade infrutífera. Com o obstinado preconceito cultural de que os homens geralmente escolhem como parceiras mulheres mais jovens, à medida que a janela do tempo fértil se estreita o mesmo acontece com o número de possíveis parceiros.

Por trás de todas essas tendências e estatísticas, é claro, estão as mulheres sem filhos que todos conhecemos e amamos. Uma mulher se torna mãe no momento em que tem um bebê. Mas, para a maioria das mulheres sem filhos, não há um tempo específico em que a ausência deles acontece. Motivações e circunstâncias de como chegamos a permanecer sem filhos podem se misturar, criando linhas de história mais sutis do que explicações definitivas.

*

Outubro de 2015, Cleveland, Ohio. Mais de cem mulheres, incluindo eu, entram no grande salão do Marriott Hotel para o primeiro Encontro de Não Mães (NotMom Summit). Com idades entre 24 e 69 anos, somos de catorze estados americanos, três províncias canadenses, além da Inglaterra, da Islândia e da China. Estamos aqui para passar dois dias ouvindo palestras e participando de workshops, todos focados na vida sem filhos.

Karen Malone Wright, uma mulher enérgica de sessenta anos, é a organizadora do encontro e a fundadora do site theNotMom.com, patrocinador do evento.[13] Depois de nos dar as boas-vindas a Cleveland, Wright faz uma pergunta: "Você é uma não mãe [um termo que ela cunhou] por escolha ou por acaso?" Ela sugere que façamos uma à outra essa pergunta como forma de quebrar o gelo, compartilhar nossas histórias e encontrar um terreno comum, independentemente de não termos filhos por opção ou acaso.

Nos dois dias seguintes, cerca de metade das mulheres que conheço declara que não teve filhos por acaso; a outra metade diz que é por escolha.

Aos catorze anos, Catherine descobriu que era fisicamente incapaz de ter filhos. Hoje ela está em seus quase trinta anos, ainda lutando com essa realidade.

Gladys perdeu uma tuba uterina numa gravidez ectópica (em que o embrião se implanta não na parede do útero, o lugar adequado, mas numa das tubas que conectam os ovários ao útero). É uma condição que representa risco de vida e pode tornar uma futura gravidez desaconselhável ou impossível.

Beth é casada com um cara legal, mas não consegue engravidar depois de anos tentando, mesmo com tratamentos para infertilidade. Agora, na casa dos quarenta, ela teme que seu tempo tenha expirado.

Kim quer filhos, mas não encontrou um cara firme que seria um bom pai.

Várias mulheres têm parceiros com filhos de uniões anteriores que não querem ou não podem mais ter filhos (muitas vezes mesmo depois de tentativas frustradas de reverter a vasectomia).

Heidi foi diagnosticada com transtorno bipolar e administra sua doença com vários medicamentos controlados. Ela não está disposta a arriscar os possíveis problemas congênitos que enfrentaria se engravidasse, nem quer abrir mão de seus remédios.

Outra mulher que conheço me diz que sua parceira também é mulher e que elas não concordavam sobre quem, como e quando engravidar.

Entre as que não têm filhos por escolha, ouço uma gama igualmente ampla de razões pelas quais as mulheres optam por não se tornar mães.

Mais de uma diz que não pode se dar ao luxo de criar um filho.

Outra não consegue pensar em contribuir para aumentar a superpopulação mundial.

Debbie adiou a decisão de se tornar mãe até a natureza assumir o controle e uma menopausa precoce tomar a decisão por ela.

Jenny vem de uma linhagem familiar com um histórico ruim de parentalidade e está quebrando o ciclo de disfunção.

Conheço várias primogênitas que dizem que foram cuidadoras em suas famílias de origem e sentem que já criaram crianças o bastante.

Amy está feliz com seu trabalho e sua família de duas pessoas. Optou por não acrescentar um filho à vida familiar e profissional já satisfatória.

Algumas mulheres expressam sentir desconforto em relação a crianças. Uma ou duas dizem que simplesmente não gostam de crianças.

*

Ironicamente, o estado de não maternidade pode estar cheio de crianças. Algumas mulheres se tornam madrastas dos filhos de seus companheiros, ou avós emprestadas de seus netos. Outras reúnem os filhos de outras pessoas num tipo híbrido de família. Algumas cuidam dos filhos dos vizinhos.

E há mulheres que dão à luz e deixam seus bebês para adoção. Mulheres cujos filhos são retirados delas em processos judiciais. Mulheres cujos filhos morrem após o nascimento. Fisicamente, todas essas mulheres são contadas nas estatísticas como mães, mas podem ter muito em comum com mulheres que nunca tiveram filhos. Há mulheres que adotaram crianças ou criaram parentes mais jovens sem ter tido filhos. Especialmente em questões físicas, elas podem ter semelhanças com experiências de mulheres que nunca gestaram. Algumas mães podem se afastar de seus filhos. E elas também podem se identificar com aspectos da vida sem filhos.

As mães podem se perguntar como teria sido a vida se não tivessem dado à luz ou como será a vida de suas filhas se não tiverem filhos. Não há sentido em ser específico sobre quem pode ser considerada "não mãe". É como tentar laçar beija-flores.

*

Mais cedo ou mais tarde, a despeito do motivo pelo qual não temos filhos, usamos a energia que seria gasta criando uma família biológica para compor nossa própria vida. Não ter filhos se torna tanto parte de quem somos quanto tê-los é para os pais. Se circunstâncias impedem uma gravidez, lamentamos isso, assim como outras perdas que a vida causa. Se optamos por não ter, a necessidade de se justificar desaparece. O arrependimento pelo caminho não percorrido pode surgir de tempos em tempos, assim como provavelmente acontece com aqueles que optam por construir famílias.

Não há manuais de instrução comuns sobre como estruturamos nossa vida, onde vivemos, de quem somos amigos. Sem a responsabilidade de criar os filhos, não temos caminhos bem definidos e modelos de comportamento prontamente aparentes. Por não sermos responsáveis por vidas jovens ou uma trajetória genética para as gerações futuras, nossa vida tem uma linha de chegada genética. Nosso galho na árvore genealógica não se ramifica nem produz frutos. Então modelamos e formamos nossas próprias vidas de maneira diferente de como fazem as mães.

Quem guia a mulher sem filhos por esse vasto mar de possibilidades, desde a juventude até a velhice?

Até começar a pesquisar para escrever *Você tem filhos?*, eu nunca tinha ouvido a história de outra mulher sem filhos, nem compartilhado muito da minha própria história. Talvez estejamos hesitantes em conversar porque chegamos à vida sem filhos por caminhos muito diversos. Algumas de nós foram acusadas de serem egoístas por não terem filhos e estão cansadas de se justificar. Outras carregam ainda uma leve tristeza pelas crianças que não tiveram e se encolhem com o desconforto e a piedade que essa revelação pode provocar. E algumas raramente pensam em crianças. No entanto, com o silêncio vêm o estigma, a marginalização e a incompreensão de nossa situação. Com o silêncio, as mulheres mais jovens que podem renunciar à maternidade têm acesso negado às possibilidades de um futuro sem filhos e navegam sozinhas em suas escolhas de vida.

Como qualquer verdade, há poder na narrativa.

Desde aquele dia na praia alguns anos atrás, organizei muitas vezes pequenas reuniões de mulheres que não tiveram filhos. Às vezes com estranhas, às vezes com mulheres que conheço. Independentemente do local ou da composição do grupo, a conversa não demora muito para começar.

*

Após o NotMom Summit, dirigi mais de três horas até Dayton. Uma dúzia de mulheres que eu não conhecia respondeu à postagem do Departamento de Estudos de Mulheres e Gênero sobre uma discussão que eu estava mediando, intitulada *"Você tem filhos?". Como as mulheres vivem quando a resposta é não"*, na Universidade de Dayton. Esse grupo etnicamente diverso inclui professoras e funcionárias, com idades entre trinta e poucos e sessenta e muitos anos.

Após apresentações rápidas, descrevo como abordaremos o assunto que nos reúne.

– Escolha um cartão que seja compatível com a sua experiência de não ter filhos – digo, enquanto espalho fichas multicoloridas sobre a mesa da sala de conferências. Nelas estão escritas perguntas sobre como não ter filhos pode afetar a vida das mulheres. Perguntas como: *Quando as pessoas descobrem que você não tem filhos, o que elas dizem? Como não ter filhos afeta suas amizades? O que seus amigos ou familiares podem achar surpreendente em sua vida?*

As mulheres lutam para escolher as fichas. Segue-se um pouco de troca-troca. Então ficamos prontas para conversar, cada mulher liderando a discussão sobre sua pergunta. Cada tópico leva naturalmente ao próximo. Com apenas um momento de pausa na conversa, nossos noventa minutos voam. Assim como as mães assentem, identificando-se, quando outra descreve suas experiências ao criar um filho, essas mulheres compartilham o entendimento sobre como pode ser a vida sem eles.

Trechos de conversas com vários grupos de mulheres abrem cada capítulo deste livro, seguidos de uma exploração mais aprofundada das experiências individuais de mulheres, descobertas de pesquisas e minha própria história.

Bem-vinda ao mundo das mulheres sem filhos.

*

Minha história de não maternidade começa com uma múmia.

Conheci meu futuro marido na fila para a exibição do rei Tut, em San Francisco. Ele era respeitável e responsável – muito diferente dos sonhadores sempre desempregados com quem eu havia me envolvido antes dele. Eu tinha trinta anos quando nos casamos; Dan, 37.

Meu minúsculo apartamento em San Francisco foi nosso lar durante o primeiro ano de casamento. Depois compramos uma casa no subúrbio num excelente distrito escolar, mantendo nossas opções de paternidade em aberto à medida que nos estabilizávamos em nossas carreiras corporativas. Como a mais velha de quatro filhas num lar disfuncional, de alguma forma eu me sentia como se já tivesse criado uma família. Então um casal que amamos disse que estava tentando ter um bebê, e nos juntamos a eles. Depois que meu DIU foi removido, comecei a ficar de cabeça para baixo depois do sexo, concentrando-me intensamente em engravidar. Eu queria sentir um bebê crescendo dentro de mim.

Meses se passaram, depois anos. Nossos amigos engravidaram. Fomos ao médico.

O tratamento de infertilidade ainda era relativamente novo em meados da década de 1980. Mês após mês fiz testes, procedimentos invasivos, usei misturas de drogas cada vez mais potentes. Eu era o problema, não

Dan. Meu ciclo era muito curto, e, mesmo que tivéssemos concebido, era improvável que o embrião conseguisse se fixar à minha parede uterina. Na sala de recuperação após a cirurgia laparoscópica, descobri que também tinha endometriose.

– Limpei tudo – disse o cirurgião. – O próximo ano será sua melhor chance de engravidar.

Logo depois que o médico virou a ampulheta de fertilidade, puxei a calça de moletom sobre a barriga inchada pela cirurgia e recebi alta. No meio caminho até o carro, vomitei nos arbustos. Nunca vou saber se foi uma ressaca anestésica ou o prazo iminente que torceu minhas vísceras.

Capítulo 2
Construindo uma vida

No meu local de trabalho, quando precisam de você, precisam de você. Não importa se você tem filhos. Não me sinto explorada por isso.

Todas as festas no trabalho estão relacionadas a casamentos e chás de bebê. Eu nunca vou ter uma festa assim.

Eu sou mãe. Sou mãe do meu trabalho. Dou a vida pelo meu trabalho e pelos meus relacionamentos.

Mais tarde, colegas de trabalho confessaram que achavam que eu tinha câncer, porque ia muito ao médico. Naquela época, eu trabalhava como recrutadora no Wells Fargo Bank, percorrendo as principais escolas de negócios do país a fim de atrair alunos de MBA para a empresa. Ninguém sabia que Dan e eu estávamos tentando ter filhos, nem mesmo nossos pais. A última coisa que eu queria era todo mundo querendo saber se a minha menstruação tinha vindo a cada mês. Além disso, o trabalho era meu refúgio contra os procedimentos intermináveis, os calendários de ovulação e a contagem de dias entre as decepções mensais. Eu perseguia a maternidade e a carreira com igual vigor.

★

Não ter filhos é um benefício para a carreira de uma mulher.[1] E, se ela nunca se casar, tanto melhor para seu sucesso no trabalho. Paradoxalmente, é melhor para um homem se ele for casado, de acordo com dados da Pesquisa Longitudinal Nacional da Juventude. Ao ter um bebê, o salário do pai aumenta 6% ao longo da vida. A mãe, por outro lado, perde 4% a cada criança que dá à luz.

A essência da dicotomia provavelmente se resume a pressupostos culturais persistentes sobre gênero e emprego. Os pais são vistos como funcionários mais estáveis e comprometidos, com jovens famílias para sustentar, enquanto as mães precisam de tempo para cuidar de seus rebentos, segundo os papéis tradicionais de gênero. Então, se uma mulher não tem filhos, estaria mais inclinada a trabalhar mais horas do que uma mulher com um monte deles que precisam ser buscados na creche às seis. E, como uma mulher sem filhos nunca tira licença-maternidade, não é necessário garantir um emprego para o retorno pós-parto; ela simplesmente continua sendo paga pelo seu tempo.

★

Adrienne Casey andava pelas ruas com um distintivo e uma arma antes de se vestir à paisana para pegar criminosos ainda mais perigosos.[2] Ela presta muita atenção enquanto conversamos, falando com calma e segurança. Sinto um toque de retração, como se ela estivesse me avaliando. Aposto que isso é automático quando se trabalha na polícia.

"Fui trabalhar como funcionária do Departamento de Polícia de San Diego em 1958", diz ela, "quando eu tinha dezoito anos, e comecei a ter aulas de direito criminal na escola à noite. O DPSD tinha cinco mulheres detetives em cargos altos. Era incomum que mulheres estivessem nessas posições de autoridade e ganhassem tanto quanto os homens. Elas eram maiores, mais fortes e muito mais corajosas do que as pessoas comuns. Parecia algo que eu queria fazer."

Esses trabalhos não apareciam com frequência. Também estão na lista das dez profissões mais arriscadas da Kiplinger, independentemente do sexo. Mas Adrienne queria ser policial, então se mudou sozinha para Los Angeles. Ela recebeu o distintivo de xerife adjunta assim que completou 21 anos. Alguns anos depois, uma das detetives de San Diego finalmente saiu, e Adrienne voltou para sua cidade natal.

"Sim, eu carregava uma arma", diz ela, "e, se me visse diante da possibilidade de sofrer ferimentos graves ou da morte, deveria atirar. Mas minha arma ficava na bolsa. Tínhamos de carregá-las dessa maneira, na época. Não era fácil alcançá-la quando eu estava com problemas."

Adrienne é uma mulher de estrutura pequena, agora com 75 anos, com mãos de dedos finos que pareceriam elegantes num piano. Ela me conta sobre um sargento para o qual trabalhou que não aprovava policiais mulheres. Ele revirava os olhos toda vez que ela pedia reforço para o que sabia ser uma prisão difícil.

"Então parei de fazer isso", lembra ela. "Decidi enfrentar qualquer um sozinha, mesmo os maiores monstros. E blefava bastante. Minha melhor frase era: 'Não me faça envergonhá-lo na frente de seus amigos.'" Ela ri e diz que a manobra funcionava igualmente bem com todos os tipos de criminosos – homens, mulheres e jovens. "Lembro-me de dizer a uma mulher enorme, que parecia uma lutadora de sumô, que ela deveria se comportar como uma dama. Eu sabia que, se ela sentisse minhas mãozinhas minúsculas, perceberia quão pouca força eu tinha, então não a algemei até colocá-la no carro. Eu não tinha um parceiro para isso."

Adrienne ficou no DPSD por cinco anos. Seu primeiro cargo foi na divisão juvenil. "Você lida com as situações mais tristes", conta ela. "Mulheres.

Crianças. Mais tarde, trabalhei em falsificação e homicídio. Inteligência e fraude. Fui designada para crimes sexuais. Estupros." Ela abaixa a voz e fala sobre como era desafiador para as vítimas se apresentar no final dos anos 1960.

"Era um momento sombrio para as vítimas de estupro. Se você não era uma freira que havia sido golpeada na rua e arrastada para um beco, era provável que sua reputação acabasse mais castigada do que seu agressor. Era difícil.

"Mas os casos que mais me tiraram o sono", diz ela, "foram os de abuso infantil. Quando uma criança é maltratada e fica mal a ponto de ser hospitalizada, você vai conversar com ela, se ela puder falar. Tira fotos, se puder. Mas o hospital não vai deixá-la entrar. Você precisa obter permissão dos pais. E, obviamente, em geral foram os pais que praticaram o abuso. Então, eu me esgueirava pelo hospital, ficava atrás das enfermeiras. Geralmente o pediatra não queria me atender. Então eu tinha que rastreá-lo em casa, tentando convencê-lo a falar."

Aperto o lápis ao ouvir Adrienne contar histórias terríveis de sua vida cotidiana no trabalho. Luto para formular perguntas, tentando entender o que ela diz. Adrienne, por outro lado, parece relaxada, animada, como se estivesse me contando sobre o mau comportamento de colegas de escola. Eu me pergunto em voz alta como uma mãe amorosa poderia lidar com o fato de ser designada para casos como esses. A resposta de Adrienne me surpreende.

"Hoje em dia, provavelmente há uma diferença entre mulheres que têm filhos e mulheres que não têm", explica ela. "Acho que a parte perigosa não seria tão importante quanto à quantidade de horas, a insegurança." Mas ela não tem certeza, porque trabalhou com muito poucas mulheres ao longo dos anos. Embora, certamente, tenha trabalhado mais com mulheres do que com homens.

"Hoje as pessoas falam sobre o topo da hierarquia. Naquela época, era preto no branco – se fosse contratada como policial, você não conseguiria ser promovida. Não achei que isso me incomodaria. Mas, à medida que cada vez mais homens que sabiam muito menos sobre meu trabalho do que eu entravam para me supervisionar, isso começou a me dar nos nervos."

Então Adrienne deixou a força policial e foi trabalhar no Ministério Público Estadual como investigadora criminal, e as mulheres também eram poucas. Ela foi responsável por levar casos de homicídio, estupro, abuso infantil e crime organizado a julgamento, na esperança de realmente colocar os bandidos atrás das grades. Jornadas de doze horas e trabalho à noite e nos fins de semana eram rotina. Logo foi promovida à supervisora de investigação.

"Eu não ficaria surpresa se não me promovessem só porque eu era mulher", diz ela. "Quando era supervisora, se alguma funcionária tivesse que buscar os filhos, eu tentava contornar a situação. Elas sabiam, porém, que não podiam usar isso como desculpa permanente. Quando saí, ainda havia só quatro investigadoras entre os setenta e tantos homens no escritório do Ministério Público."

Mesmo como supervisora, Adrienne trabalhou em casos. "Nos casos de abuso infantil, eu me sentia responsável", lembra ela. "Passei noites acordadas imaginando se havia outra pessoa com quem eu poderia falar para defender o caso, porque a maioria dessas crianças acabaria voltando para o pai ou mãe que cometera o abuso." Ela balança a cabeça. "Era muito angustiante. Tive uma overdose de situações tristes. Ainda tento não pensar nas histórias nojentas. Quando eu era mais nova, elas não me incomodavam. Parecem ficar mais pesadas com o tempo."

Adrienne tinha 31 anos quando se casou com um repórter que escreveu uma matéria sobre seu trabalho; estão casados há 45 anos. "Acho que conversamos sobre ter filhos, mas decidimos que ainda não estávamos prontos", recorda-se. "Steve teria sido um ótimo pai, mas acho que teríamos brigado por causa de um filho. Ele teria sido excessivamente indulgente, tenho certeza. Hoje, nosso cachorro é o animal mais mimado da face da Terra."

Ela diz que nunca sentiu vontade de ser mãe, e acha que sabe por quê. "Quando eu estava no segundo ano do ensino médio", lembra Adrienne, "mostraram a todas as meninas um filme de um parto real, com uma episiotomia e longas agulhas e fórceps – a coisa toda. Foi bastante brutal. Todas saímos da sala dizendo: 'Eu nunca vou ter filhos, ou, se os tiver, eles serão adotados.' Isso realmente me travou. Tenho certeza de que muitas meninas que viram o filme tiveram filhos tanto quanto se não tivessem visto. Mas aquilo tornou a gravidez uma coisa muito assustadora para mim, e eu era muito medrosa na época. Fiquei apavorada com a gravidez durante a vida toda."

*

Bobbi Hartwell parece ter muito menos do que seus 45 anos, talvez porque tenha esculpido o equilíbrio em sua vida profissional com tanta determinação. Ela e o marido, Ken, exalam energia e boa saúde, e não é de admirar. Retornaram recentemente de uma jornada de dois anos pela Europa, África e pelo Sudeste Asiático. Dois anos.

Com formação em engenharia nuclear, Bobbi costumava limpar áreas de bombardeio para o Departamento de Energia dos Estados Unidos. Então ela se voluntariou para um período de dispensa a fim de se capacitar para a requalificação paga pelo governo. Isso abrangeu seu primeiro ano na faculdade de direito, onde conheceu Ken. Somados, acumulavam mais de 200 mil dólares de dívidas em financiamento educacional. Após a formatura, ela trabalhou brevemente na área direito de família. "Eu odiava", diz ela. "Mas, por causa das conexões que fiz, entrei para uma empresa de software jurídico e permaneci nesse campo por quinze anos. Se tivéssemos tido filhos, estaríamos presos às nossas carreiras como advogados, que odiávamos, apenas para sustentar uma família e pagar essa dívida."

Agora, ela passa 50% a 90% do tempo trabalhando de qualquer lugar do mundo para três empresas diferentes de software – às vezes num escritório, às vezes em casa e sempre em trânsito. "É uma carreira basicamente feminina", afirma ela, "com muito gerenciamento de projetos e treinamento em software. A maioria das pessoas não consegue manter esse tipo de agenda por mais de três anos. Talvez algumas mulheres tivessem filhos pequenos, mas acho que a maioria deles já era crescida. Os funcionários com crianças pequenas eram homens.

"Minha mãe conta que, quando eu tinha cinco anos, disse a ela que não queria filhos. Nos meus vinte anos, eu costumava dizer 'nunca diga nunca', porque você ouve que o instinto materno pode atingir as pessoas às vezes. Mas isso nunca aconteceu."

A determinação de Bobbi foi posta à prova, e ela tomou uma difícil decisão. "Fiquei seriamente envolvida por muitos anos com um homem maravilhoso", conta ela. "Mas ele realmente queria filhos, e essa não é uma coisa a respeito da qual é possível fazer concessões. Tivemos que terminar." Alguns anos depois, ela conheceu Ken, que ficou aliviado ao encontrar uma parceira que não queria filhos.

Além disso, Ken tinha o desejo de ser dono do próprio negócio. Então o casal comprou um antigo posto de gasolina na cidade de Carlton, no Oregon, que tem uma população de 2 mil habitantes, e o transformou numa delicatessen. "Para mim, isso foi meio que uma diversão", diz Bobbi, "porque achei que seria agradável e era algo novo a aprender. E foi. Aprendi contabilidade e marketing, coisas assim." Ela continuou trabalhando como consultora de software em meio período para pagar as contas quando as vendas de sanduíches eram baixas.

Seis anos depois, eles venderam a delicatessen e Ken se juntou a Bobbi no negócio de consultoria em software jurídico. Eles logo perceberam que, contanto que tivessem laptops e acesso à internet, poderiam trabalhar de qualquer lugar do mundo. Em um ano, venderam todos os bens, alugaram sua casinha e pegaram a estrada.

"Decidimos para onde ir estabelecendo prioridades e satisfazendo nossas fantasias", diz ela. "Por exemplo, Ken é alpinista e sempre quis escalar as Dolomitas. Eu sempre quis conhecer a África. Fomos aos locais mais caros no início, porque nunca sabíamos quando nosso contrato de trabalho terminaria." Isso significava que a Europa e a África vinham na frente, o que era ideal, devido ao clima. Quando as horas contratadas foram reduzidas, seguiram para o Sudeste Asiático, porque era mais barato viver lá. O contrato finalmente terminou pouco depois que eles voltaram para casa.

"Aconteceu exatamente o que prevíamos que poderia acontecer.", ela me diz. "Nós, da geração X, somos conhecidos por andar por aí e ter muitas carreiras diferentes. Abracei isso e aproveitei completamente, sem arrependimentos. Teria sido muito mais difícil se eu tivesse obrigações financeiras com crianças."

O trabalho atual de Bobbi em *compliance* regulatória de serviços públicos combina sua formação em direito e engenharia. "Hoje ganho muito menos dinheiro do que poderia", observa ela, "porque optei por seguir caminhos profissionais interessantes, em vez de ser sugada e seguir determinada carreira. Se eu tivesse filhos que precisassem cursar a faculdade, não sentiria que isso era uma opção. A pessoa que sou hoje não poderia ter tido filhos e ser tão bem-sucedida profissionalmente quanto eu."

*

Duzentos e cinquenta mil dólares.[4]

É isso que a FDA, o Departamento de Administração de Alimentos e Medicamentos dos Estados Unidos, estima que custa à família média criar um filho desde o nascimento até a formatura no ensino médio. A faculdade é extra.

Com um custo tão alto para criar filhos, parece justo dizer que, ao desistir da maternidade, uma mulher pode escolher opções de trabalho que uma mãe pode achar mais desafiadoras de administrar. Carreiras com salários mais baixos, mas recompensadoras, como o trabalho nas artes ou em organizações sem fins lucrativos, por exemplo. Ou profissões altamente estressantes e bem remuneradas – médica, advogada, executiva. Trabalhos com muitas horas ou horários alternativos e/ou que apresentem riscos significativos à segurança – como na polícia, na construção civil, nas Forças Armadas. Não é que mães não trabalhem em todas essas funções; elas trabalham. No entanto, mulheres sem filhos em casa geralmente têm mais tempo para dedicar ao trabalho sem ter de se preocupar com eles.

*

Chris Clarke estava fazendo sua pós-graduação na Universidade da Flórida, no final dos anos 1960, quando ouviu alguém falar em nome da União dos Trabalhadores Rurais (UFW, na sigla em inglês).[5] Movida pelo que ouviu, e pelo que viu em primeira mão em algumas áreas rurais da Flórida, ela tirou uma folga da escrita de sua tese e se juntou a eles, na esperança de ajudar a organizar os trabalhadores rurais da Flórida. Ela recebia vinte dólares por semana – dez para comida, dez para as demais necessidades –, e a UFW fornecia moradia. Aqueles eram os dias do icônico César Chávez, que, ao lado de Delores Huerta, fundou a UFW com base numa proposta de resistência não violenta. Chris conheceu Chávez quando foi enviada para a Califórnia por algumas semanas a fim de trabalhar e aprender a se organizar com os profissionais rurais de lá.

"Passei vários anos com a UFW", diz ela, falando com pitadas de um reconfortante sotaque que mostra suas raízes do sul. "Eles me ensinaram habilidades de organização e eu conduzi seus boicotes na Virgínia, em Maryland e na Carolina do Norte. Então eu os deixei e fui trabalhar com política por vários anos."

Chris coordenou algumas campanhas eleitorais, depois trabalhou em política organizacional. Chegou a ser palhaça por um tempo.

"Eu tinha aquelas roupas do Garibaldo da Vila Sésamo, e de palhaço e todo um alter ego", lembra ela. "Fazia muito sucesso com as crianças." Ela começa a rir quando se recorda da vez que apareceu na festa da filha de um amigo. "A pequena aniversariante começou a chorar. Eu comecei a tirar a fantasia depressa. 'Lizzie, é a Chris. Sou eu', falei. Ela estava apavorada."

Palhaços, política e campanhas não eram sua praia. Mas a gestão de organizações sem fins lucrativos era.

"Foi interessante", diz ela, "porque trabalhei com diferentes parcelas da população – pessoas com transtornos mentais, suas famílias. Trabalhei com diferentes associações de moradores, basicamente ensinando-os a expressar sua revolta e fazer barulho. Como criar agitação e conseguir verba do orçamento estatal. Também trabalhei com câncer de mama, idosos e com a juventude LGBT. Usei o treinamento da UFW durante toda a minha vida e o levei a diferentes arenas. Aquele treinamento lançou as bases para o resto da minha carreira. Trata-se de encontrar sua voz, de ajudar as pessoas a encontrar objetivos em comum e a trabalhar juntas para alcançá-los."

Chris tem agora 67 anos e vive na antiga capital dos confederados – Richmond, na Virgínia –, com Kathy, sua esposa há quase trinta anos. No ano 2000, logo que a união civil igualitária foi legalizada em Vermont, elas foram até lá e se casaram. "Na minha geração, não se esperava que lésbicas tivessem filhos", diz Chris. "O que foi uma conclusão precipitada, porque, na verdade, minha geração os teve, sim. No último Dia das Mães no Facebook, foi uma grande alegria para mim ver tantas amigas lésbicas cujos filhos já cresceram e ver quanto essas crianças são gratas: 'Eu amo minhas mães', elas postaram."

Conforme os anos se passavam, Chris pensou que teria filhos algum dia, e das duas era ela quem realmente os queria. "Kathy teria concordado", lembra, "mas teria de ser minha decisão. Para mim, havia um temor financeiro, porque eu trabalhava principalmente de forma voluntária. Acho que é totalmente possível criar filhos sem muito dinheiro num lar amoroso – isso é o mais importante –, mas essa era uma preocupação para mim."

E não era a única. "Eu viajava o tempo todo", conta ela, "e o mundo das organizações sem fins lucrativos era muito desgastante. Para duas pessoas viciadas em trabalho, teria sido um desafio. Acrescente a isso o fato de ser lésbica e ter de lidar com essa questão. E minha família. Não é como se eles tivessem me procurado e perguntado se eu ia ter filhos. Ia ser mais uma coisa que eu ia precisar anunciar: 'Sentem-se. Tenho ainda mais novidades para vocês. Não só sou lésbica como estou grávida.' A ideia de ter filhos causava em mim mais ansiedade do que nos meus amigos que tiveram filhos aos dezenove, vinte, 21 anos."

Às vezes, Chris pensa em como teria sido ter um filho. "Acho que todas temos uma visão dessa criança que não existe", diz ela. "As coisas poderiam não ter sido como eu imaginava. Mas, provavelmente, isso ajudou minha carreira, porque pude dedicar minha atenção à vida profissional. Acredite, tive empregos em que não tinha vida. Não acho que conseguiria ter feito isso e também ter sido uma boa mãe, uma mãe presente."

*

Estatísticas específicas para mulheres que não tiveram filhos e mulheres que optaram por não tê-los são difíceis de encontrar. Mas, em 2002, Sylvia Hewitt, em parceria com a empresa de pesquisa de mercado Harris Interactive e a Associação Nacional de Parentalidade dos Estados Unidos, conduziu uma pesquisa com mulheres profissionalmente bem-sucedidas.[6] Os resultados expuseram uma desigualdade que persiste hoje, mais de duas décadas depois. Mulheres ambiciosas ainda têm a carreira abalada por terem filhos, enquanto ser pai é a norma para homens nos topos de suas carreiras. Como ela escreveu na *Harvard Business Review*, "a pesquisa mostra que, de modo geral, quanto mais bem-sucedido o homem, maior a probabilidade de ele encontrar uma parceira e se tornar pai. Para as mulheres, o que acontece é o oposto, e a disparidade é particularmente chocante entre os cargos corporativos mais elevados. De fato, 49% dessas mulheres não têm filhos. Mas apenas 19% de seus colegas homens não têm".

O salário médio das mulheres estagnou-se em 81 centavos para cada dólar ganho pelo homem desde 2003, segundo a Dra. Michelle Budig, professora de sociologia da Universidade de Massachusetts, em Amherst. Mas, como subconjunto, as mulheres sem filhos ganham 96 centavos para cada dólar do homem. Se houver um filho pequeno morando em casa, as mães casadas ganham 76 centavos para cada dólar dos pais casados.[7]

Passar mais tempo estudando é um dos fatores-chave que os pesquisadores descobriram que podem afastar uma mulher da maternidade, ou pelo menos adiar sua tentativa. A Dra. Budig citou estatísticas do Departamento de Educação dos Estados Unidos que mostram que as mulheres obtiveram mais diplomas de bacharelado e mestrado do que os homens a partir do início dos anos 1980, e a tendência continua. A previsão era, segundo ela, que até 2016 as mulheres recebessem 60% dos títulos de bacharelado, 63% de mestrado e 54% de doutorado e diploma profissional.

Como se para confirmar, quando procurei mulheres sem filhos para entrevistar, notei que as professoras universitárias eram de longe as mais fáceis de encontrar e também as mais dispostas a conversar.

*

Una Cadegan cruzou a linha de chegada acadêmica com um doutorado em Estudos Americanos. Conversei com ela na véspera de seu 55º aniversário. O que ela chama de seu aniversário de "limite de velocidade".[8]

Ela foi criada numa cidadezinha em Ohio e nunca se casou. Não exatamente de propósito, diz ela. "Quando eu tinha vinte e poucos anos, todos os meus amigos estavam se casando. Eu estava muito ansiosa para me casar naquela época. Esperava ter filhos, se conhecesse alguém com quem quisesse me casar. Por qualquer que seja a razão isso nunca aconteceu." Vinda de uma grande família irlandesa, porém, ela sempre achou que teria filhos, mas nunca lhe ocorreu adotar ou ter uma criança sozinha. "Eu não quis ter filhos porque não era essa a situação em que gostaria de criá-los", explica.

Hoje Una é professora titular na Universidade de Dayton, sua *alma mater*. Ela é autora de *All Good Books Are Catholic Books: Print Culture, Censorship, and Modernity in Twentieth-Century America* [Todos os bons livros são livros católicos: cultura impressa, censura e modernidade na América do século XX], e de inúmeros artigos acadêmicos. Dayton sempre foi sua casa. A única vez que saiu dali foi para obter o título de ph.D. na Filadélfia.

"Tenho muita sorte", comenta, "porque consegui um boa vaga que poderia levar à titularidade exatamente quando elas estavam se tornando cada vez mais escassas. Trabalhando no mesmo local há muito tempo, tenho boas economias e um bom seguro. Fico um pouco triste por não ter filhos, mas não me arrependo. Talvez ele venha mais tarde. Mas, se eu nunca escrevesse um livro, isso sim seria muito ruim."

*

Da geração anterior à de Una, Jane Zembaty lecionou na mesma universidade. Hoje, aos 84 anos é uma mulher elegante, de fala mansa, que vive num residencial para idosos nos arredores de Dayton.[9] Ela foi criada como católica num bairro polonês em Buffalo, Nova York. Era a segunda de três irmãs e tinha um irmão mais novo. Casada aos dezenove anos, Jane supôs que teria filhos. "Estava nas mãos de Deus, no que me dizia respeito", fala. "Eu estava desesperada para ter filhos, mas não aconteceu. Naquela época, não ter filhos era como não ter uma parte de si mesma. Você já passou por isso, então entende." Faço que sim com a cabeça.

O marido de Jane morreu de infarto aos 46 anos. Ela era dez anos mais nova que ele. "O mais triste foi que não restava nada do meu amor", diz ela.

"Eu não tinha filhos, então não havia mais nada dele. Para mim, naquele momento, foi uma tragédia."

O irmão dela, Bob, era o único da família que tinha feito faculdade. "'Você sempre quis'", ela se lembra dele dizendo, "'e é o que você deve fazer.' Eu disse para mim mesma: 'Ok, não posso viver uma vida autocentrada. Tenho que focar minha vida de alguma maneira. Talvez ele esteja certo.'"

Quando Bob estava na faculdade, Jane digitava todos os trabalhos dele. "Ele odiava filosofia e me deu todos os livros", lembra ela. "Tentei ler *A República*, de Platão, e fiquei completamente perdida. Então, eu tinha dois objetivos quando entrei na faculdade: tornar-me professora de ensino fundamental e descobrir mais sobre Platão."

Jane fez todos os cursos de filosofia que a faculdade oferecia. "Eu me apaixonei totalmente, completamente por filosofia", diz ela. "Foi uma paixão. Seja como for minha mente, a filosofia se encaixa. Eu queria entender os argumentos de Platão. Eu era muito teórica."

Ela também foi prática. Antes de morrer, o marido de Jane tinha uma pequena loja de consertos mecânicos. Jane a assumiu por um ano e meio após a morte do marido, enquanto também cursava a faculdade. "Fiquei doente", recorda, "e o médico finalmente me disse que eu tinha que desistir da faculdade ou da loja. Eu desisti da loja."

No final do primeiro ano, em 1970, Jane contou ao professor que se sentia compelida a ingressar em filosofia, não em pedagogia. "Eu sei que é impraticável", ela disse a ele. "Não há empregos para mulheres na filosofia." Ele concordou que era impraticável, depois a ensinou individualmente às seis da manhã todos os dias durante um ano inteiro. Ele mobilizou todo o departamento de filosofia para ajudar a mexer uns pauzinhos "Graças a John Carbonara", diz ela, "pude ir para a faculdade na Universidade de Georgetown e obtive uma bolsa de estudos. Eu não estava pensando em filhos naquela época. Nem um pouco. Eu gostava muito de filosofia, era a minha vida. Ter filhos se tornou algo totalmente irrelevante."

Depois de obter o título de ph.D., Jane foi contratada pela Universidade de Dayton. Era 1971, e ela sabe que o então recém-promulgado programa de Ação Afirmativa teve um peso em sua contratação. Quatro anos depois, ela era presidente do Departamento de Filosofia da universidade. Então foi para Cambridge num período sabático.

"Eu tenho que contextualizar", explica. "Eu disse que meus pais eram imigrantes poloneses. Meu pai era metalúrgico. Minha mãe se considerava uma intelectual. Numa época em que as mulheres polonesas não conseguiam emprego, ela insistia em trabalhar num jornal – um jornal polonês em Nova York. Meu pai odiava aquilo, porque ele não gostava de toda essa coisa intelectual. Minha mãe começou a ter problemas mentais e passou o resto da vida num hospital psiquiátrico, dos meus dez anos até a morte dela, quando eu tinha dezoito. Quando decidi ir para a faculdade depois que meu marido morreu, meu pai não achou uma boa ideia, porque culpava os interesses intelectuais da minha mãe por sua doença. 'Você não pode fazer isso', disse ele. 'Você vai acabar como sua mãe.'"

Jane me leva para o quarto dela, onde, do lado de fora da porta, há uma grande fotografia emoldurada de Cambridge. Sigo o caminho que ela faz com o dedo. "Isso é o que chamam de 'Os fundos'", explica ela. "É tudo verde e há o rio depois. Eu estava andando pelos campos, do meu apartamento até a faculdade, pensando num artigo que vinha escrevendo, sobre Platão. De repente, me lembrei da minha mãe, que sempre culpei por não nos dar uma boa infância. *Isso é exatamente o que minha mãe queria*, pensei. *Ela não queria quatro filhos e um marido.*

"Foi quando percebi que não ter filhos foi provavelmente a melhor coisa que me aconteceu. Se eu tivesse filhos quando meu marido morreu, eles ainda seriam pequenos e todas as minhas energias teriam sido investidas neles. Em vez disso, porque meu marido morreu, o que foi muito triste, tive toda uma nova vida, que se encaixou muito melhor para mim, como uma roupa sob medida."

40 VOCÊ TEM FILHOS?

*

O destino interveio e Jane conseguiu sua vida feita sob medida. A biologia também intervém para tornar a gravidez mais difícil com o passar do tempo. A cada ano que uma mulher passa estudando, sem formar uma família, seu suprimento de óvulos que podem se tornar bebês diminui. Antes de considerar seriamente o caminho de ser mãe, no entanto, mulheres ambiciosas costumam se sentir pressionadas a adiar a maternidade, quando não a renunciar a ela por completo. Após a formatura, algumas acham prudente iniciar a carreira enquanto a formação continua fresca.

Mas seus óvulos não esperam. Especialmente se as mulheres continuarem seus estudos além do bacharelado.

Uma menina nasce com um suprimento vitalício de 1 a 2 milhões de óvulos. No momento de sua primeira menstruação, no entanto, ele já diminuiu para 300 mil a 400 mil óvulos; aos trinta anos, 39 mil a 52 mil; aos quarenta anos, restam-lhe cerca de 9 mil a 12 mil óvulos, até 90% deles com anormalidades genéticas.[10]

Daí o benefício oferecido às funcionárias pela primeira vez pelo Facebook e pela Apple em 2014 – congelar os óvulos para fertilização e posterior implantação.[11] Por cerca de 10 mil dólares por coleta (e geralmente uma mulher passa por três ou quatro sessões para reunir óvulos viáveis suficientes para uma inseminação numa data posterior), essas empresas devem entender que esse é um bom investimento em termos de produtividade e retenção de funcionários. As trabalhadoras podem se beneficiar, adiando a tomada de decisões e se protegendo contra a potencial infertilidade que acompanha o envelhecimento. Por que não cobrir todas as bases, continuando uma trajetória de carreira ascendente até algum momento futuro, quando ter uma família pode ser mais conveniente para mulheres e empresas?

*

Óvulos. Coleta. Há algo de orwelliano na linguagem de fazenda que usamos para descrever mulheres e fertilidade. Por outro lado, os homens "depositam" seus espermatozoides em um "banco". Por que é que eles não "ordenham" o sêmen e o "estocam"?

Se tivesse nascido três décadas mais tarde, Cheryl Katen poderia ter considerado o congelador.[12] "Nos meus quarenta anos, passei por um período em que meu corpo gritava comigo: 'Tenha um bebê.' Meu útero estava dizendo: 'Use-me. Use-me.' Mas, àquela altura, minha mente estava forte o suficiente para se opor a essas tendências estúpidas."

Cheryl agora tem setenta anos, o cabelo curto e grisalho com uma fina madeixa trançada que espreita pelo colarinho. Seu diploma de bacharel é em engenharia de plásticos.

Eu não consigo evitar. Tenho que perguntar. "Então, em *A primeira noite de um homem*, quando o Sr. McGuire diz a Ben 'Apenas uma palavra: plástico', você deu um grito?"

"Exatamente", responde ela com uma risada. Cheryl também tem um mestrado em engenharia industrial e um MBA.

Ela não começou destemida. Era a mais velha de quatro irmãos – três meninas e um menino – e cresceu na terra do carvão, na Pensilvânia. "Não consigo imaginar como teria sido minha vida se eu tivesse filhos", diz ela, "porque tenho tanta certeza há tanto tempo. Minha mãe não foi o melhor exemplo de maternidade. Ela se preocupava demais e reclamava muito. Teve meu irmão quando eu tinha dezesseis anos e ela estava na casa dos quarenta. Ele era demais para ela. Então minhas irmãs e eu o tratávamos como se ele fosse uma boneca. Eu chegava em casa depois da escola e o pegava. A essa altura minha mãe já não aguentava nem mais um instante com o garoto. Eu o colocava no carrinho e andava um oito quilômetros com ele. Eu o amava muito. Ainda o amo muito. Mas era uma criança impossível. Como lidar com isso?"

Aos 23 anos, Cheryl quebrou a perna numa viagem de fim de semana para esquiar no norte de Vermont com o homem que se tornaria seu marido. Foi uma queda desagradável – fraturas em espiral na tíbia e na fíbula. Depois, ela teve uma infecção por estafilococos e passou dois meses e meio em isolamento no hospital. Com medo de contaminação, tudo que ela tocou foi jogado fora, e seus lençóis tiveram que ser esterilizados. "Passei por cinco operações tentando consertar essa fratura", lembra ela. "O osso pequeno curou, mas havia uma grande lacuna no osso maior. Tive que deixar minha vida em suspenso por alguns anos, mas depois eu disse: 'Não, minha vida não vai ficar em suspenso.' Até esse momento, eu estava bem tensa. Não tinha nenhuma confiança, não sabia nada do mundo. Saí dessa experiência uma pessoa completamente diferente."

Em 1972, Cheryl e o marido, Paul, se mudaram de Massachusetts para o Colorado, onde ele iniciou seu doutorado. Cheryl foi trabalhar na Hewlett-Packard, a primeira engenheira a ser contratada no estado. Sua carreira decolou. Ela foi promovida a um cargo na Área da Baía de San Francisco. Paul ficou no Colorado para terminar o doutorado. Cheryl se transferiu para Corvallis, no Oregon, e ficou ali por onze anos. Após o doutorado, Paul conseguiu um emprego na Universidade do Estado do Oregon, em Corvallis, e os dois viveram juntos por cerca de quatro anos. Então ele tirou um período sabático na Austrália, e Cheryl foi transferida para San Diego. Paul encontrou um emprego e um apartamento em Los Angeles. "Nós nos encontrávamos em diferentes lugares do mundo", diz Cheryl. "Em nossos trinta anos de vida profissional, eu diria que vivemos juntos cerca de 30% do tempo. Foi muito bom. Namorar [meu marido] era ótimo."

Com as promoções, o número de engenheiros, a maioria absoluta homens, que ela gerenciava aumentou. "Eu era conhecida como gerente de pessoas criativas e excêntricas", conta ela. "Outros gerentes queriam conformidade. Eu acreditava que todo mundo era diferente. O fato de não ter filhos nunca surgiu no trabalho, então me encaixei nesse ponto de vista. Mas eu também tinha instintos muito maternais. Eu os chamava de 'Meus Garotos', e eles me chamavam de 'Mamãe Katen'. As pessoas diziam: 'Você não sente falta de ter filhos?' E eu respondia: 'Do que você está falando? Eu tenho 250 filhos.'"

*

Depois de quatro anos tentando engravidar com ajuda médica, eu ainda tentava ter apenas um. Mas eu também era um poço de nervosismo – acordando mais cedo para medir a temperatura, batendo no ombro de Dan para transar sob demanda, chupando pastilhas de progesterona com gosto ruim para aumentar meu útero, aplicando-me injeções nas nádegas para liberar óvulos gerados por drogas. Eu estava chegando aos quarenta; Dan, aos 48 anos.

O sucesso no trabalho ajudava a diminuir meus sentimentos de fracasso por não conseguir conceber. Minha carreira estava indo bem, embora o país estivesse num período de alta inflação e desaceleração econômica. Fui promovida algumas vezes e desenvolvi conhecimentos no crescente campo da redução da força de trabalho. Tornei-me especialista em demitir pessoas, enquanto a carreira de Dan afundava com a economia. Ele se viu entre as fileiras de profissionais de finanças de meia-idade desempregados, e eu me tornei a única fonte de renda da família. Sustentar minha família de dois membros demitindo colegas de trabalho era uma ironia cruel e um fardo pesado.

Paramos de tentar ter um bebê quando os médicos disseram que nosso próximo passo era a fertilização in vitro. Isso cruzou um limite pessoal que eu nem sabia que tinha. Anteriormente, eu havia tomado, de má vontade, os potentes medicamentos para fertilidade. Mas deixar que um técnico misturasse nossos espermas e óvulos numa placa de Petri em algum laboratório de aço inoxidável era levar a natureza longe demais. Para mim, era antinatural, sem mencionar proibitivamente caro. Ficaremos bem, dissemos um ao outro.

Mas eu não fiquei. Eu me senti um fracasso e comecei a me isolar dos amigos e da minha família, sobretudo daqueles que tinham filhos. Eu sabia que aquilo não era emocionalmente saudável e logo encontrei uma terapeuta especializada em infertilidade. Ela me ajudou a começar a passar pelo luto dos filhos que eu nunca teria. A adoção era uma possibilidade, mas Dan e eu sentíamos medo. Além disso, eu achava que àquela altura estávamos tão velhos que nenhuma adolescente nos escolheria para criar seu bebê. Ele temia que tivéssemos um filho com síndrome alcoólica fetal ou dependência de drogas.

Em termos profissionais, Dan tentou por pouco tempo fazer corretagem de hipotecas residenciais, mas seu temperamento analítico não era adequado a uma competitividade tão feroz. Conseguiu empregos temporários com corretoras imobiliárias de bairros e comunidades de aposentados, mas nada durou. Enquanto isso, trabalhei muitas horas tentando descobrir como diminuir a força de trabalho e treinando gerentes para demitir pessoas com sensibilidade. Quando eu tinha dúvidas de que seriam capazes de fazer isso, dávamos as notícias sombrias juntos. Dizer aos funcionários que seus empregos estavam sendo eliminados devia ser sempre doloroso, eu acreditava naquela época, e ainda acredito. Se algum dia isso se torna fácil, você não deve ser a pessoa a transmitir a notícia. Nas noites depois de dias de demissões, eu dirigia para casa em lágrimas.

Tudo parecia inútil – trabalhar como uma maníaca apenas para acabar com os meios de subsistência das pessoas, vivendo num bairro destinado a famílias, a vida profissional instável de Dan. Ficávamos falando sobre mudar para o campo, largar os ternos e gravatas quem sabe plantar alguma coisa.

Então Dan perdeu o emprego novamente. Havia chegado a hora, decidimos. Vamos lá.

Vendemos a casa, pedi demissão e compramos seis hectares na zona rural do Oregon. Logo estávamos criando ovelhas em vez de bebês.

Capítulo 3
Emprestadas desde o início

As crianças são importantes para mim. Quando descobri que não podia ter filhos, sabia que ia precisar de outras maneiras de incluí-las em minha vida.

Quando estou brincando com o filho de alguém, às vezes a mãe diz algo como: "Venha aqui, querido. Mamãe vai te acalmar. Ela não sabe fazer isso." Não sei o caramba.

Eu não sabia que você pode ser voluntário numa escola mesmo que não tenha filhos.

Quando você não tem filhos, toda criança que encontra "pertence" a outra pessoa. Você simplesmente as pega emprestadas, por toda a vida ou por um momento. Enquanto algumas mulheres dedicam a vida profissional aos filhos de outras pessoas, há inúmeras maneiras pelas quais as mulheres sem filhos se envolvem com eles, mesmo desde o início da vida.

Você pode pensar que mulheres que não têm filhos não se interessariam tanto pelo parto. Mas isso não é necessariamente verdade. Sempre

tive curiosidade sobre a experiência física da gestação e do parto. Quando criança, um de meus brinquedos científicos favoritos era a *Invisible Woman*. Era possível ver dentro de seu corpo de plástico transparente, e ela tinha como acessório um bebê no útero que me deixou fascinada por meses quando eu tinha onze anos.

Quando assisti ao meu primeiro parto, eu ainda estava no meio do tratamento para infertilidade. Aluguei um *pager*, que naquela época era a única maneira de garantir que alguém pudesse entrar em contato com você a qualquer momento e em qualquer lugar. Os futuros pais com quem trabalhei costumavam exibi-los em reuniões. Eu gostava de estar de plantão para um bebê. Às duas da manhã de um dia de outubro, acordei com o toque do meu telefone na mesa de cabeceira.

"Venha rápido", disse o pai. "Estamos no hospital."

Cheguei quando minha amiga estava vomitando numa lixeira e xingando o marido. Peguei a mão de Laurie enquanto ele saía para dar uma volta. Suas contrações vinham cada vez mais rápido. Fiquei bem em frente a ela e a acompanhei enquanto ela respirava. De alguma forma, eu sabia o que fazer, e seu hálito azedo não me repeliu. Não me lembro da passagem do tempo. Tudo foi muito rápido. Hank voltou assim que período expulsivo começou. Abandonei minha posição e fiquei aos pés de Laurie, um lugar na primeira fila para a maravilha que viria. A cabeça do meu afilhado coroando parecia uma noz enrugada; o corpo brilhante seguiu-a logo depois. Após trinta anos, a beleza daquele momento ainda me leva às lágrimas.

Uma vez que havia testemunhado o parto de fora, ansiei por saber como era passar por aquilo.

*

Cerca de um terço das mulheres que entrevistei havia testemunhado o nascimento de uma criança. Eu não estava preparada para isso. Achei estranho

Capítulo 3 – *Emprestadas desde o início*   47

e imaginei que a maioria das mulheres evitaria essa passagem específica da vida, a despeito do motivo de não terem se tornado mães. Aqui está o que várias mulheres disseram sobre a experiência:

"Se eu tivesse ficado na Inglaterra, provavelmente seria parteira agora", diz Annie Eastap.[1] Antes de imigrar para os Estados Unidos, com seus vinte e poucos anos, ela se preparou para ingressar num curso de três anos de trabalho de parto. Participou de muitos nascimentos, todos sem complicações, todos em casa. "Foi uma experiência muito intensa", lembra ela. "Ou você ama ou odeia. É sempre um círculo de mulheres; os homens parecem pairar na periferia. As horas passam, mas não parecem horas. É uma bênção incrível ser convidada por alguém para estar presente em algo assim. É uma experiência mágica e solidária. Observar a cabecinha emergir. Observar uma mulher voltar a ser quase completamente animal. Eu acho incrível. Adoro ver o que o corpo humano pode fazer. Sempre foi uma experiência realmente pacífica e mágica, nada assustadora."

A poeta Suzanne Sigafoos tinha 25 anos quando uma amiga pediu que fosse tirar fotos de seu primeiro parto.[2] Suzanne ainda não sabia se ia querer ter filhos um dia. "Havíamos dividido um apartamento", lembra ela. "Ela tinha essa coisa tribal, queria que acontecesse na floresta, com sua curandeira. E queria que eu e a nossa amiga Adrianne estivéssemos presentes. O parceiro dela era totalmente sem noção." Naquela noite, Suzanne entrou na banheira com sua amiga parturiente nas horas anteriores ao nascimento do bebê, porque ela se sentia mais confortável na água quente. Durante o longo trabalho de parto, as duas amigas respiraram com a futura mãe, caminharam com ela e massagearam seus pés. "Demorou até de manhã para ela ter o bebê", recorda Suzanne. "É a grande mandala – eu tenho que estar na grande mandala. Falo sobre o cosmos. Estou muito agradecida por ter tido essa experiência."

Uma professora de ioga que chamarei de Marie Erickson não se arrependeu de não ter experienciado um parto até os 61 anos, quando testemunhou o parto da enteada.[3] "Em cima da hora ela deixou que meu marido e eu ficássemos enquanto ela dava à luz", diz ela. "Chorei o tempo todo. Nunca, nem num milhão de anos, pensei que veria um bebê nascer. Foi um momento único em minha vida." Enquanto ela fala, sete anos após o nascimento, ainda parece impressionada. "Que experiência universalmente feminina", comenta. "Foi tudo parte do ciclo da vida. Tão primitivo. Tão universal. Que milagre. Um ser humano sair de um corpo? Vemos isso com animais, mas nós, humanos, somos tão complexos. É o grande mistério. Não podemos entender."

Leslie Hill, escritora canadense e ex-professora do ensino médio, mudou-se para a comunidade de Findhorn, na Escócia, após a morte do marido.[4] Ela tinha 46 anos. Pouco antes de Leslie retornar ao Canadá, aos cinquenta e poucos anos, Monica, uma mulher de 32 anos com quem trabalhava e de quem gostava muito, se envolveu com um homem da idade de Leslie. "Ela ficou grávida, para deleite dela e consternação dele.

"Era eu quem a apoiava", lembra, "e era eu quem devia estar presente no nascimento. Ela mesma era parteira e teve duas parteiras lá durante seu parto. Ela realmente queria filhos.

"O nascimento foi um milagre. Foi muito, muito emocionante. O bebê estava emergindo e tinha o cordão em torno no pescoço. A parteira disse 'Pare de empurrar, Monica', e ela parou." Leslie emudece com a lembrança. "Elas cortaram o cordão e retiraram o bebê. Ele estava muito azulado. Elas o levaram ao oxigênio. Ele respirou duas vezes e emitiu uma espécie de quincho. Ver os três juntos na cama foi um momento incrível." Leslie faz uma pausa, como se saboreasse a memória. "Entrei no refeitório depois que o bebê nasceu e fiz o anúncio para o resto da comunidade. Quase não conseguia falar, fiquei tão emocionada. O relacionamento não durou, mas esse bebê era fabuloso."

Antes de qualquer uma delas ter filhos, Chris Clarke, ativista da Virgínia, e uma de suas melhores amigas costumavam ir ver os recém-nascidos

dos amigos no hospital.[5] Elas elogiavam as mães e lhes diziam como seus filhos eram fofos, depois saíam e comentavam admiradas uma com a outra como os recém-nascidos podiam ser feios. Então, sua amiga pediu que Chris estivesse presente no nascimento de seu primeiro filho. "A ideia me pareceu repulsiva", lembra ela. "Eu disse a ela 'eu não quero fazer isso', e não fiz. Eu devia ter uns 35, 36 anos. Fiquei realmente horrorizada com a ideia. Ela teve um parto domiciliar – dois dias lutando para ter o bebê. Você pode imaginar como ele era. Fui até a casa dela para vê-lo. Eu disse: 'Meu Deus, Mel, ele é tão feio.' Ela ficou muito magoada, e fiquei chocada por ela ter ficado magoada."

Uma amizade mais tênue poderia não ter sobrevivido ao deslize. "Acabei sendo muito próxima dessa criança", diz Chris, "e a mãe e eu ainda somos melhores amigas. Quando engravidou novamente, ela me pediu para ficar durante o parto com Cody, que tinha seis anos na época. Ele queria muito assistir." Então Chris concordou com relutância. Para se preparar, ela e Cody tiveram que assistir a um vídeo de parto real. "O coitadinho estava sentado no meu colo. Depois do filme, eu o abracei com força. Mas ele estava tão calmo, tranquilo e sereno. Ele ainda queria estar presente no nascimento do irmão. Eu torcia para que ele não quisesse."

A mãe de Cody planejava ter o segundo bebê em casa também. Chris pegou Cody de manhã, logo depois que a mãe entrou em trabalho de parto. "Passamos o dia brincando", lembra ela, "fomos ao museu de ciências e depois ao museu das crianças. Nós nos divertimos." De volta a casa, Chris preparou o jantar e pensou que ele talvez tivesse esquecido o parto. "Eu estava no céu", lembra ela. "De repente, ele disse: 'Precisamos ir agora.' Perguntei se ele tinha certeza de que queria fazer aquilo. Ele disse: 'Sei que a mamãe vai estar gritando e berrando.' Eu não conseguia acreditar. Fiquei arrasada." Então foram imediatamente para a casa de Cody. Sua mãe já estava em trabalho de parto ativo. "Chegamos bem na hora. Foi um belo momento. Ele tinha seis anos e estava mais preparado do que eu."

Hoje, Chris se sente mais conectada a esses dois meninos, que agora são rapazes, do que aos sobrinhos.

*

A viajante do mundo Bobbi Hartwell tentou participar da experiência de maternidade de uma estranha.[6] Só que do outro lado da situação, congelando óvulos para fertilizar mais tarde, ela os doou a alguém que nunca conheceu.

Quando estava na faculdade de direito, Bobbi viu um anúncio no jornal do campus em busca de doadores de óvulos. "Eu tinha 28 anos", diz ela. "Era o que as pessoas faziam quando precisavam de óvulos, porque imaginavam que as alunas da faculdade de direito seriam mais inteligentes. Também foi uma coisa bastante lucrativa, e eu estava planejando meu casamento."

A ideia de ajudar um casal, fazê-lo feliz, a atraía. Ela também achou que seria uma boa doadora. "Sou uma pessoa muito inteligente", conta ela. "Eu não me importaria de transmitir meus genes sem a responsabilidade de ter filhos."

Mas o casal que postou o anúncio queria que a doadora permanecesse envolvida na vida da criança. Participasse de festas de aniversário. Fosse a babá, talvez.

"Acho que me pagariam 5 mil dólares se o transplante fosse bem-sucedido", lembra ela. "Pensei: *Uau, seria muito legal ver como meu filho poderia ser*, mas eu não queria nada além disso. Logo ficou claro que não estávamos na mesma página, então concordamos em nos afastar. Tenho certeza de que eles acabaram encontrando alguém."

Bobbi descobriu que as clínicas de fertilidade mantêm listas de possíveis doadoras de óvulos, como fazem para homens que doam esperma. "Eles colocam você no livrinho", diz ela. "Acho que as pessoas podem ler e analisar suas qualificações. Eu me inscrevi."

Mas, antes que pudesse ser incluída na lista de doadoras da clínica de fertilidade, Bobbi precisou preencher um perfil médico completo. "Eu não tinha contato com meu pai biológico desde os quatro anos de idade", explica ela, "quando meus pais se divorciaram. Havia perguntas que precisavam ser respondidas sobre o lado de meu pai na minha biologia. Tive que falar com minha mãe sobre o que ela sabia."

Bobbi ficou surpresa ao ouvir a mãe ligar os óvulos que estava doando aos netos. "Minha mãe ficou muito emotiva", diz ela. "Quando falei que doaria meus óvulos, ela ficou magoada porque eu estava disposta a dá-los a outra pessoa. Como se estivesse doando seus netos."

"Esse é um problema que ela precisa resolver por si só", lembra-se Bobbi. "É algo que não posso controlar. Não me impedirá de prosseguir com o programa de doação de óvulos e não vai me convencer de que eu deveria ter filhos. Ela nunca me pressionou a ter meus próprios filhos."

Bobbi seguiu em frente com o processo e foi selecionada por um casal que nunca conheceu. Sempre havia um médico no meio.

O *timing* e a preparação da doadora de óvulos e da futura mãe são cruciais para o processo. Isso significa que é necessário usar medicamentos injetáveis para fertilidade. Para Bobbi, as drogas deveriam estimular o desenvolvimento de vários folículos – seis a doze é o objetivo –, muitos dos quais idealmente amadureceriam até se tornarem óvulos viáveis. Depois de aspirar esses óvulos de seus ovários, testá-los quanto a anormalidades genéticas e fertilizá-los com o esperma do pai, o plano era transferir pelo menos um para o útero da mãe. O útero tinha que estar pronto para receber e implantar um óvulo, então os ciclos das duas mulheres precisavam estar sincronizados. "Nós duas fazíamos nossos parceiros nos darem injeções todos os dias", lembra Bobbi.

"Um dia antes de todos nós irmos a Seattle para a transferência, eles cancelaram tudo." Apesar das drogas estimuladoras dos ovários, Bobbi desenvolveu apenas três ou quatro folículos. "Nunca passamos pelo processo de coleta. Lembro de me sentir muito mal pela mãe. Por ser chamada horas antes e avisada: 'Não vá. Você precisa começar de novo com outra doadora ou tentar a adoção.' Eu me senti péssima."

"Então o especialista me disse: 'Olha, não sou seu ginecologista, mas você precisa saber que, se pensa em ter filhos algum dia, precisa fazer isso acontecer em um ou dois anos, ou não vai conseguir. Você está praticamente infértil.' Tive que ir para casa e dizer a Ken que, se algum relógio biológico começaria a funcionar, tinha acabado de começar. Quando completei trinta anos, nós falamos sobre isso. Foi assim."

Bobbi fica em silêncio por um momento e depois continua: "Até você e eu começarmos a conversar sobre isso, nunca me ocorreu tudo por que aquela mulher passou para chegar a esse ponto. Que aquela era sua última chance antes que decidissem se iriam para a adoção. Para mim, foi apenas algo que vi no jornal."

*

Apesar das tecnologias reprodutivas, nos países desenvolvidos em todo o mundo o número de bebês nascidos é menor do que o número de pessoas envolvidas em gerá-los. Em outras palavras, estamos deixando de nos substituir. Sem a imigração para preencher a escassez de nascimentos, isso significa dificuldades em sustentar as populações que envelhecerão nos próximos anos.

Tentando descobrir por que menos bebês estão nascendo, um estudo de 2015 acompanhou o bem-estar de futuros pais alemães por mais de dois anos antes e após o nascimento do primeiro filho.[7] Conforme relatado por Ariana Eunjung Cha no *Washington Post*, mais de dois terços dos participantes do estudo disseram que sua felicidade diminuiu durante os primeiros dois anos após o nascimento. Usando uma escala de dez pontos, em que zero é completamente insatisfeito e dez completamente satisfeito, a queda foi considerável – 1,4 unidades de "felicidade". Em comparação, a mesma escala de felicidade mede o divórcio como uma queda de 0,6; o desemprego e a morte de um parceiro com uma unidade cada. "Quanto maior a perda de bem-estar", escreve Cha, "menor a probabilidade de um segundo bebê. O efeito foi especialmente forte em mães e pais com mais de trinta anos e com ensino superior." Essa queda no bem-estar, postula o estudo, pode ajudar a explicar por que muitos pais estão parando em um filho, em vez de ter os dois planejados.

Houve alguma reação a esse estudo alemão. Claro, disseram os pais, que a felicidade caiu durante os dois primeiros anos – eles estavam exaustos. Mas depois as crianças cresceram e isso estagnou um pouco. Eles afirmaram que melhora.

Fiquei me perguntando como o bem-estar e os cuidados com os outros diferem, quando existem, entre pais e pessoas sem filhos ao longo de toda a vida. Os psicólogos do desenvolvimento chamam isso de "generatividade".[8] Esse termo foi cunhado pelo psicólogo Erik Erikson em sua teoria da personalidade em oito estágios, baseada no desenvolvimento social e cultural. "Generatividade versus estagnação" é seu sétimo estágio e abrange idades entre 35 e 64 anos. Durante esse período da vida, ele propôs, fazemos contribuições ao mundo que sobreviverão a nós ou deixaremos de nos conectar com uma comunidade maior. O modo como nos envolvemos com nossa comunidade maior contribui significativamente para a nossa sensação de bem-estar.

O bem-estar e a generatividade estão mais comumente relacionados à experiência de ter filhos. Mas duas doutoras da Universidade do Missouri, Tanja Rothrauff e Teresa M. Cooney, examinaram estudos anteriores e descobriram que o vínculo não se limitava àqueles com filhos.[9]

Elas descobriram uma maneira de estudar as diferenças entre pais e pessoas sem filhos especificamente relacionadas à generatividade. Os 4.242 participantes de seu estudo inicial foram entrevistados e, em seguida, preencheram um questionário por e-mail. Uma subamostra de 2.507 adultos (entrevistados de 35 a 74 anos) foi dividida em grupos de pais e adultos sem filhos. Quando Rothrauff e Cooney analisaram as respostas do questionário, concluíram que a paternidade ou maternidade não é a única maneira de desenvolver a generatividade, nem a melhor. "Os adultos sem filhos, assim como os pais", elas descobriram, "podem estar interessados em retribuir à próxima geração participando da vida de crianças, fornecendo cuidados e assistência aos membros da família, transmitindo conhecimentos e habilidades através do ensino e assumindo papéis ativos em suas comunidades. Essas atividades não são mais ou menos importantes para seu bem-estar do que são para aqueles que são pais."

⋆

Cheryl Katen, a engenheira da Hewlett-Packard também conhecida como "Mamãe Katen", assumiu o cargo de treinadora de um time da Organização Americana de Futebol Juvenil (Ayso, na sigla em inglês) quando estava no auge da carreira.[10] Aconteceu um dia quando ela foi a um jogo da filha de uma amiga. "O treinador a intimidava terrivelmente", lembra ela. "Pensei: *Esse não é o ambiente certo para uma garota se envolver em esportes.* Então me ofereci para treinar o time da menina no ano seguinte." Por sorte, naquele ano a Ayso havia integrado as equipes, então Cheryl treinou meninas e meninos. "No começo, tentei usar um cotreinador masculino", diz ela, "mas as crianças davam ouvidos a ele e não a mim, então finalmente consegui outra engenheira jovem que fosse comigo. E todos sossegaram."

Ela treinou essas crianças por cinco ou seis anos, até que foram para o segundo ciclo do ensino fundamental e quiseram aprender chutes e lances extravagantes sobre os quais Cheryl nada sabia. "Não éramos matadores impiedosos", diz ela, "mas chegávamos a um digno segundo lugar quase todos os anos."

⋆

Alguns anos depois de me mudar para o campo, peguei um desvio na estrada principal e acabei indo parar no estacionamento da escola primária. O mascote da escola, um enorme puma grunhindo, estava pintado ao lado do prédio. *Deve ser um sinal*, pensei. "Puma" era meu apelido de infância.

Abri a pesada porta da frente. O corredor estava quieto. Os desenhos e escritos das crianças haviam sido grampeados em quadros de avisos coloridos, cobertos com cartolina e com bordas onduladas e brilhantes. Pelos meus cálculos, fazia décadas desde a última vez em que eu estivera na sala de um diretor.

Quando peguei na maçaneta, ouvi meu nome ser chamado do outro lado do corredor. Uma mulher que eu conhecia da minha aula de ioga me cumprimentou.

– Kate, o que está fazendo aqui? – perguntou ela.

– Quero ajudar as crianças a aprender a ler e escrever – eu disse a ela. – Eu gostaria de ser voluntária.

– Você é bem-vinda na minha turma – respondeu ela.

Na semana seguinte, voltei à terceira série.

Por dez anos, no início de cada ano letivo, eu me apresentaria da mesma maneira: "Oi, sou Kate. Eu gosto quando vocês me chamam pelo meu primeiro nome. Estou aqui para ajudá-los a ler e escrever. Esta é a minha enésima vez [seja qual fosse o número correto] na terceira série."

Por volta do terceiro ano, um garotinho pulou da cadeira, agarrou minha mão e olhou para mim com seus olhos azuis arregalados e cheios de sinceridade. "Eu vou ajudá-la, senhorita Kate", disse ele. "Prometo."

★

Anos depois de ter tentado, sem sucesso, doar seus óvulos a uma estranha, Bobbi Hartwell e o marido levaram sua sobrinha adolescente problemática para morar com eles.[11] Foi na época em que tinham a delicatessen, e Bobbi trabalhava em sua atividade de consultoria em tempo integral.

"Ela tinha dezessete anos", lembra Bobbi, "e cursava o último ano do ensino médio. Como não tinha carteira de motorista quando veio ficar conosco, eu a levava para a escola e outras atividades. Planejar regulamente as refeições foi uma das maiores mudanças em minha vida ao ter uma adolescente em casa."

A sobrinha teve algumas questões com autoridade e acabou se envolvendo em problemas. "Não é que a mãe dela não tenha se importado", lembra Bobbi. "Mas ela estava tão ocupada tentando pôr comida na mesa que não tinha energia para a filha. Não havia muita disciplina em casa, e nossa sobrinha sabia que, com esse tipo de margem de manobra, ela estava prestes a se enforcar com tanta corda."

Foi a garota que sugeriu a mudança, perguntando ao tio Kenneth se poderia morar com eles. "Ela é uma garota muito perspicaz", diz Bobbi, "e sabia que lhe daríamos a estrutura e a disciplina que não tinha em casa. Ela também sabia que odiaria isso, e odiava, mas era a única chance que tinha para realmente organizar a vida. Se não fosse por nós, acho que ela não teria se formado no ensino médio. Foi um ano muito difícil para todos nós."

Se Bobbi tinha alguma dúvida incômoda sobre a ideia de se tornar mãe, naquele ano ela ficaria em paz. "Vi e realmente entendi pela primeira vez o que significa trabalhar muitas horas administrando uma pequena empresa, trabalhando em outro emprego em período integral e fazendo muito trabalho voluntário", diz ela. "De repente, tentei adicionar uma garota de dezessete anos àquilo tudo. Isso me fez valorizar muito mais minhas amigas que são mães."

Bobbi se refere a esse período como seu *ano da trapaça*. "Posso lhe dizer exatamente como teria sido se eu tivesse filhos", afirma ela. "Foi como um programa de intercâmbio. Sinto como se tivesse tido um vislumbre de como teria reagido e respondido. Consegui ver a maternidade, e não gostei. Nem um pouco. Mal podia esperar para acabar."

Ela agora sabe como a vida teria sido diferente se ela e Ken tivessem tido um filho. "Eu nunca teria concordado em começar a delicatessen", diz ela. "Acho que meu casamento teria sido muito menos feliz, porque Ken teria sido forçado a ser uma pessoa que realmente não é da natureza dele. Ele é um espírito muito mais livre do que eu. Ele não teria sido a pessoa que é.

"Cara, estamos felizes por não termos filhos. Essa foi a confirmação de que não cometemos um erro."

*

Às vezes, pegar crianças emprestadas não deixa suas mães tranquilas. Às vezes é uma grande bênção. Às vezes, é difícil saber como a mãe se sente sobre o seu envolvimento com o filho dela até que ela lhe diga.

A babá Susan Gianotti cuida de dois meninos há mais de dez anos.[12] Ela não vê nenhuma linha divisória entre seu trabalho e seu amor pelos garotos, hoje com dez e treze anos. Eles pertencem aos pais, claro, mas Susan é quem participa na escola, torce por eles nas competições de natação e faz com eles as tarefas de casa. Até o menino de treze anos ainda a chama pelo nome que lhe deu quando criança, "Sue-Sue".

Susan cresceu numa família católica de dez filhos, metade meninos e metade meninas. "Há os cinco primeiros e os outros cinco", diz ela. "Sou o começo dos outros cinco. Era chamada de 'Pequena Mãe', porque era eu quem planejava as coisas. Se estivéssemos numa longa viagem de carro, eu levaria água e copos para todos. Eu sempre tinha aspirina e guloseimas para distribuir. Eles ainda me chamam de Pequena Mãe, ainda que eu não tenha filhos."

Aos quarenta e poucos anos, Susan foi diagnosticada com câncer de ovário. Quarenta e oito horas após o diagnóstico, todo o seu sistema reprodutivo foi extirpado e, com isso, suas esperanças de engravidar algum dia.

"Eu não sou casada", explica, "sou solteira. Sabia que tinha passado do meu auge. Mas ainda há momentos em que penso que *nunca vou ter um bebê.*"

Três semanas após a cirurgia, Susan convenceu uma de suas irmãs a levá-la para visitar as crianças que ela tanto ama. "Os meninos só me queriam de volta", lembra ela. Antes de sair no dia da visita, os pais deles se reuniram com ela em particular. "A mãe disse: 'Só queremos que você saiba que, se você não trabalha, não é paga. Não vamos ajudá-la.'"

Susan ficou atordoada. "Eu estava muito doente, mas tive que trabalhar para ganhar a vida e pagar pelo seguro-saúde", diz ela. "Eles têm seus problemas, mas eu amo muito essas crianças." Susan voltou ao trabalho. "Faço tudo com eles. Eu os pego na escola. Vou aos acampamentos e festas, planejo lanches. Tudo. Os pais sabem disso. A mãe já disse algumas vezes: 'Você criou meus filhos.'"

Alguns meses depois, os pais disseram aos filhos que estavam se separando. "Você ainda estará aqui, certo Sue-Sue?", perguntaram as crianças mais tarde.

"'Sim', falei. 'Eu não vou embora.' É de partir o coração. Eu não tenho meus próprios filhos. Já disse a eles que lembrarei deles pelo resto da minha vida. Os pais têm filhos, dois filhos lindos, mas não ligam muito para eles. É isso que me deixa mais triste. Eu trocaria de lugar com eles num piscar de olhos, porque esses meninos poderiam desaparecer de repente."

Um ano após a cirurgia, Susan está se sentindo mais forte e saudável. "Preciso sair do emprego", diz ela, "mas ainda estou lá. Esses meninos especiais são a principal razão para que eu fique."

*

Aloparentalidade é o que Susan está fazendo por esses meninos.[13]

O termo significa "outra parentalidade" ou "compartilhar a educação dos filhos com outros adultos ou crianças mais velhas de confiança", afirma o médico Daniel J. Siegel, diretor-executivo do Mindsight Institute e professor clínico de psiquiatria da UCLA. Siegel escreveu extensivamente sobre apego e neuropsicologia de cérebros de crianças, adolescentes e adultos.

"O apego humano pode ser entendido como envolvendo quatro S", explica ele. "Precisamos ser vistos [*seen*], protegidos [*safe*] e tranquilizados [*soothed*] para nos sentirmos seguros [*secure*]."[14]

A segurança deriva, entre outras coisas, de sermos notados e atendidos, protegidos contra danos e confortados por pessoas confiáveis. Segundo Siegel, "podemos ter apego a outras pessoas além de nossa mãe. Podemos criar apego a alguns indivíduos mais velhos, mais fortes e, espera-se, mais sábios, a quem podemos recorrer em busca de proteção e conforto."

*

Às vezes, fontes de segurança vivem do outro lado da rua. Barbara Hanna e seu marido, John, tinham pouco mais de cinquenta anos, moravam em Canton, Ohio, quando novos vizinhos se mudaram – um casal uns vinte anos mais novo. Os quatro se uniram rapidamente por uma paixão compartilhada pelo ciclismo. A diferença de idade não impediu a formação de uma forte amizade. De certo modo até ajudou.[15]

"Tanto nós como eles éramos *Dinks*", diz Barbara, agora com setenta anos. "Você sabe o que significa?"

"Sim", respondo. "Renda dupla, sem filhos." O termo foi cunhado na década de 1980.

Entretanto, os dois casais não compartilharam o status de *Dink* por muito tempo. Um dia, no almoço, vários meses depois de se mudar, sua jovem vizinha contou a Barbara que estava grávida. Logo após o parto, os Hannas foram as primeiras pessoas que os novos pais convocaram ao hospital.

Hoje, a filha mais velha deles tem treze anos e suas irmãs gêmeas doze. Quando tinha dois anos, a mais velha batizou Barbara de "Vó", o marido

John de "Vô", e os Hannas se referem às crianças como suas "netas". Embora tenham tentado, sem sucesso, ter os próprios filhos, "uma das vantagens", diz Barbara, "é que nós estávamos disponíveis quando essas três netas entraram em nossa vida. Estivemos lá por elas a vida toda."

Com os avós biológicos das garotas espalhados pela Flórida, pela Virgínia Ocidental e por Wisconsin, os Hannas cumpriram o papel de família local, comemorando aniversários e passando feriados juntos, participando de recitais de piano e balé e realizando festas do pijama. Os avós não pareciam se sentir menosprezados. "Eles dizem que estão felizes por suas netas receberem atenção", conta Barbara.

Em abril passado, a jovem família se mudou para o Texas. Quando o casal recebeu a ligação de que o avô materno havia morrido, pediu aos Hannas que cuidassem das meninas. Eles também cuidaram delas por três semanas enquanto os pais estavam procurando uma casa. Ex-professora, Barbara ajudava com o ensino em casa das meninas, enquanto John gerenciava o planejamento e a preparação das refeições. "Eu o chamava de Moça da Lanchonete", diz Barbara, "porque ele cozinhava enquanto eu supervisionava as crianças. Agíamos mais como pais, e as meninas não gostaram. 'Gostamos mais de vocês como Vó e Vô', disseram elas."

Barbara ficou surpresa com a reação da família e dos amigos ao relacionamento especial que ela e o marido desenvolveram com essas crianças. Quando sua mãe idosa dividiu seus enfeites de Natal entre os netos no último ano, disse a Barbara: "Certifique-se de colocar suas três na lista, porque elas também são minhas netas." As meninas ficaram emocionadas ao receber presentes tão especiais.

"Acho que, quando estou com grupos de amigos, todos perguntam uns aos outros sobre seus filhos", conta Barbara. "Eles sabem que tenho essas garotas na minha vida, mas ninguém me pergunta nada. Eu só fico ali. É como se simplesmente não percebessem nossa relação, do contrário não agiriam assim."

Capítulo 3 – Emprestadas desde o início 61

★

Também tenho alguns jovens especiais na minha vida. Eles sabem um do outro, mas até alguns anos atrás nunca haviam se conhecido. Eu costumava me referir a eles como "filho e filha do meu coração". Mas não mais.

Certa vez, numa reunião de família na Páscoa, a mãe da jovem me chamou num canto para abrir seu coração e compartilhar o que a estava incomodando. Ela sentia que o uso do termo "filha" por mim de alguma forma diminuía seu próprio relacionamento com a menina. Ela achava que estávamos passando muito tempo juntas. Fiquei atordoada. Eu não sabia o que dizer, então não disse nada. Mais tarde, soube que a mãe também havia compartilhado seus sentimentos com a filha. A filha e eu concordamos em escolher outro termo, talvez "amiga especial", ou algo assim. Ainda não sabemos como chamar uma à outra. Às vezes sinto a necessidade de manter minhas expressões de amor sob controle.

Quando era adolescente, o filho do meu coração me disse que gostava de ser chamado assim. Então teve seus próprios filhos, e um dia, quando sua filhinha batia na altura do meu joelho, ela me chamou de "vovó Kate". Saboreei aquele som por um momento, depois pensei: *Ah, não, aqui vamos nós de novo.* Contei aos pais dela o que aconteceu e perguntei como eles queriam lidar com isso. "Tia Kate", disseram eles. Conheci casualmente as duas avós e me perguntei se seria bem-vinda em seu círculo especial, mas não pedi para ser admitida.

Novamente, deixei de compartilhar como me sentia com medo de aumentar o constrangimento ou de colocar meus entes queridos numa posição de sentir que precisavam escolher. Concordei com a escolha que, tenho certeza, eles teriam feito.

No entanto, me pergunto qual seria o risco de incluir a todas nós nessas questões do coração. Seria porque nos falta nossa própria terminologia? Ou tem algo a ver com a quem pertencem os filhos?

Ouvi certa vez que, na nação Crow, quando uma mulher não tem filhos, é considerada mãe de todas as crianças da tribo. Quando ela se muda para o alojamento das avós após a menopausa, torna-se mãe de todas as crianças do mundo inteiro.[16]

Imagine crescer numa comunidade onde todas as famílias têm uma série de mães para as quais um jovem pode correr, principalmente se a mãe "de verdade" está ausente ou se é perigoso em casa. Imagine como os adolescentes com problemas poderiam se beneficiar de procurar abertamente a orientação de outras pessoas no clã, avaliando os conselhos dessa pessoa ao lado do que a "própria" mãe pensa, sem medo de ofender ou menosprezar alguém. Imagine todas as mulheres tendo a oportunidade de sentir e expressar um senso de parentesco com todas as crianças do mundo inteiro.

CAPÍTULO 4
AMIZADE PERMANENTE

*Sinto como se houvesse uma barreira entre mim e meus amigos que têm filhos.
Os filhos complicam as amizades.*

Alguns amigos acreditam que nossa vida é vazia sem filhos. É exatamente o oposto.

*Conheço muitas pessoas cuja amizade se desenvolve porque os filhos praticam
o mesmo esporte. É mais difícil fora desse universo.*

Laurie Cartwright era a rainha do grupo de natação da hora do almoço, uma
multidão multigeracional de moradores de Santa Cruz que nadava ao meio-dia
todos os dias. Ela era uma comerciante confiante, de cabelos encaracolados,
que todo mundo amava. Eu era universitária, na época, e ansiei por ser sua
amiga. Todos os dias, depois que cada um de nós nadava nossa necessária
milha diária no estilo *crawl*, Laurie e eu nos deitávamos lado a lado no concreto aquecido pelo sol, bronzeando nossa pele e gravando linhas profundas
em nossas futuras expressões.

Mesmo depois que me formei e me mudei para um local a umas duas horas de distância, Laurie e eu continuamos amigas. Uma noite, meu novo marido, Dan, e eu convidamos Laurie e seu novo marido, Hank, para jantar.

"Decidimos tentar engravidar", anunciou Laurie. Aquela declaração foi uma surpresa para mim, mesmo sabendo que ela era de uma grande família católica e gostava de crianças. Eu contava termos um pouco mais de tempo para realizarmos aventuras juntas. Brindamos à fertilidade deles.

Nos dias seguintes, Dan e eu debatemos se deveríamos nos juntar a seu esforço. Decididamente ele tinha dúvidas. E eu, que antes era ambivalente em relação à crianças, agora me entusiasmava com a ideia de fazer uma miniatura minha ou dele. Duas, até. Lembro-me de me perguntar o que mais faríamos da vida. O que finalmente me forneceu a inclinação foi a visão de criar nossas famílias juntas, uma massa saltitante de crianças misturadas.

Sempre pioneira, Laurie estava grávida em menos de um ano. Dan e eu continuamos tentando.

*

Quando uma criança nasce, ela exige intensa atenção, cuidados e engajamento. Todo mundo sabe que o período de vínculo entre mãe e filho é um momento muito especial da vida, quando os laços iniciados no útero se aprofundam, e a atenção da mãe é crucial.

Então as amizades mudam. Têm que mudar, pelo bem do bebê.

Você nunca entenderá o significado do amor até olhar nos olhos de seu filho é uma frase que é dita de maneira tão onipresente que virou clichê. O poder tão transformador desse olhar pode ser o primeiro passo para formar um abismo entre aqueles que são pais e aqueles que não são. Em seu livro *Best Friends Forever* [Melhores amigas para sempre], Irene S. Levine, ph.D., escreve sobre como os bebês afetam as amizades das mulheres. "A amiga sem filhos pode sentir que foi meio preterida – e, na realidade, foi", observa Levine.[1] "Se a mãe sem filhos [sic] está tendo dificuldade em conceber, pode ser particularmente doloroso para ela passar um tempo com alguém que não teve problemas de fertilidade."

*

A poeta Suzanne Sigafoos é uma ruiva que quer o que nunca terá.

"Quero ser uma mãe almoçando com meu filho ou filha de dez anos", diz ela, "apenas conversando. Nessa idade, eles falam de um jeito tão bonito e encantador. Os dez anos são a idade mais sofisticada da infância na minha fantasia."

Suzanne, agora com 67 anos, queria ter filhos. Casou-se pela primeira vez aos 38 anos e se sentiu otimista quando a atriz Ursula Andress e a cantora Bette Midler tiveram seus primeiros bebês na idade dela.

"Minha idade não é nada", ela se lembra de ter pensado sobre suas chances. "Vai ficar tudo bem."

Dois anos se passaram. Sem bebês. O médico disse que ela estava na perimenopausa.

"Encarei aquilo como um desafio", ela se recorda de ter pensado. "Não. Nós vamos encontrar o melhor médico de fertilidade em San Francisco. Conseguimos, e pagamos uma fortuna a ele."

Ela tomou todos os medicamentos prescritos pelo médico. Um ultrassom descobriu que, mesmo com a medicação, ela havia desenvolvido apenas alguns folículos, todos pequenos demais para se tornarem viáveis.

"Foi o dia em que descobri ser inadequada", diz ela. Suzanne e o marido conversaram sobre tentar procedimentos mais agressivos, talvez até barriga de aluguel.

"Mas para mim já era. Eu tinha quase 41 anos. Estava emocionalmente acabada, energeticamente acabada, e meu casamento estava desmoronando."

Ao mesmo tempo que Suzanne tentava conceber, a amiga próxima que apresentou os dois engravidou duas vezes do amante e fez aborto nas duas vezes.

"Eu estava no meio do tratamento da infertilidade e tão louca quanto uma viciada em drogas", lembra ela. "As duas vezes que minha amiga engravidou foram durante o momento mais difícil da minha vida. Ela queria conforto, e eu não tinha nada a oferecer. O conflito entre nós foi horrível, e rompemos. Eu nunca havia me sentido assim na vida. Carrego a gravidade daquilo sempre comigo – que eu não tinha nada a oferecer a uma amiga que precisava de mim."

Anos depois, instigada pela amiga, as duas fizeram terapia juntas e agora renovaram sua amizade.

Mais tarde, numa nova cidade e num novo casamento, Suzanne embarcou no que logo se tornaria outra amizade profunda. Quando revelou que não tinha filhos, a resposta de sua nova amiga foi uma surpresa. "Eu tive filhos", disse ela, "e sou um tanto ambivalente em relação à maternidade."

Ambivalente. Suzanne nunca tinha ouvido alguém dizer isso sobre a maternidade.

"A sinceridade da minha amiga tem sido um presente além da medida", conta Suzanne. "Uma mãe amorosa, ela compartilhou momentos difíceis comigo, alguns relacionados aos filhos adultos, seus desafios e lutas."

"Nós nos conectamos profundamente sem a interferência de seu 'eu mãe' e meu 'eu sem filhos'", continua ela. "De alguma forma, toda a humanidade de sua 'ambivalência' me deu espaço para aceitar e apreciar minha vida como ela é. Ela e eu também somos honestas com relação ao ciúme. Se a inveja aparece, contamos uma à outra."

Suzanne escreveu um poema sobre esses relacionamentos significativos:

Ainda assim

Minha amiga encara sua garota de olhos escuros:
onde você estava? Desaparecida por dias, a garota
está chapada e saindo com um traficante,
tem o dom de viver sem regras ou relógios.

Outra amiga está grávida, não quer
estar. Ela se vira para mim, que *desejo*
um bebê que não posso conceber, que estou tropeçando em perda,
que estou chocada e cansada de *talvez no próximo mês.*

Eu não tinha nada a oferecer; nada
para a mãe da adolescente. Não há palavra
bonita: virei as costas, deixei o silêncio empoçar.
No silêncio, hematomas se curam, desaparecem;

mais velhas agora, somos amigas novamente, refeitas:
delicadas, sombrias, amorosas, ainda assim.[3]

A amizade entre mães e mulheres sem filhos é diferente daquela entre amigas em situação semelhante. Suzanne diz que nunca teve a oportunidade de fazer amizade com outra mulher sem filhos, e hoje muitas de suas amigas estão se tornando avós entusiasmadas. "É um desabrochar tão bonito", afirma ela, "uma nova identidade maravilhosa para elas. Elas querem conversar sobre isso. Depois de dez minutos, eu só quero chamar um táxi." Ela respira fundo. "Há uma perda nisso. Não consigo sair para almoçar com um monte de mulheres e me sentir parte do grupo."

*

Nós realmente precisamos de amigos? Inúmeros estudos confirmam que sim, se queremos ser física e emocionalmente saudáveis. Trocar confidências com um amigo pode reduzir o estresse e liberar a ocitocina, o hormônio do bem-estar. O trabalho do Nurses' Health Study, em andamento há décadas, e que, ao longo dos anos, reuniu dados de mais de 200 mil mulheres, descobriu que, quanto mais amigos uma mulher tem, menos doenças físicas relatará à medida que envelhece.[4] E os parentes ficam atrás dos amigos quando se trata de influenciar nossa felicidade e nossas atitudes positivas.

As verdadeiras amizades, as que duram, têm elementos consistentes – companheirismo, apoio mútuo, reciprocidade e carinho –, dizem os especialistas.[5] Dadas as tensões e mudanças da vida, às vezes um amigo pode ser mais carente ou distante, mas a amizade se reequilibra com o tempo. A autora de *Best Friends Forever*, Irene Levine, cunhou o termo "coma da amizade" para descrever o estado de uma amizade em que a comunicação diminuiu e o relacionamento está no limbo. "Quando as amizades atingem esse estado", diz Levine, "geralmente murcham e morrem, às vezes fora do alcance do radar da consciência."

*

"Quando minha amiga mais próxima me disse que estava grávida, eu chorei", lembra uma mulher que chamarei de Laura Johnson.[6] "Não na frente dela, mas eu sabia que nossa amizade nunca mais seria a mesma. Só de saber como as mulheres geralmente desaparecem na maternidade, pensei *estou perdendo minha amiga*."

Laura tinha certeza de que teria filhos um dia. "Mas quando eu tinha trinta anos", diz ela, "estava num relacionamento abusivo. Depois que acabou, fiquei totalmente apavorada em relação a namoro e a homens, então houve um bom tempo – anos – em que não namorei ninguém." Hoje, ela tem 46 anos e ensina inglês numa faculdade no Meio-Oeste americano. Nunca se casou.

Mas Laura não perdeu a melhor amiga. Elas contornaram a fase da amamentação e o horário de dormir da criança e se veem regularmente.

"Quando nos encontramos", diz ela, "podemos ter uma conversa que não gira em torno de seu filho. Não que eu não queira ouvir falar dele, mas não quero passar duas horas conversando sobre o filho dela."

Em vez disso, elas falam sobre interessem comuns.

"Ela ainda está interessada no que acontece na minha vida", conta Laura. "Ela pode ir além do bebê. Há pessoas que não conseguem. Acho que ela compartilha coisas relacionadas a bebês com outros pais e lida com nosso relacionamento de um jeito que mantém nossa amizade intacta. Desconfio que ela tenha pensado muito em suas amizades antes do nascimento do bebê."

Laura consegue pensar em apenas uma amiga que não tem filhos.

As outras são mães com idades entre os trinta e os cinquenta e poucos anos. Duas agora têm filhos mais velhos. Ela raramente via essas mulheres quando as crianças eram pequenas.

"Mas agora que as crianças têm idade suficiente para não precisar de tanta supervisão", diz ela, "minhas amigas estão prontas para voltar. Fui tomar café com uma delas no fim de semana passado. Ela disse que, agora que as meninas não precisam muito dela, tem mais tempo livre. Precisamos ir ao cinema. Ela está procurando alguém com quem sair.

"Em relação à outra amiga, será preciso paciência da minha parte. Em algum momento, ela terá mais tempo livre, e eu a verei com um pouco mais de frequência do que agora. Estou ansiosa por isso."

*

Beverly Williams, outra mulher de 46 anos, é escritora, professora e faz tricô. Ela nasceu e cresceu em Connecticut, a caçula de cinco filhos.[7] Dois irmãos mais velhos, seguidos por três meninas. Todos, menos Beverly, têm filhos.

Quando era criança, ela queria ser mãe, escritora e freira. Não sabia na época que ser mãe e freira era proibido.

"Hoje eu alterno entre o arrependimento e o alívio", diz. "Há dias em que penso: *O que fiz de errado que não tive um filho quando podia?* Mas logo vem o sentimento de *Graças a Deus, eu não tenho filhos.* Geralmente é um alívio. O arrependimento que sinto hoje tem mais a ver com o meu relacionamento com meu atual marido."

O primeiro casamento de Beverly foi aos 21 anos, com o namorado do ensino médio. Catorze anos depois, eles se divorciaram. "Crescemos juntos", conta ela, "e depois nos separamos. Em retrospectiva, fico feliz por não termos tentado ter filhos. Parece que, quando meus amigos que são pais se separam, eles têm divórcios muito complicados. Quando você não tem filhos, os caminhos se separam e é o fim."

Beverly se casou novamente aos 38 anos. "Quando Neal e eu estávamos namorando", lembra, "eu era a pessoa que não queria filhos. Ele não se importava muito com isso. Então, no meu 39º aniversário, tivemos aquele momento em que nos entreolhamos – deveríamos ter um bebê."

Beverly conversou com seu médico. Acontece que ela tem problemas de saúde que podem um dia se transformar em algo sério. "Eu me apavorei e disse a Neal: 'E se eu tiver um câncer e largar você sozinho com um bebê que você ficou feliz em ter comigo, mas que não queria ter por conta própria?' Ter um filho parecia uma atitude muito irresponsável para mim. Eu me arrependo de não sermos pais juntos mais do que do fato de eu não ser mãe, se é que isso faz sentido. Teríamos funcionado bem como pais."

Beverly se lembra de uma vez que um grupo de amigas estava tricotando num canto na Starbucks local. Beverly é a única sem filhos desse grupo. Naquele dia em particular, sete ou oito anos atrás, uma mulher que não conheciam se aproximou delas.

"Oi, eu sou Sarah. Eu tricoto. Posso me juntar a vocês?"

Beverly gostou da ousadia de Sarah, e as duas rapidamente se tornaram amigas. Os filhos de Sarah agora têm nove e onze anos. "Ela é uma pessoa interessante", diz Beverly. "Era doula e agora está voltando para a escola para se tornar enfermeira e parteira. Ela encara suas amizades como autocuidado. Sente que, se ela for feliz, todo mundo vai ser feliz também. E cuida da parte adulta de sua vida, o que inclui atividades significativas com as amigas, sem os filhos."

No lado de Beverly da equação, ela é flexível e entende que, com as crianças, as coisas podem mudar no último minuto. "Sou muito tranquila se uma criança fica doente e alguém tem que desmarcar um encontro. Eu não me irrito com isso. Entendo perfeitamente que os filhos vêm em primeiro lugar."

Beverly e seu marido também estão entrelaçados à estrutura familiar de Sarah. "Temos muitos arranjos diferentes de como nossa amizade se expressa", diz Beverly. "Fazemos coisas com nossos maridos. Eu também gosto muito dos filhos dela." Isso porque Beverly trabalhou duro para conhecê-los. "A filha dela está chegando à idade em que adora ir a musicais", continua. "Ela se sente adulta quando é convidada para uma peça e um jantar. Então, nesta primavera, convidei Sarah e sua filha para jantar, depois fomos ao teatro. Foi ótimo para nós três sairmos e para Ella ver como é a amizade de adultos. Conhecer os filhos de Sarah e gostar deles torna nossa amizade muito fácil. É muito bom."

Bebês nem sempre ajudam as amizades. Às vezes, eles adiantam seu término. Beverly tinha outra amiga, que conhecia desde antes de as crianças nascerem. Agora essa amiga tem dois filhos. "Eu realmente não a vejo mais", diz ela, "porque ela só quer amigos que tenham filhos da mesma idade que os dela. Como não tenho filhos, ela não estava interessada em nossa amizade."

Uma noite, Beverly saiu para jantar com uma colega de trabalho.

No final da noite, a colega colocou a mão no braço de Beverly e disse: "Tenho uma coisa para lhe contar." O primeiro pensamento de Beverly foi que alguém que conheciam estava morrendo. Em vez disso, descobriu que a colega estava grávida.

"Ela assumiu um tom de quem pede desculpas", lembra Bev. "Gostamos uma da outra, mas ela não é como uma irmã para mim. Eu estava genuinamente feliz por ela, porque era isso que ela queria. E não preciso ser confortada só porque não tenho filhos.

"Minhas amizades mudam depois que minhas amigas se tornam mães", continua ela. "Parte disso é porque elas ficam ocupadas com seus bebês e têm horários diferentes. Outra parte se deve ao fato de eu não ser muito tolerante com o discurso 'Bem, você não tem filhos, então não entende as entrelinhas que acompanham essa mudança'. Concordo que não tenho filhos. Mas sou uma pessoa inteligente. Acho isso muito difícil em amizades."

Beverly pensou muito em como sua vida difere da vida de suas amigas que são mães. "Para mulheres que tiveram filhos, não importa quantos anos tenham, a história do nascimento da criança é uma parte muito importante de sua identidade. Não temos o equivalente a uma história de nascimento para contar."

*

Michelle Callahan, ph.D., é psicóloga e contribui regularmente para a revista *Women's Health*. Ela apareceu no programa *Early Show*, da rede televisão CBS, em 2010 e conversou com a apresentadora Maggie Rodriguez sobre as formas como as amizades das mulheres podem resistir a mudanças na vida, como quando uma amiga tem um filho e a outra não. "Muitas vezes somos atraídas por pessoas com base em interesses e circunstâncias comuns e, quando a vida muda, a amizade pode se fragilizar", observou Callahan.[8]

Para que a amizade dure, disse ela, reservar um tempo para a outra é crucial. Em vez de declarar um desejo por alto de se encontrar, comprometa-se com uma data específica. "O Facebook é uma maneira de se manter

Capítulo 4 – Amizade permanente **73**

por perto, mas não pode ser o seu principal meio de contato. É um comple-mento." Por fim, Callahan enfatizou a importância de estar disponível para a outra em momentos importantes de necessidade. "Certifique-se de que, em quaisquer eventos significativos da vida de sua amiga, você estará em con-tato naquele momento, mesmo que não esteja em contato o tempo todo."

★

"Quando você é solteira, depende dos amigos como principal fonte de nutri-ção", diz Una Cadegan, que vive sozinha em Dayton, Ohio. "A maioria das pessoas casadas depende dos amigos como sobremesa e lanches."[9]

Filha mais velha, com dois irmãos mais novos, Una aprendeu cedo a cuidar de crianças. Ela manteve essas habilidades aprimoradas ao ajudar as amigas quando elas se tornaram mães, especialmente uma amiga cuja mãe havia morrido na época em que as duas estavam na faculdade. "O marido dela trabalhava à noite, então eu ia muito lá", lembra ela. "Preparávamos o jantar, alimentávamos as crianças e as colocávamos na cama, depois assistí-amos à TV juntas. Durante vários anos, quando eles eram pequenos, eu os coloquei na cama com mais frequência do que o pai deles."

A habilidade de Una com crianças significa muito para ela. "É importan-te para mim que os outros saibam que sei como cuidar delas", diz. "Aprendi coisas sobre mim e sobre parentalidade, maternidade. Posso fazer os bebês dormirem nos meus braços e consigo fazer isso sem amamentá-los, o que acho uma habilidade de vida realmente valiosa. Admito que há muita coisa que não sei e nunca vou saber, mas sei como estar presente em suas vidas, conhecê-los bem e cuidar deles."

Duas famílias jovens das quais ela era mais próxima se mudaram quan-do os filhos ainda estavam no jardim de infância. "Eu me sentia solitária", lembra ela, "e eles estavam tão sobrecarregados com novos empregos e com os filhos pequenos que me disseram: 'Olha, não conseguimos manter contato, e você terá que aceitar isso.' Foi uma das coisas mais difíceis que já me aconteceram.

"Agora sou convidada para formaturas e casamentos", diz ela, "e fico feliz em ir. Eles provavelmente consideram nossa conexão mais forte do que eu sinto, porque fiquei muito consciente da falta de contato contínuo ao longo dos anos. Quando somos solteiras, temos a opção de tentar fazer com que as pessoas se sintam mal com esse tipo de coisa. Podemos decidir que o laço foi rompido e que nunca mais teremos algo a ver aquelas pessoas. Ou podemos simplesmente ser pacientes e deixá-las fazer o que podem."

Às vezes, Una ainda se sente solitária, mas construiu uma rica rede de amigos, alguns com filhos, outros não. "São as pessoas em quem confio e que me apoiam no dia a dia", afirma. "Elas acham que estou exagerando. Mas há um desequilíbrio com o qual você deve ter cuidado, porque os relacionamentos podem sair do controle de maneiras que podem ser destrutivas para a amizade e para o seu próprio conceito pessoal.

"Quando as pessoas dizem 'Você tem tantos amigos!', minha vontade é responder: 'Bem, tenho que ter, né, porque só tenho pequenos pedaços deles. Se você tem um número x de amigos e cada um só pode vê-la algumas vezes por ano", continua ela, "isso pode não ser suficiente para um nível básico de contato humano."

Una sabe que, de certa forma, seus relacionamentos não são recíprocos. "Tenho que pedir mais ajuda às pessoas do que elas precisam pedir a mim. Como quando preciso de mais de duas mãos. Não acontece muitas vezes. Posso fazer muita coisa sozinha." Mas, quando a chama-piloto de sua antiga caldeira se apagou alguns anos atrás, ela ligou para um amigo. Ele veio com a esposa e a filha. "Então, nós vamos explodir a casa", ela se lembra de ter perguntado a ele, "e você traz sua família inteira?" No final, ele e Una religaram com sucesso a chama-piloto enquanto a esposa e a garotinha assistiam ao conserto sentadas nos degraus de acesso ao porão.

Certas atitudes deixam Una muito irritada. Como quando as pessoas dizem que ela não consegue entender uma coisa só porque não é mãe. "Fico muito brava com isso", explica ela. "Especialmente quando está associado a não entender certo tipo de afinidade que as pessoas que são pais entendem. Eles não têm ideia do tipo de pessoa que seriam se não tivessem filhos. Às vezes, os pais podem ser meio egoístas em relação ao mundo, porque o que importa é proteger seus filhos, o que nem sempre envolve proteger crianças pobres ou crianças que eles não conhecem. Só porque você precisou ter um filho para desenvolver um coração, não significa que isso seja verdade para todos os outros.

"Espera-se que você seja uma plateia infinitamente paciente para algo que, para mim, acaba sendo muito chato. Não é tão ruim, mas, especialmente quando estão falando sobre esportes infantis, eu fico tipo: 'Posso tomar outra taça de vinho, por favor?'"

★

Não ter filhos me tornou uma boa ouvinte para minhas amigas. Porque a maioria tem filhos e netos, e fala sobre eles. Demais. Às vezes, acho que não me conhecem tão bem quanto eu as conheço. Já tentei descrever como as coisas são diferentes para mim, mas apenas raramente essa conversa ganha força.

O melhor momento da amizade foi o tempo depois que os filhos de minhas amigas foram para a faculdade e antes que os netos entrassem em cena. Numa bonança de amigos, as mulheres com quem eu gostava de passar tempo estavam interessadas em retiros de ioga no fim de semana, almoços, caminhadas de um dia. As oportunidades aumentaram ainda mais quando todas começamos a nos aposentar e o tempo se tornou ainda mais abundante do que escasso. Finalmente me senti um membro pleno do clube da amizade.

Fui pega de surpresa quando a primeira das minhas amigas mais próximas teve um neto. Inconscientemente, acho que minha reação pode ter sido provocada por chás de bebê. Nunca foi meu ritual favorito, e agora havia duas gerações de histórias de nascimento para ouvir. E dilemas no caixa sobre se os macacões precisavam ser de algodão orgânico ou não (eles precisam, descobri depois). Eu estava prestes a ser chutada pela porta dos fundos do clube novamente.

Os bebês vêm em bandos. Tem sido assim há anos. Amigas cujos filhos moram perto geralmente têm tão pouco tempo depois que os netos nascem quanto quando seus próprios filhos eram pequenos. Elas tomam conta das crianças, fazem atividades e levam as crianças para a escola. Quando minha mãe morava numa comunidade de aposentados, fiquei surpresa com a quantidade de conversas à mesa dedicadas aos netos, bisnetos e suas foto-grafias. Não que alguma dessas atividades seja inadequada. Mas nós sem filhos simplesmente gostaríamos de mudar de assunto de vez em quando.

*

Acabo de pegar minha amiga Susan no aeroporto. Ela está voltando de uma visita de um mês à jovem família de sua filha na Nicarágua. Susan é uma boa amiga. Ouvimos música juntas, até vamos a festivais de ukulele algumas vezes por ano. Percorremos fofocas e trilhas de caiaque.

É tarde quando o avião dela pousa, mas ela borbulha de energia, cheia de histórias e com a aparência saudável de alguém que passou os últimos dias pegando sol. Jogamos sua mochila lotada no porta-malas. Quando vou fechá-lo, consigo sentir um leve cheiro de maresia.

"Fiz exatamente o que queria nessa viagem", conta ela. "Fui avó o dia todo, todos os dias, durante um mês. Foi perfeito."

Susan é uma amiga muito atenciosa. Ela estica o braço e coloca a mão no meu antebraço. Espero qualquer má notícia que esteja por vir. Em vez disso, ela diz: "Tudo bem se eu falar com você sobre essa coisa de ser avó? Eu estava pensando quando saía pela ponte de embarque – *Vou*

*ver a Kate daqui a pouco. Devo falar sobre meu momento de avó? Isso a deixará
desconfortável?*

Devolvo o gesto solene da mão no antebraço. "Claro que não há problema em falar sobre ser avó", respondo. "Quero ouvir tudo sobre a Nicarágua
e os netos também."

"Mas me diga se não estiver tudo bem, e podemos conversar sobre outra coisa."

"Vou dizer", insisto, dando um tapinha em seu braço e voltando a mão
ao volante. "Obrigada por perguntar. Isso foi legal."

E também um pouco doido. Eu amo que minha amiga goste de seu
papel de avó. Eu amo que se preocupe com meus sentimentos, mas é a
emoção por trás do tapinha no braço que está um pouco desalinhada. Não
preciso desse tipo de gesto reconfortante hoje em dia. Se eu ainda tivesse
trinta e poucos anos, no meio dos tratamentos de infertilidade, seria diferente. Mas não tenho. Isso foi muito tempo atrás. O que preciso agora
é da companhia, do apoio e do carinho que acompanham amizades bem
equilibradas. Como a que tenho com Susan.

*

Eu gostaria de dizer que minha longa amizade com Laurie Cartwright sobreviveu. Enquanto ela criava seus dois garotinhos, continuei os tratamentos
de fertilidade. Mantive distância para salvar minha sanidade, enquanto ela
se concentrava na família. Ela e Hank nos convidaram para celebrações e
festas de aniversário quando os meninos eram pequenos. Depois que nos
mudamos para o campo, sua família nos visitou uma ou duas vezes. Lembro
que fomos juntos ao rodeio e compramos doces. Hank até nos ajudou a
conter nossas ovelhas no chão para lhes dar as doses anuais de vermífugo.
"Nunca mais vou reclamar de levar o lixo para fora", disse ele, com suor
pingando do queixo.

Quando adolescentes, cada garoto passou uma semana conosco na fazenda – virando montes de compostagem, colocando estrume de ovelha para fora dos celeiros, forrando com palha nova. Como recompensa, pilotaram o pequeno trator John Deere verde por todo o lugar, cortando hectares de grama, felizmente reduzindo nossa carga de trabalho. Adorei suas personas desajeitadas de rapazes e os aromas pungentes que os cercavam no final do dia. Cozinhei montanhas de comida com prazer.

Os anos se passaram e minha amizade com Laurie se esvaiu. Tínhamos tão pouco em comum. Ela tentou manter contato, mas me senti como um item opcional ao sistema centralizado em família, quando o que eu queria era a proximidade da reciprocidade. Faz anos desde a última vez que nos falamos.

Capítulo 5
Assuntos de família

Quando você é solteiro, aprende a constituir família de outras maneiras.

As pessoas perguntam: "Quando você vai começar uma família?" Nós já somos uma família. Uma família de dois.

Nos feriados, abro minha casa, para que ninguém fique sozinho. Nesta Páscoa, recebi 34 pessoas para jantar.

Quem conta como família quando você não tem filhos? A resposta pode ser ambígua. Podemos olhar para trás, a partir da extremidade de nosso ramo na árvore genealógica, para nossos pais, e para os irmãos, de lado – todos pertencemos a uma família de origem. Com o nascimento dos filhos, porém, os irmãos germinam seus ramos para novas famílias nucleares, e a dinâmica da família de origem muda. Como tias, podemos preencher novos papéis que adotamos ou nos tornar uma parte removida de um círculo familiar secundário.

Alguns de nós permanecem solteiros, outros acrescentam companheiros e se tornam famílias de dois. Se nosso cônjuge já tem filhos, po-

80 Você tem filhos?

demos nos chamar de madrastas, talvez avós emprestadas, e tentar nos apegar a essa família.

Às vezes é uma dança delicada, encontrar nossos papéis familiares e lugares de pertencimento com pais, irmãos e companheiros. Essa dança pode se tornar complexa em famílias carregadas de disfunções, seja na família de origem ou numa família adquirida por meio de casamento, escolha ou parceria doméstica. Mulheres sem filhos não aparecem em imagens idealizadas de adultos apaixonados abraçando a próxima geração. Podemos escolher como cumprimos nossos papéis ou tentar corresponder à visão de alguém de como devemos ser. Nosso desafio é tornar claro quem somos nessa substância gelatinosa chamada Família.

*

Brian Powell, presidente do Departamento de Sociologia da Universidade de Indiana, escreveu sobre a família em seu livro *Counted Out* [Excluído].[1] Ele pesquisou 1.500 pessoas e encontrou uma série de opiniões sobre o que os entrevistados acreditavam constituir uma família:

Indivíduos numa residência	Porcentagem de respondentes que consideram que a residência é uma família
Casal heterossexual casado, com filhos	100%
Casal heterossexual não casado, com filhos	83%
Casal do mesmo sexo, com filhos*	64%
Casal heterossexual casado, sem filhos	92%
Casal heterossexual não casado, sem filhos	40%
Casal do mesmo sexo, sem filhos	33%

---

* A pesquisa de Powell foi realizada antes da decisão da Suprema Corte de 26 de junho de 2015 que legalizava o casamento do mesmo sexo.

De acordo com o US Census Bureau: "Uma família consiste em duas ou mais pessoas (uma das quais é o chefe de família) relacionadas por nascimento, casamento ou adoção que residem na mesma unidade habitacional."[2]

*

Às vezes, a família se parece mais com um diagrama desigual de Venn, com seus círculos sobrepostos. Quando uma mulher sem filhos faz parceria com alguém que tem filhos, o grande círculo de pais e filhos reduz o pequeno círculo – a pessoa sem eles. Imagino que se tornar um padrasto ou madrasta sem filhos próprios na mistura pode parecer algo como o primeiro dia de aula, quando você é a aluna nova e todo mundo se conhece há anos.

Aziza Cunin (não é seu nome verdadeiro) é uma artista. Suas obras de mídia mista chamam a atenção das pessoas.[3] Sua baixa estatura é apequenada em seu estúdio, repleto de caixas de objetos encontrados e coisas que as pessoas estão constantemente lhe dando. Ela nunca sabe o que pode desencadear uma nova ideia.

Na infância, sua casa no meio-oeste consistia de pai trabalhador, mãe dona de casa e um irmão cinco anos mais novo. Enquanto a mãe cuidava da frente doméstica, Aziza ganhava dinheiro cuidando de crianças da vizinhança todos os dias. Ela não entendia quando as amigas se derretiam sobre os pequenos sob seu cuidado. "Você tem que trocar as fraldas, lavar as fraldas, e aí o bebê golfa", diziam. "Que nojo. Eu realmente não gosto disso." Quando era adolescente, Aziza estava certa de que não queria ter filhos.

Depois de ver duas amigas engravidarem aos dezesseis e dezessete anos, Aziza passou a tomar contraceptivo, mesmo que ainda não fizesse sexo. Ela nunca parou de tomar pílula. Ia acabar tendo filhos de qualquer forma.

No ano seguinte à morte da mãe, por câncer de ovário, o pai de Aziza queria que ela voltasse para casa e cuidasse dele e de seu irmão. Em vez disso, Aziza se casou. Ela tinha 21 anos. Seu novo marido era cinco anos mais velho e já tinha dois filhos, de cinco e sete anos. Eles moravam com a mãe e visitavam os recém-casados nos finais de semana.

Um dia, cerca de seis meses após o casamento, o marido chegou em casa com as crianças a reboque. "Parabéns", ela se lembra dele dizendo, "você é mãe agora. Consegui a custódia temporária deles." Aziza ficou pasma. Naquele dia, ela assumiu a responsabilidade de cuidar das crianças, porque sentia que precisava fazer aquilo. Ela também achou que era temporário.

Acontece que o marido estava conversando com o advogado sobre custódia dos filhos todo o tempo. A única maneira de conseguir a guarda definitiva dos filhos era se a ex dele estragasse tudo, e ela o fez. Uma condenação por dirigir embriagada a levou à prisão. O marido de Aziza e seu advogado atacaram. "Nós nem tínhamos discutido o assunto", lembra Aziza. "Senti pena das crianças e da situação delas. Assumi o papel como se eu fosse minha própria mãe. Eu sou o tipo de pessoa que aceita responsabilidades."

Ela deixou o emprego no banco imediatamente. Foi necessário, porque o marido era motorista de caminhão de longa distância na época. Em outros momentos, ele trabalhou vendendo seguros. Aziza se tornou mãe em tempo integral e levava as crianças para a escola e outras atividades. Ele trocava de emprego de acordo com seus caprichos. "Não conseguia decidir se queria ser do tipo motorista de caminhão", lembra ela, "ou o cara de terno e gravata."

O bom de vender seguros era que isso o trazia para casa à noite. O pai de Aziza lhes emprestou dinheiro para comprar uma casinha, e a família se estabeleceu numa rotina mais ou mesmo organizada. "Ele fazia coisas com as crianças", diz ela. "Fazíamos coisas como uma família. Eles ficavam definitivamente mais felizes quando ele estava lá. Foi mais normal. Esse foi o melhor período.

"Não sei o que eles pensavam de mim, exceto que eu não era a mãe deles. Eram muito novos e viveram num ambiente dramático antes disso, mas ainda sentiam a falta da mãe." Depois que saiu da prisão, a mãe telefonava nos aniversários, dizendo que iria aparecer com um presente. Os dois se sentavam na varanda esperando. "Ela nunca aparecia", lembra Aziza. "Sempre os decepcionava."

Uma promoção enviou o marido de volta à estrada por breves períodos, dessa vez oferecendo cobertura de seguro trabalhista a executivos importantes. Ele e os colegas de trabalho se preparavam para as apresentações cheirando cocaína.

"Ele conseguiu manter as coisas por um tempo", diz ela, "mas, olhando para trás, posso ver que seu comportamento era consistente com o de um viciado, especialmente desse tipo de droga, porque ele estava volátil. Não era assim antes. Eu não sabia como lidar com aquilo. Fiz o meu melhor. Tentei conviver com isso por cerca de seis meses. Naquela altura da minha vida, eu não me conhecia bem o suficiente para articular o que precisava." Aziza tinha então 26 anos.

Um dia, quando as crianças estavam na escola, ela embalou algumas coisas, deixou um bilhete e foi para a casa de um amigo. Naquela noite, ouviu uma batida na porta. Aziza encontrou as crianças do lado de fora, chorando: "Papai nos deixou, e vai se suicidar." Ela os levou para dentro. "Meu amigo deu a eles algo para comer e os plantou na frente da televisão. Àquela altura, tinham dez e treze anos."

"Então ele apareceu na porta", conta ela. "Não tinha cometido suicídio, só me queria de volta. Não me lembro da conversa, mas voltei."

As crianças nunca se apegaram muito a ela, nem Aziza a eles.

"Sentia pena deles. Tinha compaixão, mas eu os amava? Essa é uma pergunta difícil." Ela faz uma pausa. "Não havia vínculo. Você poderia pensar que teria um pouco de vínculo com uma mulher que cuidasse de você e o alimentasse e te fizesse cupcakes. Mas o vínculo não aconteceu. Eu estava seguindo o fluxo. Todo mundo estava bloqueado. Éramos pessoas feridas, fazendo o melhor que podíamos."

Aziza passou os dois anos seguintes planejando sua fuga. Ela conseguiu um emprego, juntou algum dinheiro, comprou um carro que colocou em seu próprio nome. Tudo veio à tona um dia quando a escola ligou para dizer que havia encontrado maconha no armário da menina. Disseram que Aziza e o marido precisavam ir à escola. "Ele surtou e disse que não ia. 'Eles são sua responsabilidade', falou. 'É sua culpa isso ter acontecido.' No início da noite, tinha ouvido das crianças: 'Foda-se, você não é nossa mãe.' E depois ainda tinha que aturar ele me dizendo que a culpa era minha? Bastava."

"'Eles estão certos, não sou a mãe deles', disse a meu marido. 'Isso não é culpa minha, e você pode lidar com as repercussões de não ir falar com a escola.' Foi quando parti."

Ela viu as crianças apenas mais duas vezes, logo após o divórcio.

"Não digo que gostaria que isso nunca tivesse acontecido", conta ela. "Não digo 'pobre de mim'. Não me sinto vítima. Entrei nesse relacionamento como uma pessoa que não tinha limites suficientemente fortes ou um senso de identidade suficientemente forte para dizer o que queria e o que não queria. Olhando para trás, acho que o casamento como um todo foi uma oportunidade para estabelecer limites. Ter as crianças aumentou essa necessidade. Se não houvesse tanta animosidade e conflito com as crianças ali, eu teria tido a coragem de me levantar e dizer que não ia mais viver assim? Não sei. Espero que sim. Acho que toda a minha vida foi realmente necessária para eu ser quem sou hoje."

Ela nunca mais viu nem ouviu falar das crianças, embora as procure periodicamente no Facebook.

*

Se Aziza tivesse permanecido, é improvável que a frieza das crianças tivesse diminuído. Menos de 20% dos enteados adultos jovens sentem-se próximos das madrastas, descobriu a Dra. Mavis T. Hethrington, professora emérita de psicologia da Universidade da Virgínia.[4] Como ela disse a Karen S. Peterson, do *USA Today*: "Viver com pais que desdenham um do outro, mesmo que sem conflitos aparentes, apenas com escárnio e sutilezas que corroem a autoestima do parceiro, é muito ruim para as crianças."

No blog *HuffPost Divorce*, Mary T. Kelly, psicoterapeuta especializada em questões de famílias adotivas, oferece dicas para mulheres sem filhos que são casadas com parceiros com filhos. "Você é uma 'estranha'", escreve. "Já existe um sistema biológico pronto – um sistema que surgiu anos antes de você entrar em cena. Ainda não encontrei um enteado que se sentisse da mesma maneira com a madrasta do que com seus pais biológicos."[5]

Kelly oferece dicas para mulheres que ingressam na família dos filhos de outras pessoas:

1. Aceite que se sentir uma estranha quando seu parceiro está com os filhos é normal e natural.

2. Certifique-se de que seu parceiro entenda seus sentimentos.

3. Não leve para o lado pessoal.

4. Mantenha-se conectada consigo mesma.

5. Concentre-se em seu relacionamento.

*

McMinnville, no Oregon, é uma cidade rural de 30 mil habitantes. Jenny Berg, 45 anos, é diretora da biblioteca pública. Ao contrário do estereótipo de bibliotecária desmazelada, Jenny tem estilo, energia e elã. Dois anos atrás, ela se casou com um homem com duas filhas adolescentes. É seu primeiro casamento.[6]

Quando era mais jovem, Jenny sabia que ter filhos não estava em seu plano de vida. "Eu achava que havia uma verdadeira falta de equidade no papel da minha mãe em relação ao do meu pai", diz ela. "Além disso, eu sempre estava interessada em fazer o que tinha interesse em fazer, e não tinha vergonha de ser egoísta."

Jenny optou por não ter filhos e até terminou vários relacionamentos por causa de sua decisão.

Então ela conheceu John e logo descobriu que ele era pai. "Minha primeira reação foi: *Ah, isso vai ser divertido.* Se suas filhas fossem mais jovens, haveria bandeiras de advertência para mim. Mas, como eram um pouco mais velhas, achei que tinham idade razoável para que eu considerasse ficar com ele, suponho.

"Lembro-me de contar a John que não queria ser mãe. Ele disse: 'Isso é bom, porque elas já têm uma mãe.' Eu amei aquilo. Tanto John quanto a mãe das meninas são ótimos pais. Isso me ajudou a ficar bem com o meu papel."

Jenny pode articular prontamente o que seu papel não é, e também o que é. "Não tento agir em relação a elas de um jeito diferente de como me sinto", diz ela. "Não sou uma confidente. Talvez seja um pouco parceira, mas não muito amiga. Sou tão responsável pela casa, pelo dinheiro e pelo carro quanto o pai delas, às vezes mais. Elas vão ao John primeiro, a menos que queiram usar meu carro ou se precisam de dinheiro e o pai não está lá. Definitivamente, não é um papel de mãe; eu sou outro adulto que mora na casa, que pode ser uma espécie de cuidadora."

As meninas a chamam pelo primeiro nome e se referem a ela como sua madrasta. Mas Jenny ainda não sabe ao certo qual termo familiar usar para elas. "Um amigo meu recentemente se referiu a elas como minhas 'filhas bônus'. Gosto mais dessa terminologia do que de 'enteada'. Parece mais alegre e divertido." Ela mostra um brilho travesso nos olhos: "Mas 'bônus' também pode ser como aquele sachê de condicionador que você recebe com seu xampu – pequenininho, o bônus. As meninas não são a principal aquisição ou prêmio de ter John como marido, mas são o bônus. Achei que era uma maneira doce de me referir a elas."

Depois de dois anos, ela ainda não sabe o que dizer quando as pessoas perguntam se ela tem filhos. "Basicamente, você é mãe ou não é mãe. Sinto que, se eu disser 'Sim, tenho filhos', me colocariam nesse quadrante da mãe que eu não acho que seja adequado para mim. De qualquer maneira, é injusto, porque cada mãe é uma mãe diferente. Eu tenho dificuldade em responder sim."

Como era de esperar, nos primeiros dias da vida familiar, Jenny levou para casa uma pilha de livros da biblioteca sobre parentalidade adotiva, mas, depois de abrir o primeiro, devolveu todos. "Dei uma olhada num livro chamado *Step Monster*" [Madrasta monstro], diz ela. "Devia ser para madrastas que tinham problemas com as crianças, porque falava sobre conflitos diferentes e sobre como lidar com eles, como dificuldades com a culpa do pai ou a falta de disciplina ou uma *biomãe* superprotetora."

Ela percebeu que começou a olhar para a vida doméstica com mais negatividade e questionou como efetivamente preencher seu novo papel. "Isso me deixou menos certa do que eu queria e de quem eu queria ser no relacionamento com elas", comenta. "Causou estresse para mim e para o John. O que descobri, com a ajuda do John, é que preciso ser apenas eu e não seguir o conselho de outra pessoa sobre qual deveria ser o meu papel ou com o que tomar cuidado."

Essa percepção causou uma pequena mas impactante mudança em sua vida familiar. John é empreiteiro e reformou completamente a casa dos anos 1860 que compraram pouco antes do casamento. Jenny queria que sua nova cozinha fosse mantida limpa.

"Eu costumava ficar frustrada porque John não estava fazendo nada para convencer as meninas a limparem a cozinha", diz ela, "provavelmente porque ele também não se importava com isso. Decidi que eu não seria a pessoa que lhes diria o que fazer. Ele discordou. Sou membro da família, alegou ele, e se eu tiver um problema devo fazer algo a respeito. Então comecei a pedir para que limpassem a cozinha, e elas na maioria das vezes obedeceram. Foi fácil."

Jenny diz que todos agora são genuínos uns com os outros.

"Rude ou nojento ou feliz ou irritadiço ou engraçado ou qualquer outra coisa, não há artimanhas. John fala sobre elas nos verem tendo um bom relacionamento, mas elas também nos veem brigando e como lidamos com isso. Elas me veem como uma profissional, e o que isso significa, e também como um membro da comunidade."

Graças à exigência de seu estado de que todo casal que se divorcia com filhos crie um plano para os pais detalhando os arranjos de custódia, Jenny sabe que as filhas de John estarão com eles a cada duas semanas, além de no Quatro de Julho e na véspera de Natal. "No primeiro ano em que passamos a véspera de Natal juntos, John e eu nos sentamos com as meninas e dissemos: 'Isso é novo, podemos criar nossas próprias tradições. Quais tradições vocês desejam criar? Podemos fazer o que quisermos.' Foi um exercício bacana fazer isso em grupo. Todos deram sugestões e tiveram um pouco do que queriam como tradição em nosso Natal juntos."

Ela interage com a mãe das meninas apenas esporadicamente, em geral em horários de chegada ou saída. "É muito amigável, fácil, casual, não é um problema", conta Jenny. "Não há nenhum tipo de competição ou má vontade. Não tentei assumir qualquer papel que, de alguma forma, a ameaçaria. Ela também me tratou com respeito. Ocasionalmente, agradeci a ela por isso. Ela age como se não fosse grande coisa. Mas é."

A intensidade da intimidade da família às vezes pode ser um desafio para Jenny. "John e eu temos uma vida muito ocupada", diz ela, "com nossas próprias reuniões e aulas que queremos ter à noite. Adicione mais duas pessoas que precisam de carona e participam de eventos – isso pode ser cansativo para mim e difícil para John também."

Mas Jenny pode cuidar de si mesma. Ela compartilha um exemplo. "Hoje à noite, a mais nova tem uma competição, e eu falei: 'Eu não vou.' Não sinto necessidade de ser a mãe que comparece a tudo. Não sinto a necessidade de me juntar às fileiras dos outros pais assistindo aos filhos. Talvez alguns deles pensem que estou me esquivando, mas tenho que ser fiel a mim mesma e a como me sinto sobre as coisas."

Ela tem certeza de que, nos próximos dez anos, mais ou menos, haverá netos. "Provavelmente agirei da mesma forma que faço agora. Não é bem a minha praia", diz ela. "Uma das coisas de que realmente gostei é de ver John ser pai. Ele é um ótimo pai. Imagino que o mesmo acontecerá quando ele for avô. Ele vai se divertir muito com os netos. Eu amo pensar nisso."

*

Assumir o papel de *quasimãe* parece menos assustador com as crianças mais velhas e alguma maturidade sobre quem você é como mulher. Tendo vivido por anos centrada nas próprias decisões, as opções e possibilidades abundam.

Deb Fischer tinha 42 anos quando seu casamento terminou, pelo menos em parte porque ela não queria ser uma esposa e mãe tradicional.[7] Após o divórcio, ela namorou por um bom tempo antes de conhecer Paul, agora seu parceiro há catorze anos. "Imaginei que as chances eram de que, se eu estivesse com alguém, ele teria filhos", diz ela. "Eu não queria ser madrasta com crianças ativas em casa e tinha idade suficiente para que isso talvez acontecesse." Paul tem três filhos adultos – um em Atlanta, um em Chicago e um em Seattle. Todos estavam na faculdade quando Deb e Paul se conheceram.

Deb tinha 49 anos, Paul 54. Ele morava em Chicago, ela em Vancouver, Washington. Depois de um relacionamento de dois anos, ele se mudou para o Oeste, para onde ela estava.

"Logo no início, pegamos a filha caçula dele na estação de trem", lembra ela. "Paul estava de passagem, e ela vinha nos visitar também. Quando os dois se viram, ela pulou nos braços dele, passou as pernas em volta da sua cintura e eles deram um abraço apertado incrivelmente longo. Isso tocou meu coração de um jeito que disse: 'Ei, há algo nesse cara. Eu nunca teria feito isso com meu pai.' Essa foi uma das minhas primeiras lembranças ao conhecer qualquer um dos filhos dele."

Ela adotou uma abordagem de esperar para ver qual poderia ser seu papel na vida deles; descobririam isso à medida que avançavam. Assumir o papel de mãe nunca foi a vontade de Deb, mas ela esperava se tornar amiga deles.

"Eu queria me integrar à vida deles e achei que poderia ser uma experiência muito legal", diz ela. "Não tinha nenhum instinto de ser mentora. Nenhum instinto parental. Provavelmente porque eu era muito independente na idade deles, esperava que eles também fossem independentes. Esses jovens seriam parte da minha vida. Como seria isso? Será que eles iam gostar de mim?

"Eu também sabia que, quando o pai está feliz, o relacionamento dele com os filhos é melhor. Então encontrei meu papel de incentivar relacionamentos saudáveis entre pai e filhos. Como eu poderia contribuir para isso? Como poderia desempenhar um papel de apoio? Eu sabia que a relação pai e filho é uma grande dinâmica na vida de uma pessoa, que dura até a morte."

Os filhos de Paul a chamam de Deb ou Debbie. Ela geralmente se refere a eles como "os filhos de Paul".

"Sou muito cuidadosa em relação à mãe deles", diz ela, "apesar de termos nos comunicado poucas vezes e interagirmos apenas em casamentos, nascimentos, visitas. Respeito o que leva alguém a ser mãe, e eu não era a mãe deles. Tenho muita noção, talvez até demais, desse diferencial.

"Foi muito mais fácil, porque nunca moramos na mesma casa. Se isso tivesse acontecido, teria sido totalmente diferente. Isso pode ser muito estranho e difícil. Eu não consigo nem imaginar ser chamada de qualquer coisa parecia com 'mãe'."

Alguns anos atrás, a filha mais velha de Paul se casou e deu à luz um filho, seguido por uma filha e outro menino. Como deveriam chamá-la?, os novos pais queriam saber.

"Eu sentiria que estava tropeçando em algo que não era verdade se eu fosse 'vó', 'vovó', 'vovozinha' ou qualquer coisa do tipo", diz ela. "No entanto, eles realmente queriam um nome que pudessem usar de forma consistente com os filhos. Eu escolhi 'Debó'. É perfeito. Pegou, porque sou Deb e não estou tentando ser outra coisa senão isso. A 'avó' tem um relacionamento com os netos, e eles querem que eu tenha um relacionamento com os filhos deles."

A filha mais nova de Paul e o marido agora têm um filho rapaz e uma filha menor. Eles também a chamam de "Debó".

"Até certo ponto, tudo tem a ver com os netos", diz Deb. "Acho que porque não sou muito de bebês, obtenho minha verdadeira alegria vendo--os como pais e percebendo meus próprios sentimentos – como é ter um relacionamento com um bebê ou uma criança de um ou dois anos de idade? Netos mudam tudo na vida de todos."

Como a decisão sobre onde Deb e Paul passarão seus anos de aposentadoria. Digamos que as dicas foram lançadas.

"Eu disse: 'Ok, Elizabeth, vamos falar mais sobre isso depois. Me conte mais.' Ela queria ter um avô na mesma rua. Não era uma expectativa, mas 'Não seria mais legal?'.

"Eu me permiti brincar com a ideia. Estava claro para mim que eu não queria ser babá. E não tinha nenhum desejo de fazer o arranjo de um dia por semana, três dias por semana, ficar com as crianças...

"Há momentos em que sinto que estou sendo uma Debó ruim, porque não quero isso. Paul parece estar bem com a decisão, e realmente separamos um tempo para ir até eles e ajudá-los. Eles agradecem por nosso apoio e sabem que são os responsáveis por cuidar de seus filhos. O que é difícil, e só fica mais difícil."

Ela e Paul estão abertos às possibilidades, mas está bem estabelecido que não morarão na rua de Elizabeth e sua jovem família. Pelo menos por enquanto.

Pergunto a ela como pensa que está se saindo em seu papel de avó.

"Por fora, estou me saindo maravilhosamente bem", diz ela.

"Por dentro é tipo: *Ah, meu Deus, tem tanta coisa que eu não sei.* Parte disso é porque fui a caçula de cinco irmãos. Outra parte é porque as crianças estão acostumadas a certas rotinas e ao lugar onde estão as coisas. É sempre uma descoberta: seus hábitos, como fazem as coisas, o que esse chorinho significa, o que é perigoso, o que não é."

"Estou melhorando, mas como não passo tempo suficiente com eles não me sinto à vontade. Temo pela segurança deles. Temo que fiquem entediados. Temo que não gostem de mim. Lido com isso com muito menos confiança e, no entanto, sou brincalhona. Provavelmente estou me saindo muito melhor do que penso."

"Tenho uma experiência que nunca pensei que teria. Tenho sorte. Mas não vou dizer: 'Nossa, mal posso esperar para vê-los.' Isso não é terrível? Também não os estou evitando."

"À medida que as crianças crescem", diz ela, "eu adoraria que pensassem: 'Mal posso esperar para passar um fim de semana com Debó e vovô.'"

*

Embora existam desafios e papéis pouco claros à medida que alguém se mistura a um clã já estabelecido, com a retirada da presença de crianças o que resta realmente a uma família?

Amy Blackstone sabe uma ou duas coisas sobre a definição de transformação de família.[8] Ela é presidente do Departamento de Sociologia da Universidade do Maine e especialista em pessoas sem filhos e na escolha de não ter filhos. No Dia da Mentira de 2013, ela e o marido, Lance, lançaram o site "{Não} estamos tendo um bebê", enviando um anúncio de não nascimento. Blackstone foi a oradora de abertura do NotMom Summit de Cleveland em 2015 e participou da conferência de dois dias.

Do palco, Blackstone nos disse que "os estudiosos da família reconhecem quatro funções principais que as famílias cumprem em nossa sociedade:

- Satisfazer as necessidades de companhia sexual e emocional dos membros;
- Fornecer sustento para os membros;

- Fornecer um lar para os membros;
- Engajar-se na reprodução, que pode ser biológica e/ou social.

Aquelas de nós sem filhos formam relacionamentos duradouros e cuidam de si mesmas, dos companheiros, dos pais e dos animais de estimação, explica Blackstone, acrescentando que a pesquisa confirma que a satisfação conjugal de pessoas sem filhos e o bem-estar emocional são iguais ou superiores aos dos pais.

Embora normalmente não sustentemos as crianças financeiramente, mulheres sem filhos muitas vezes sustentam parceiros e, às vezes, outros membros da família. Podemos compartilhar nossa casa com companheiros, filhos de outras pessoas e famílias afetivas.

Enquanto os pais geram filhos, cumprindo assim a função reprodutiva biológica, Blackstone observa que a reprodução social – como as crianças se tornam membros contribuintes da sociedade – geralmente é cumprida por atividades fora da família nuclear, na escola, na igreja e na comunidade. Os responsáveis por essas atividades podem não ser os próprios pais, mas desempenham um papel crucial no apoio ao desenvolvimento de uma sociedade saudável. "É precisamente porque não têm filhos", diz Blackstone, "que podem servir a essas capacidades.

"Quando falamos sobre famílias, seja na política, no local de trabalho ou em nossa cultura popular, as crianças muitas vezes ficam de fora da conversa", continua ela.[9]

"No entanto, a realidade é que os que não têm filhos formam famílias, assim como os que têm filhos. Reconhecer que aqueles que não têm filhos formam famílias – e como o fazem – é um passo importante para desestigmatizar a escolha de não ter filhos."

*

Família de sangue. Família escolhida. É assim que Elsa Stavney, de 45 anos, diferencia a família. Seus parentes de sangue – pais, irmão, cunhada, sobrinhos, tias, tios, primos – são importantes para ela, e ela os ama.[10] A família escolhida inclui o marido, um casal que ela conhece que tem dois filhos pequenos, uma amiga solteira e outro casal que não tem filhos. Alguns membros dessa família escolhida se conhecem há décadas, outros foram adicionados ao longo do caminho. Essas são as pessoas em quem ela confia.

Os nove costumam passar feriados juntos, até os mais importantes, como Ação de Graças e Natal. "Brincamos que os feriados são muito mais fáceis, relaxantes e agradáveis do que quando estamos com nossas famílias de sangue", diz ela. "Fazemos coisas infantis com as duas crianças, o que é ótimo. Elas ficam animadas com o Natal, então decoramos a árvore quando estão aqui para o Dia de Ação de Graças. O tempo cria a família."

Elsa foi professora de educação especial por muito tempo antes de voltar à universidade para fazer seu MBA, aos quarenta anos. Ela administrava sua sala de aula em constante caos como um maestro conduz uma orquestra. Eu sei porque me ofereci para ajudar por um ano letivo.

Durante a faculdade, em Spokane, Elsa trabalhou na KinderCare e na Associação Cristã de Moços, no que ela chama de "Sala de Engatinhar", com os bebês. "Eu amava trocar fraldas", conta. "Estou falando sério. Esse é o momento mais mágico, porque eles estão completamente focados em você. Eu me apaixonei por aquelas crianças, mas nunca pensei *quero uma*."

Ela também nunca pensou em se casar. "Quando Eric e eu nos encontramos, formamos essa ótima parceria", diz ela. "Ele também não queria filhos. Isso solidificou o acordo. As crianças o traumatizam – a baba, as pirraças. Enquanto eu, quando vejo uma criança fazendo pirraça, fico tipo: 'Todos nós meio que queremos fazer a mesma coisa. Isso aí. Ponha pra fora. Estamos todos com um pouco de inveja de você fazer pirraça.' Se eu fizesse isso enquanto adulta, seria medicada ou colocada num manicômio de algum tipo." Eric e Elsa estão felizes e casados desde 2003.

A prática do casal de passar feriado com a família de escolha não é bem aceita por todos. "É difícil para os meus pais", explica ela, "particularmente para a minha mãe. Ela sente que eu a rejeitei. Não dou muita atenção a isso. Não é meu trabalho cuidar dessa parte emocional dela."

Em vez disso, Elsa se concentra nas pessoas que a fazem feliz, a inspiram e a desafiam. "Nem sempre as pessoas têm o mesmo sangue correndo pelas veias", diz ela. "Caso algo ruim acontecesse – digamos, se Eric morresse –, entre as pessoas para quem eu ligaria imediatamente e falaria *preciso de você aqui agora* nenhuma é da minha família de sangue. São as pessoas que eu sei que me ouviriam e saberiam do que eu preciso."

*

Às vezes, não ter filhos significa que uma mulher pode passar a vida toda cuidando de sua família biológica. "Se você vive por tempo suficiente, você é mãe da sua mãe", diz Jane Dunwoodie, que vive na mesma casa desde que nasceu.[11] "O único jogo que eu jogava quando criança foi Old maid [solteirona]", ela ri, "e eu me tornei uma." Jane é uma loira radiante de 64 anos, e provavelmente a pessoa mais alegre que eu já conheci.

Antes de ser mãe de sua mãe, ela foi mãe do irmão. Dois dias após o sétimo aniversário de Jane, seu irmão de oito anos, Dave, foi atropelado por um carro, resultando numa enorme lesão cerebral que o deixou permanentemente incapacitado. "Ele tinha uma mente afiada e um ótimo senso de humor", lembra ela. "Suas limitações eram físicas. O tremor. A parte motora de seu cérebro estava muito machucada. Eles chamavam de paralisia cerebral, naquela época."

A mãe de Jane a envolveu nos cuidados de Dave, porque sentiu que era importante para a sobrevivência emocional da filha. Um de seus primeiros trabalhos foi limpar o urinol. "Eu esvaziava e limpava", recorda. "Esse tipo de papel materno fazia parte de mim desde a infância. É possível ser maternal mesmo sem filhos."

Quando cresceu, Jane percebeu que teria uma responsabilidade vitalícia por seu irmão, especialmente depois que os pais morressem. "Eu tinha tudo planejado", diz ela. "Se um marido não se encaixava nesse plano ou um namorado não o aceitasse, tudo bem. Eu o desconsiderava. Escolhi não me casar, e tem sido muito libertador. Quando finalmente decidi que não há problema em ficar solteira, comecei a trocar as torneiras e a mudar coisas na casa que normalmente nunca pensaria que poderia fazer sozinha. Eu me sentia bem. Quando precisei mexer no encanamento pela primeira vez, fui ver um cara legal na Ace Hardware. Ele me explicou como fazê-lo. Foi libertador."

Antes de optar por não ter filhos, Jane falou com todos os parentes, porque sabia que acabaria com a linhagem de sua família. "Eu estava no ensino médio na época. Ia de um parente para outro e perguntava como eles se sentiriam se eu não tivesse filhos."

O pai e o avô a apoiaram. A avó não entendeu. A mãe foi franca. "Se eu tivesse tido as oportunidades que você tem agora", Jane lembra-se de ela dizer, "eu talvez não tivesse me casado, muito menos teria filhos." Quando perguntou à mãe onde ela estaria, Jane lembra que a mãe disse: "Seu pequeno espírito teria encontrado outra mãe." Essa foi uma boa resposta para Jane.

Vinte e dois anos atrás, o irmão de Jane estava se preparando para ir pescar com o pai quando teve um infarto repentino e morreu. Dave tinha 44 anos, Jane 43. No ano seguinte, o pai foi diagnosticado com câncer e faleceu, deixando Jane e a mãe. Juntas, elas cuidaram da avó de Jane quando a demência se instalou, administrando o dinheiro e os cuidados pessoais.

Após a morte da avó, a mãe de Jane começou a manifestar sinais de demência, então ela assumiu as finanças e os cuidados com a mãe. Ela também mantém um emprego de período integral como assistente do reitor na biblioteca da universidade local.

Hoje, a mãe de Jane tem 101 anos e vive há cinco num centro de tratamento de memória nas proximidades. Sua demência piorou aos 96 anos, quando ela foi hospitalizada por fibrilação atrial e acabou desidratada. Jane

Capítulo 5 – Assuntos de família   97

descobriu que ela passou o dia inteiro sem comer ou beber. A mãe ficou no hospital por mais uma semana e, após a alta, teve que ir para o centro de reabilitação. Jane esperava levá-la de volta para casa, mas cinco anos depois ela ainda está confinada a uma casa de tratamento de memória.

"É assustador, não é?", pergunta-se Jane. "Sem filhos, quem você tem para protegê-la?" Ela vê pontos positivos e negativos na unidade de tratamento de memória da mãe. "Você pode fazer esses lugares funcionarem se estiver lá todos os dias. Observando, desafiando, protegendo. Se não, acho que nenhum deles funciona direito. Talvez as pessoas que simplesmente abandonam os pais ali não queiram ouvir sobre isso."

Ela passa os feriados com a mãe, mas, como são um tipo diferente de família de duas pessoas, Jane fez algumas alterações na tradição. "Encontramos amigos que não têm filhos e os incluímos", diz ela. "Sempre há um extra. Prevejo que é o que farei quando minha mãe se for. Encontraremos maneiras de comemorar. Eles se tornaram minha família por escolha. Às vezes, é melhor, porque algumas famílias, quando se reúnem, tudo que fazem é brigar nas festas. Há uma razão pela qual, quando a bebida sobe, a violência sobe atrás. Há uma vantagem para nós."

Jane visita a mãe pelo menos duas horas por dia. As pessoas às vezes perguntam por que ela faz isso. "Minha família é apenas minha mãe e eu", diz ela. "Se não estou aqui, é um dia sem família para cada uma de nós. Simplesmente não parece certo."

A morte de sua mãe a mudará dramaticamente, Jane sabe.

"Eu digo aos amigos: gosto muito de cuidar, tem sido assim a minha vida inteira. Quando perder mamãe, se você me vir começando a namorar um cara realmente carente, por favor, diga-me para correr para o outro lado e aprender a cuidar de mim!" Ela ri. "De certa forma, tenho uma espécie de empolgação, mas espero não ficar totalmente sozinha. Imagino algum amigo se intrometendo, e nós vamos atravessar isso juntos."

98   Você tem filhos?

*

Suponho que alguém incentivará Jane a comprar um cachorro ou um gato. Animais de estimação, dizem, são nossos filhos. Às vezes somos nós mesmas, mulheres sem filhos, que os rotulamos assim; às vezes eles parecem oferecidos pelos pais que conhecemos como uma espécie de prêmio de consolação – *Mas você tem animais de estimação!* Garanto-lhe, sabemos a diferença. E parece que somos muito bons em criar a variedade quadrúpede.

Shelly Volsche se refere a si mesma como uma "mãe sem filhos".[12] Os filhos dela, você deve ter adivinhado, são seus cachorros. Dois deles, com grandes olhos castanhos. Um é loiro, o outro moreno. Shelly é doutoranda em antropologia na Universidade de Nevada, Las Vegas, e tem experiência profissional como consultora de comportamento canino.

Ela estudou como as pessoas criam seus animais e encontrou uma demografia em sua pesquisa que chamou sua atenção: mulheres sem filhos. Das mulheres que usaram um estilo de "parentalidade autoritária" para criar animais socializados e bem-comportados, diz Volsche, "quase 80% não tinham filhos e 65% se consideravam mães ou guardiãs de seus cães". Os animais de estimação dessas mulheres estão sendo criados por meio de "um equilíbrio de cordialidade e disciplina, com a maior parte da disciplina sendo verbal ou restritiva por natureza. Essas 'mães de cachorro' parecem usar punição mínima apenas quando necessário para a segurança ou o bem-estar a longo prazo dos envolvidos", escreve Volsche.

*

Quando questionada se considera seus animais de estimação como família, a ex-professora de educação especial Elsa Stavney diz: "Ah, nossa, sim. Mas não de um jeito esquisito.[13] Não fazemos festas de aniversário para nossos cachorros. Eles não são nossos bebês. Não dizemos: 'Você vai ficar na casa da vovó e do vovô.' Eu os considero membros da família, porque nenhuma outra coisa no mundo inteiro fica tão animada ao me ver voltar para casa. Às vezes são melhores que a família." Ela sempre teve cães – quatro, para ser exata, desde os dois anos de idade. Ela talvez tente viver sem um quando Sienna, sua jack russell terrier, de catorze anos, morrer.

Na janela traseira da SUV da massoterapeuta Annie Eastap há um adesivo branco que mostra uma mulher, um homem, três cachorros, um gato, um coelho e duas galinhas.[14] "Ouço comentários sobre minha família de adesivo o tempo todo", diz ela. Há anos Annie adota muitos animais, principalmente cães. Ela cuida de criaturas com necessidades especiais, senta-se com animais de estimação e sempre há uma coleção de animais em casa. Ela diz que cuida de seus cachorros e de seu jardim. "Todos nós precisamos de algo do qual ser mãe", acrescenta. "Nunca senti que precisava ser minha própria carne e meu próprio sangue."

Beverly Williams observa como cuida de seus animais de estimação e se pergunta o que isso sugere sobre o tipo de mãe que poderia ter sido.[15] Ela e o marido perderam recentemente um de seus cães. "Acho que cada pessoa só encontra um cachorro realmente perfeito na vida, e ela era uma cadela realmente perfeita. Agora temos dois cães médios. Viu que mãe ruim eu seria?" Ela ri. "Sinto-me triste por eles, porque tenho expectativas que eles não vão alcançar." *Somos treinados*, ela imagina os cães dizendo, *geralmente atendemos quando você nos chama. O que mais você quer?*

Sua verdadeira história de maternidade, Beverly me conta, envolve dar à luz seu romance. "Eu não vou desistir. Acho que é por essa razão que vejo isso como uma história de nascimento. Quando as mães falam de si mesmas, o que realmente estão dizendo é: 'Não tive escolha a não ser fazer essa criança sair de mim de um jeito ou de outro.' É assim que me sinto em relação ao meu livro. Não tenho escolha a não ser fazer com que ele saia de mim. Graças a Deus as crianças não demoram oito anos para nascer."

Mas nem todos os escritores sentem o mesmo. Ao participar de um workshop de escrita de memórias, Suzanne Sigafoos foi convidada a escrever sobre o que ela queria para os filhos. "Não posso escrever para meus filhos", disse ela, "porque não tenho filhos. Uma mulher retrucou: 'Mas seus poemas são seus bebês.' 'Isso não é a mesma coisa', falei. Não consigo pensar dessa maneira, que meus poemas são meus filhos. Isso simplesmente não parece certo."[17]

*

Suzanne se concentra em sua família de origem ao falar sobre família, particularmente na importância do papel de tia. Com quase sessenta anos, ela é filha do meio, com um irmão quatro anos mais velho e uma irmã sete anos mais nova. Eles cresceram em Ohio. "Estávamos aspirando à classe média", lembra ela, "mas ainda não estávamos lá. Eu não tinha antepassadas com educação formal. Sou a primeira da família a me formar na faculdade."

Durante os verões, quando era pré-adolescente, Suzanne subia à cidade de Cleveland para visitar a tia, a irmã mais nova de seu pai, que trabalhava como operadora de telefonia de longa distância para a U.S. Steel. "Ela trabalhava no centro da cidade e usava roupas maravilhosas, com sapatos e bolsas que combinavam", diz ela. "Eu achava que ela era realmente elegante. Adorava ir visitá-la. Nós tínhamos uma proximidade exclusiva, ela e eu."

A tia de Suzanne a levava regularmente a passeios especiais, apenas as duas. No verão em que ela tinha dez anos, foram a um festival de música para ver Erroll Garner, o renomado pianista e compositor americano do jazz "Misty". "Havia uma tenda montada", lembra ela, "Erroll Garner, um cara no baixo e um baterista. Eles não tinham partituras. Estávamos com um programa e havia a palavra 'improvisação'. 'O que isso significa?', perguntei. A mão branca enluvada da minha tia apontou para a palavra, e ela disse: 'Acho que significa que apenas ouvem um ao outro e

Capítulo 5 – Assuntos de família 101

tocam.' Ela abriu algumas portas para mim. Ela me levava ao Museu de Arte de Cleveland. Se fosse a Semana da Frota, íamos visitar um navio. Tínhamos aventuras.

"Meus pais não levariam só a mim", acrescenta. "Seria a família inteira. Mas eu era a estrelinha da minha tia e gostava de ser assim. Minha tia morreu tão jovem de câncer. Eu tinha 25 anos, então ela tinha cerca de 44. Foi relacionado ao estômago – realmente desagradável e rápido."

Suzanne esperava um dia imitar o carinho que recebeu de sua tia, mas sua família biológica se dispersou. Tanto o irmão quanto a irmã têm filhos, e ela esperava se tornar a tia preferida. Mas o irmão se mudou para a Irlanda e a irmã agora vive no leste do Canadá. "Estamos todos muito longe e não somos muito próximos. Conseguirmos nos reunir é caro e raro. Não tenho sido a tia muito próxima que queria ser."

A família de sua irmã morava a apenas algumas horas de distância. Mas ela se separou e depois construiu outra família. Agora com dezesseis anos, sua sobrinha se desloca entre a casa da mãe e do pai, no Tennessee e em Ontário. Suzanne sente falta dela. "Minha jovem sobrinha está passando por tudo isso com graça, graça absoluta", diz ela. "Ela está com a minha irmã agora, para as férias de verão. Há apenas um quarto de hóspedes, e minha irmã deixou claro que estão muito ocupados, que não é um bom momento para eu ir. Também me sinto meio excluída com isso. Sei que não é intencional, mas não consigo ser 'a tia próxima', que é o que se pode ser se você não tem filhos. Agora quase não tenho contato com a família."

★

Hoje em dia, quando penso em família, penso em mudanças de rosto e ambiguidade.

Meu lugar na minha família de origem atravessou as gerações em nossa casa. De longe, a maior e mais alta, e quatro anos mais velha do que a segunda das minhas três irmãs mais novas, eu não tinha autoridade parental, mas recebi a responsabilidade de fazer cumprir os decretos de meus pais.

Uma situação sem vencedores, mas eu tentei.

Nossa mãe era autoritária e assustadora, e nosso pai, um alcoólatra bipolar. Ele fez o possível para manter distância do rebanho de fêmeas em casa. Depois de contar a minhas irmãs tudo sobre menstruação e sexo, tentando interferir da melhor forma possível quando mamãe ou papai explodiam, saí de casa no dia seguinte à formatura do ensino médio. Meu lar se tornou uma série de apartamentos alugados e divididos com colegas, a família um lugar visitado sob coação.

Uma de minhas irmãs se casou aos dezenove anos, outra no dia seguinte ao que fez 21. Minha primeira sobrinha chegou quando eu ainda era solteira, aos 27 anos. Eu gostava de ser tia, mas nunca apreendi o alcance do meu papel. Sempre me senti supérflua.

Então, ao meio-dia de um dia ensolarado de maio, quando eu tinha trinta anos, meu pai me acompanhou pela nave da igreja. Ele apertou minha mão com tanta força que as juntas de seus dedos ficaram brancas nas fotografias.

Saindo da capela de braço dado com meu belo e jovem marido, pensei: *Era isso que eu esperava.* Eu queria criar a visão de família que tenho no coração desde a adolescência. Depois de três anos de namoro, o melhor homem que conheci era agora meu marido. Eu me regozijei com minha nova e aconchegante família de duas pessoas.

Logo minhas irmãs tinham todas elas famílias de quatro pessoas. Cada uma delas trabalhou incansavelmente para quebrar o padrão familiar de disfunção e, aos meus olhos, todas tiveram sucesso. Às vezes passávamos férias juntas, comemorávamos os feriados com os sogros ou participávamos da celebração de uma irmã. Nossa família de dois alternava entre entes queridos, pegando carona em seus rituais. Nós realmente não tínhamos nenhum.

Olhando para trás, agora vejo meu casamento em fases distintas, um mosaico conjugal em transformação.

A primeira fase foi sonhadora. Nós nos apaixonamos, depois nos casamos. Subimos em nossas carreiras, guardando partes de nossos salários para o futuro. Talvez um dia fizéssemos crescer nosso módulo de duas pessoas.

A segunda fase provocou o tumulto que muitos casais enfrentam – infertilidade, insegurança no trabalho e financeira, as mortes de nossos pais. *Mudar para o campo pode nos ajudar a nos recuperar*, pensamos.

A terceira fase foi de muito trabalho físico, enquanto limpávamos nossa terra, criávamos nossas ovelhas e construíamos nossa casa. Nossas feridas começaram a cicatrizar, mas nunca ficaram completamente curadas.

Em sua última fase, o casamento se desgastou e se quebrou. Nossos temperamentos sempre diferiram. Embora eu quisesse resolver o conflito, meu marido tentava evitá-lo, então o aconselhamento matrimonial nunca ganhou muita força. Não havia meio-termo a ser encontrado. Eu tinha 63 anos quando finalmente nos separamos, Dan 71, dois terços de nossa vida atrás de nós.

Hoje, à medida que nossa aliança de décadas se desvanece, transformando-se numa sombra fantasmagórica, nosso antigo lar incha com a família remodelada. Recém-saída de seu casamento fracassado, a irmã de Dan se mudou para nossa casa, criando um novo "nós" conveniente para os dois. Sua filha e a prole, o filho e a esposa se mudaram para perto e agora rodeiam a mesa de jantar da família. A nova família de Dan é a antiga família da qual já não faço mais parte.

Do meu lado da linhagem, irmãs geograficamente distantes mantêm contato e me convidam para passar as férias. Telefonemas e visitas de sobrinhos me lembram que sou parte do clã. Nesta primavera, nossa mãe morreu repentinamente com o obstrução das vias biliares, poupando a si mesma e ao resto de nós a experiência completa de demência. Meu galho na árvore genealógica foi podado e remodelado. Os arboristas dizem que isso gera saúde e novo crescimento.

Quem é minha família agora?, eu me pergunto.

Cabe a todos nós considerar como definimos família, se estamos falando de sangue, escolha ou animais de estimação. Imagino a família como contida dentro de uma membrana. Os membros se unem, claro. Mas uma característica importante de toda família também é a permeabilidade da membrana que define suas bordas. Pessoas de fora são bem-vindas? Ou a família é mais como o muro de concreto que uma vez dividiu Berlim Oriental e Ocidental entre eles e nós? E aqueles que ficam dentro? Podem fluir confortavelmente além da membrana ou é uma violação, um sinal de abandono? Quando juntamos as famílias, é uma colisão de substâncias incompatíveis ou uma integração de partes díspares?

A imunologia nos diz que, quanto mais tolerante à introdução de micróbios do exterior, mais forte e resistente é o corpo. Como seres humanos que formam alianças e sociedades, podemos escolher quão porosas e saudáveis são as fronteiras de nossa membrana familiar, assim como podemos decidir quem receber em nossas casas.

Capítulo 6
Onde vivemos

Fiquei no centro da cidade para mostrar aos jovens da minha comunidade que há escolhas.

Meu vizinho e eu compramos coisas no mercado um para o outro. Somos úteis sem ser invasivos.

Quando ficarmos mais velhos, todos devemos morar juntos. Não vamos depender de ninguém.

Estou andando na rua. "Mude-se para Honduras", diz ao telefone um sujeito magricela logo atrás de mim. *Eu poderia*, penso. Então entendo – posso morar em qualquer lugar.

Ao fazer a transição da vida de casada para a de solteira, percebi que havia adquirido o pensamento mágico de que ser casada significava que nunca ficaria sozinha. Meu marido e eu compartilharíamos espaço, decisões, muitas amizades pelo resto de nossa vida. Eu não tinha percebido quanto eu dava como certo ser parte de uma família de dois, mesmo quando nos distanciávamos cada vez mais. Agora vejo que, para a maioria dos casais, seja pelo lento desenrolar de um compromisso vitalício, pela degradação persistente da doença terminal ou pelo golpe instantâneo de um motorista bêbado, um dia a experiência do casal se dissolverá.

No entanto, sem a influência ou a obrigação de uma descendência, mulheres sem filhos – solteiras e casadas – podem escolher como, onde e com quem morar. Todo mundo quer um lar e arranjos de vida que atendam às próprias necessidades, interesses e valores. Nesse sentido, mulheres que não têm filhos não são tão diferentes daquelas que os têm, exceto que nós, aquelas sem filhos, temos mais liberdade para escolher arranjos que nos convêm – morar sozinhas, com parceiros ou colegas, ou em comunidades intencionais formadas em torno de interesses ou identidades comuns. Se quisermos, podemos até nos mudar para tentar opções diferentes, sem nos preocupar com a escola ou os amigos das crianças. Nossas decisões de moradia são nossas.

*

Antes de me empolgar com Honduras, porém, decido focar num lugar um pouco mais perto de casa.

Numa manhã de final de outubro, participo de um fórum sobre alternativas de moradia e comunidade numa faculdade comunitária local. O edifício está repleto com um número menor de pessoas da geração X espalhados entre um bando de *baby boomers*. Os organizadores, muitos fantasiados, distribuem balas na porta e recusam educadamente as pessoas que não fizeram o pré-registro. Com um café e um bolinho de padaria, sento-me na fileira de trás do auditório e inspeciono o cronograma. O fórum com meio dia de duração é organizado em torno de sessões de pequenos grupos sobre tópicos como coabitação, comunidades intencionais, moradias compartilhadas e oportunidades de envelhecimento em casa.

Escolho uma sessão de coabitação, porque não tenho certeza do que é. Sei que a maioria das comunidades de coabitação são projetos de vida multigeracionais, que incluem recursos como um layout de bairro compactado, gerenciamento e participação de residentes, instalações de uso comum (como salas de reunião, cozinhas comerciais e lavanderias) e tomada de decisões não hierárquicas. O apresentador mostra slides da primeira comunidade desse tipo, fundada na Dinamarca em 1967. Ela serve de modelo para muitas comunidades hoje. Nos Estados Unidos, a primeira foi aberta há 25 anos em Davis, na Califórnia. Hoje, há mais de 160 comunidades de coabitação em operação em 25 estados em todo o país, com mais 120 comunidades em desenvolvimento desde abril de 2016.[1]

A coabitação é um tipo de comunidade intencional, embora nem todas as comunidades intencionais sejam formadas usando critérios de projeto de coabitação. Nesse evento, moradores de várias comunidades compartilham como é morar onde moram. Acho atraente a ideia de viver em cooperação com pessoas de todas as idades e talvez uma opção ideal para mulheres sem filhos.

Os participantes do fórum são convidados a visitar uma comunidade de coabitação local no fim de semana seguinte. Então me inscrevo, curiosa para ver como o modelo funciona na prática.

*

Situada em cerca de 1,5 hectare numa fazenda hidropônica urbana nos limites da cidade de Portland, a Columbia Ecovillage foi fundada em 2009.[2] Seus arredores se transformaram ao longo dos anos num misto de zona industrial, residencial e pequenas empresas. Ao lado fica o que parece ser uma oficina.

A sede original da propriedade, de 1912, fica nos fundos, cercada por galinhas caipiras, colmeias e o enorme jardim da comunidade. O piso principal da casa está em condições quase originais. Um morador me diz que a bancada da cozinha é feita de nogueira de grã direita, retirada das árvores que antes cresciam naquela terra. A sala de jantar conserva os armários originais de vidro e chumbo, e a lareira da sala de estar é cercada com tijolos de alta resistência ao fogo. No andar de cima, três pequenos quartos de hóspedes podem ser alugados pelas famílias e amigos que visitam os residentes por apenas cinco dólares por noite.

Ao longo da movimentada via diante da propriedade, há cinco edifícios de dois andares, com apartamentos tipo estúdio do início dos anos 1970 convertidos em 37 residências particulares. Elas variam em tamanho, de estúdios de 48 metros quadrados a unidades de três quartos, com cerca de 110 metros quadrados. Cinquenta adultos e doze crianças – com idades que vão de menos de um a 89 anos – compreendem as famílias da vila. Todos, exceto os bebês, trabalham no mínimo nove horas por mês para ajudar a comunidade. Minha visita coincide com o dia da limpeza trimestral. Os moradores se apressam por toda parte, cultivando a horta comunitária para o inverno, pintando guarnições da sede, escolhendo materiais de arte na sala de artesanato. Outras opções de serviço incluem preparar refeições comunitárias quinzenais, ajudar na contabilidade, oferecer aulas e eventos e organizar passeios pela comunidade como o que estou fazendo.

*

Conheço Martha Wagner, que me convida para ver o estúdio compacto que ela aluga de sua proprietária ausente.[3] Não há muitas unidades para aluguel, informa ela, e Martha se sente sortuda por ter encontrado aquela. Ela tem 71 anos e é solteira. Sua baixa estatura faz com que sua área de estar pareça maior do que é.

Sentamos a uma mesa compacta em sua cozinha bem projetada. Ela quebra pedacinhos de um chocolate especial num prato e me pede para provar. Recentemente, Martha participou de uma aula de degustação de chocolate e deseja compartilhar o que aprendeu. Generosos pedaços derretem na minha língua e tento, sem sucesso, descrever o que estou provando. Martha é mais eloquente que eu, usando termos como amargo, terroso, defumado. Concordamos que o chocolate cubano é mais suave e adocicado do que o de Madagascar.

Martha não é novata na vida comunitária. Quando estava na casa dos vinte anos, ela e o marido formaram uma comuna na Nova Zelândia. "Nós provavelmente usamos o mesmo raciocínio que se usa hoje ao falar em coabitação", diz ela, "ter uma vida mais fácil, compartilhar refeições."

Eles alugaram uma casa grande em Wellington e sublocaram quartos para um casal com dois meninos com menos de cinco anos e um pai solteiro com um filho de sete anos. "Não passamos muito tempo nos conhecendo antes", lembra ela, "acho que nunca o fizemos, na verdade."

Os oito falaram mais tarde sobre mudarem-se para o campo algum dia, deixando a cidade e seus cargos importantes para trás e desafiando maneiras estabelecidas de ser. Depois de um tempo, também se falou em praticar amor livre na casa. Martha não estava a fim de nada disso. "Não estava no meu radar", diz ela. "Meu marido e eu nunca conversamos sobre fazer esse experimento como casal ou como grupo." Mas todos os homens estavam de acordo, assim como a outra mulher. Vendo que estava em menor número, Martha saiu, deixando para trás o marido e os companheiros. "Foi o momento mais estressante da minha vida", lembra ela.

O arranjo familiar na Nova Zelândia acabou um ano depois e, aos trinta anos, Martha estava divorciada e morava de novo em Chicago com os pais. Ela logo se mudou para o Oeste e, ao longo dos anos, tem vivido sozinha ou com uma série de colegas em diversos arranjos habitacionais.

Martha nunca planejou ter filhos, embora vários colegas com quem dividiu a casa tivessem alguns. "Mas não era meu trabalho, de forma alguma, cuidar deles", recorda. "Nunca pensei em ter um filho sozinha ou em adotar, porque nunca tinha muito dinheiro." Mas ela ainda queria viver bem em comunidade.

"Há muito tempo tive um sonho", diz ela. "Ainda consigo ver as imagens: um grupo de casas geminadas com um solário atravessando os fundos, todos compartilhando o espaço. Isso fez sentido para mim."

Um dia, numa reunião da igreja em Portland, Martha descobriu o termo para sua visão – coabitação. Ela se envolveu em ajudar a planejar uma comunidade já em construção. Fez um depósito num dos condomínios e um investimento extra no projeto com um pouco de dinheiro que sua mãe lhe deixara.

"Logo percebi que havia feito muitas suposições ridículas sobre finanças de projetos", diz ela. "Nunca perguntei quanto dinheiro os empreiteiros, que também eram membros da comunidade, ganhariam. Quando descobri, lembro que meu queixo caiu. Comecei a perder a confiança, e esse foi o clímax." Então ela foi cortada e teve que desistir do condomínio. Perdeu o depósito e nunca recebeu de volta o dinheiro do investimento.

Martha sabia que, na época, a Columbia Ecovillage estava reabilitando alguns prédios de apartamentos antigos em outra comunidade na cidade. "Eu vinha aqui para fazer refeições no verão", lembra ela. "Todo mundo estava ao ar livre. Era muito agradável. Quando soube que poderia alugar algo aqui, eu me mudei. Era novembro de 2009."

A vida em coabitação foi idílica para Martha nos primeiros anos. Ela participou de muitas refeições em conjunto e até gerenciou a cozinha comunitária por um tempo.

"Minha lua de mel aqui começou a se dissipar quando começaram a haver discordâncias", diz ela. "As pessoas passaram a se mudar, frustradas com o tempo que levava para tomar decisões." Uma das questões mais espinhosas da comunidade nos últimos tempos é se é bom ou não cultivar maconha na propriedade. Embora o cultivo e a posse de uma pequena quantidade para uso pessoal seja legal no Oregon (desde que você tenha 21 anos ou mais), alguns estão preocupados que os jovens da comunidade tenham acesso fácil demais à erva. Outros acham que é uma decisão pessoal. Também há problemas com comunicação, instalações e governança.

A comunidade contratou um consultor que tentou reunir todos, até morou na ecovila por um tempo para ver como as coisas funcionavam por dentro. Em vez de chegarem a um acordo, formaram-se facções e alguns moradores se mudaram. É assim que as coisas estão hoje, de acordo com Martha. Agora a comunidade contratou outro consultor para conduzir uma sessão sobre resolução de conflitos. Martha se inscreveu para participar. "Há várias linhas de conflito ativas", conta ela. "Não tenho muita esperança de que nossas questões sejam resolvidas. Mas, se isso acontecesse, eu me sentiria bem aqui."

Outra opção que ela vem considerando é se envolver menos do que no passado. "Posso morar aqui de maneira mais independente, se eu quiser", explica ela. "Trabalhar minhas nove horas por mês não é difícil, e posso manter vários relacionamentos sem estar ativa em nosso sistema de governança. Pensar em sair me faz sentir que estaria desistindo.

"Gosto da conveniência. Lembro-me de viver sozinha, tentar coordenar um encontro com as pessoas era difícil. Aqui é muito mais fácil. Você diz: 'Vou a um show. Encontre-me no meu carro.' E acontece. Eu amo a terra. Amo estar perto da comida que é cultivada aqui e amo comer essa comida."

Enquanto Martha avalia as opções, há algo de que tem certeza: "Eu realmente quero e preciso morar em algum tipo de comunidade."

*

Quem vive bem num lugar assim? Em seu livro *Finding Community: How to Join an Ecovillage or Intentional Community* [Buscando uma comunidade: como participar de uma ecovila ou comunidade intencional], Diana Leafe Christian descreve o que contribui para o sucesso das comunidades:

112 VOCÊ TEM FILHOS?

uma autoconsciência saudável, maturidade emocional, disposição para compartilhar pensamentos e permanecer aberto aos pontos de vista dos outros.[4] Moradores com essas características realmente se preocupam com o bem-estar dos outros e apoiam acordos de grupo, equilibrando os objetivos da comunidade com suas necessidades pessoais. Eles trabalham duro para resolver os conflitos inevitáveis na construção de uma comunidade saudável e se comprometem com o desenvolvimento de fortes habilidades de comunicação e tomada de decisões para criar um estilo de vida mais cooperativo com os outros.

Quanto a quem consideraria a vida comunitária insatisfatória, Christian diz: "Gente autoritária, marajás e princesas melindrosas não precisam se inscrever."

Ela sabe o que diz. Nos últimos vinte anos, Christian visitou mais de 120 comunidades intencionais em todo o mundo, entrevistando fundadores e residentes de longa data com o objetivo de entender o que contribui para o sucesso desses arranjos. Christian foi editora da revista *Communities* por catorze anos. Agora escreve um boletim informativo on-line gratuito, *Ecovillages*, e possui um próspero escritório de consultoria e ensino que atende pessoas do mundo todo.

Christian e a mãe construíram uma pequena casa em Earthaven, uma ecovila nas montanhas da Carolina do Norte, onde vivem desde 2003. "Quero viver num mundo cheio de comunidades intencionais de grande sucesso", escreve, "ecovilas, comunidades de coabitação, cooperativas de habitação, lares de grupos compartilhados e todos os outros tipos de comunidades."

*

Vamos compartilhar moradia!, anuncia uma placa na calçada em frente à biblioteca do bairro. Dezesseis pessoas se reúnem numa tarde fria de fevereiro para um encontro na salinha de reuniões da filial. Não estou aqui à procura de companheiros de casa, mas porque imagino que o esquema possa ser especialmente adequado para mulheres solteiras sem filhos. Viver sozinha, às vezes, é solitário. Digamos que estou curiosa.

Após liderar encontros da Let's Share Housing desde 2009, Michele Fiasca é especialista em criar um ambiente aberto para que as pessoas compartilhem suas necessidades de habitação. Ela nos diz que seu objetivo é duplo: criar uma comunidade entre os residentes e os recém-chegados e facilitar combinações de moradia a preços acessíveis.

Michele parece ter mais ou menos a minha idade, e mais tarde descubro que nascemos com seis dias de diferença. Ela está usando uma jaqueta marrom fabulosa, bordada com cavalos, cactos e lantejoulas, que captam os tons avermelhados de seus cabelos encaracolados.

Os participantes, com idades entre vinte e sessenta e poucos anos, se sentam ao redor de uma mesa em forma de U. Cada um de nós usa crachás marcados com um par de olhos (para quem procura uma casa) ou um ícone de casa (para quem tem espaço para alugar). Michele distribui um folheto com perguntas específicas que cada pessoa deve responder e então passar para o lado. São dois questionários diferentes, um para quem procura casa e um para quem é proprietário. Os proprietários informam onde fica o local na cidade, descrevem o espaço, o custo do aluguel mensal, o que ele inclui e as políticas para fumantes e animais de estimação. Os que procuram casas dizem quanto podem pagar, se desejam compartilhar o banheiro, se têm animais de estimação ou um carro.

Uma mulher oferece o porão de sua casa, disponível depois que uma família de cinco pessoas e um cachorro grande se mudaram, recentemente. Essa foi sua primeira incursão em moradias compartilhadas após o divórcio, e ela gostava de ter gente por perto. "A cozinha e a lavanderia são compartilhadas", diz ela, "de resto, o porão é seu." Dois casais jovens, ambos novos na cidade, estão procurando um espaço para se acomodarem com seus animais de estimação. Os quatro têm emprego e transporte. Uma mulher solteira mais velha com dois quartos para alugar em casa quer apenas um inquilino; ela está mais preocupada em se dar bem com o locatário do que em obter o melhor preço. Um homem solteiro que possui uma casa de quatro andares diz que espera ter uma vaga em breve. Ele está curioso para saber como funciona o compartilhamento de casas. Duas mulheres de meia-idade sabem que precisam fazer uma mudança, uma porque está se separando do namorado e a outra porque a casa onde mora está à venda. Michele faz perguntas complementares que extraem mais detalhes de todos. A reunião avança rapidamente.

Após as apresentações, Michele nos põe de pé e colocamos mesas e cadeiras de lado. Então ela faz uma série de declarações, uma de cada vez. Por exemplo, "gosto muito de ver televisão" e "sou uma pessoa de hábitos noturnos". Para cada afirmação, colocamo-nos fisicamente entre dois sinais em paredes opostas – concordo totalmente e discordo totalmente. Após cerca de oito ou dez declarações, é fácil ver quem é compatível e quem pode entrar em conflito como companheiro de residência. Acabo repetidamente ao lado de Nancy, a mulher que está se separando do namorado.

No final da reunião de uma hora e meia, muitos de nós caminhamos juntos para o happy hour num bar próximo, onde Michele reservou uma grande mesa. Há um intercâmbio fácil à medida que nos conhecemos, muito mais tranquilo do que costuma acontecer em primeiros encontros. Ouço várias pessoas trocando contatos para conversar sobre possíveis combinações de alojamento. O sistema parece funcionar na florescente Portland, onde as o número de locais vagos é notoriamente baixo e os aluguéis estão em alta. Antes de sair, Nancy me pede para entrar em contato com ela se eu quiser procurar um lugar para alugarmos juntas. Quem sabe algum dia eu possa. É fácil encontrar alguém compatível.

*

Michele e eu conversamos por telefone alguns dias depois.

Ela me conta que é a caçula de três meninas e natural de Oregon. Ela se refere a si mesma como "64, mas ainda com 7. Sempre me considero criança. É por isso que nunca quis filhos. Eu não queria a responsabilidade".[5]

"Minha decisão foi boa", continua. "Posso contar numa das mãos o número de vezes que me arrependi de não ter um filho. O pensamento some em cerca de quinze segundos. Gosto dos meus sobrinhos, e eles agora estão começando a ter os próprios filhos. Nunca senti que faltavam crianças na minha vida."

Michele iniciou o Let's Share Housing em 2009 como uma ramificação do que tem sido seu principal negócio há dezenove anos – a Adult Placement Network [Rede de Colocação de Adultos], através da qual ela encontra estabelecimentos de prestação de cuidados adequadas principalmente para os pais idosos dos clientes. Esse negócio paga as contas e fornece recursos financeiros para o Let's Share Housing.

"Comecei a ver que havia um nicho de pessoas que não estavam sendo atendidas", diz ela, "porque não podiam pagar os tipos de comunidades existentes por aí. Elas eram independentes e estavam passando despercebidas. Além disso, há a enorme população de *boomers* envelhecendo. Percebi a necessidade de ideias de habitação mais acessíveis e inovadoras."

Hoje, além do cuidado de idosos, Michele promove moradias compartilhadas na área metropolitana de Portland. Os aluguéis disparados e a recessão geraram uma expansão de sua ideia inicial para incluir a vida intergeracional. O novo site do Let's Share Housing complementará os encontros mensais quando for lançado. "As pessoas podem combinar-se em qualquer tipo de configuração que desejarem", explica ela. "Podem morar com seus pares. Podem viver intergeracionalmente. Podem viver como um grupo de pessoas com interesses semelhantes ou diversos – talvez pessoas que gostem de plantação orgânica ou uma família de artistas ou músicos." Manter isso numa esfera local e baseado na comunidade é importante para Michele.

A moradia compartilhada é ideal para mulheres que não têm filhos, especialmente aquelas que são solteiras, Michele pensa. "É possível criar redes de pessoas nas quais se pode confiar", diz ela, "como historicamente as pessoas fazem com os filhos. Alguém com quem você compartilha uma casa provavelmente não vai cuidar de você, por si só, mas vocês cuidarão um do outro. O fator social é importante, porque você não tem esse vínculo familiar regular para fazer refeições ou se reunir aos domingos. A moradia compartilhada oferece esse nível de interação social – ter alguém lá para descobrir como foi o seu dia ou deixar a luz acesa para você.

"Mas moradias compartilhadas não são o Sonho Americano de ter a casa própria e um carro. Hoje, tendemos a nos isolar e criar nosso pequeno núcleo familiar com talvez alguns amigos. Não temos um senso de comunidade. Acho que moradias compartilhadas oferecem isso. As pessoas podem viver a uma fração do custo e viver melhor juntas. Nosso slogan é: 'Vivam melhor juntos.'"

Michele não é uma das recém-convertidas. Durante anos, teve companheiros de casa, primeiro no Havaí, onde os aluguéis eram proibitivamente caros, depois na Costa Rica. Durante os dez anos desde que seu casamento terminou, ela alugou quartos para seus sobrinhos, para alguns rapazes vinte anos mais novos que ela e para várias mulheres *boomers*.

Às vezes funciona bem, às vezes nem tanto. Após o divórcio, sua primeira companheira de residência se mudou para a casa, mas não conseguia pagar o aluguel. "Acontece que ela era uma acumuladora", lembra Michele, "e o dinheiro do aluguel acabava indo para o pagamento de locais de armazenamento."

Em vez de expulsá-la, Michele arrumou uma nova solução. Ela tinha um guarda-roupa limitado na época e sua companheira tinha bom olho para moda. "Ela também era viciada em compras e fazia muita revenda", conta Michele. "Então por um ano se dedicou a comprar um novo guarda-roupa para mim. Ainda recebo muitos elogios pelas roupas que ela escolheu." Entre elas a linda jaqueta marrom com os cavalos.

"Com a combinação certa de pessoas", continua Michele, "mulheres solteiras podem envelhecer juntas em seus anos dourados, ou mesmo depois. Se algum dia você precisar contratar um cuidador, por exemplo, compartilhar o serviço é uma forma de tornar o envelhecimento mais acessível. Ter companheiros também ajuda a combater o isolamento e a depressão, tão comuns à medida que envelhecemos. Se você não criar laços sociais, envelhecer pode ser muito solitário."

Trabalhando em casa, Michele é tudo menos isolada. Tem alguns funcionários trabalhando tanto na Adult Placement Network quanto no Let's Share Housing – analistas de sistemas, uma contadora e sua sobrinha, que muitas vezes traz o filho de cinco meses. Posso ouvi-lo chorando ao fundo. "Minha casa é um circo com três picadeiros", Michele ri. "Tenho pessoas entrando e saindo o tempo todo."

Sua companheira de casa, Enid, é voluntária do Let's Share Housing e, às vezes, vem às reuniões. Na verdade, Enid e Michele se conheceram num dos encontros. "Ela é ótima, não que não tenhamos nossos momentos ruins", diz Michele. "Ela é artista e tornou minha casa esteticamente muito mais agradável. Enid traz beleza à minha vida. Somos uma daquelas combinações mágicas."

O cupido dos colegas de casa – foi assim que um dos clientes de Michele a apelidou. "Você se lembra da garota asiática que tinha um porão para alugar no nordeste de Portland?", pergunta ela. "Bem, ela acabou entrevistando aqueles dois jovens casais, e acho que o de Nevada vai morar com ela.

"Quando consigo combinar alguém a uma situação de vida, isso preenche algo em mim", diz ela. "Isso me ilumina."

★

O acaso pode derrubar as torres de uma vida bem planejada. A canadense Leslie Hill casou-se aos 39 anos e seis meses depois ficou viúva. O câncer de Paul voltou "espalhado como pimenta por toda a área abdominal", disse o médico do marido a Leslie. Eles eram um casal havia oito anos e meio e não tinham filhos.[6]

Quando tinha nove anos, Paul ficou estéril por causa da radiação e da cirurgia para tratar um câncer de rim. "Meu marido teria sido um pai maravilhoso", afirma Leslie, agora com 67 anos. "Ele era ótimo com crianças. Casei com o melhor homem que já conheci, e ele não podia ter filhos."

Leslie e Paul eram ambos professores do ensino médio, embora lecionassem em escolas diferentes. O romance começou quando foram monitores num acampamento intercultural ao ar livre. Leslie sempre imaginou que, se ela se casasse, provavelmente teria filhos. "Mas eu não poderia lidar com crianças na escola o dia inteiro e depois voltar para casa para os meus filhos", diz ela. "Eu precisava de um pouco de paz e sossego. Sentia que tinha uma quantidade agradável de filhos nos dias bons e nos dias ruins ficava de saco cheio deles."

Após a faculdade, Leslie viveu sozinha até os 31 anos, depois com Paul, depois sozinha novamente com a morte dele. Os últimos anos sozinha foram pontuados por uma dor abrasadora e constante. A vida em Toronto se tornou insuportável, então ela tirou uma licença do trabalho. Por meio de um primo, Leslie conheceu a Fundação Findhorn, uma comunidade espiritual e de aprendizado da Nova Era no norte da Escócia.

Ela assinou contrato por três meses. Ficou por cinco anos.

A Fundação Findhorn foi criada em 1972 e é um centro de aprendizado holístico, comunidade e ecovila de renome mundial. Várias centenas de pessoas vivem e trabalham juntas em várias propriedades da Findhorn localizadas não muito longe umas das outras, apoiando milhares de pessoas que se matriculam a cada ano em cursos, workshops e conferências. "A proporção de homens para mulheres estava sempre mudando", lembra Leslie. "Mas nunca mais de um terço do sexo masculino para dois terços do sexo feminino, geralmente muito menos homens. A maioria das mulheres não era mãe. Você tem um lugar para morar em troca de trabalho, então definitivamente não incentivam as pessoas a levarem crianças."

"Foi extremamente desafiador viver em comunidade", lembra Leslie, "apesar de ser um ambiente completamente tolerante, o que eu não havia encontrado antes, exceto no meu casamento. Eu estava morando lado a lado com pessoas com as quais nunca teria escolhido morar. Uma filosofia da comunidade é que todo mundo na sua vida ensina alguma coisa. É irritante estar bem no meio de um acesso de raiva justificado e alguém dizer: 'Então, o que você deveria aprender com essa situação?' Minha resposta quase sempre era: 'Você poderia, por favor, ir à merda para que eu possa ficar com raiva?' Eu era coagida a ser mais aberta. Aprendi muito sobre mim e sobre outras pessoas. Foi muito cansativo, mas foi bom."

Após o primeiro ano em Findhorn, Leslie retornou brevemente a Toronto para deixar o emprego de professora e vender a casa, depois voltou à comunidade. Quando não conseguiu renovar seu visto, quatro anos depois, voltou para o Canadá, mudando-se para a Colúmbia Britânica dessa vez.

"Eu teria ficado mais tempo", diz ela. "Não queria partir. Por um lado, carrego a Fundação Findhorn dentro de mim. Faz parte das minhas memórias, e mantenho isso como uma filosofia. É fácil me distanciar dessa filosofia quando fico irritada e mal-humorada, mas basicamente a Fundação faz parte de mim. Aprendi a gostar de viver em comunidade, e agora gosto de morar sozinha."

Hoje, Leslie mora num apartamento de dois quartos em Vancouver com sua gata de doze anos, de orelhas irregulares e rabo cortado, Maggie Mae, que foi resgatada das ruas. Ela gosta de fechar a porta de casa sabendo que tudo estará igual quando voltar e da simplicidade de passar um tempo com sua gata. Ela lê muito, canta no coral da igreja e joga bridge duas vezes por semana com a tia de 88 anos.

Neste verão, também está se formando num intenso mestrado em escrita. "Agora que estou chegando ao final da minha dissertação, percebo

120   VOCÊ TEM FILHOS?

que meu profundo envolvimento com outras pessoas em nossa comunidade escolar está diminuindo", diz ela. "Não tenho isso em Vancouver e estou começando a me sentir mais isolada." Não ajuda que os vizinhos de quem ela gosta estejam vendendo suas casas, pegando seus lucros e se mudando da cidade para morar perto dos filhos. Leslie quer ficar ali.

"Então vou viver confortavelmente como estou agora", afirma ela, "até sentir que preciso de alguém me vigiando o tempo todo e/ou até que realmente não queira cozinhar. Ainda não estou em nenhuma dessas posições. Quando isso acontecer, me mudarei para algum tipo de comunidade assistida, suponho. Mas, enquanto não for necessário, viverei alegremente sozinha."

Leslie teve uma menopausa tardia, com quase sessenta anos. "Desde aquela época, às vezes me perguntava como teria sido ter um filho", diz ela, "mas depois penso nas coisas das quais teria desistido. Eu não mudaria nada. Viveria minha vida exatamente da mesma forma e tomaria as mesmas decisões. Não teria trocado Paul por mais ninguém."

*

Em seu livro *Going Solo: The Extraordinary Rise and Surprising Appeal of Living Alone* [Carreira solo: o aumento extraordinário e o apelo surpreendente de viver sozinho], Eric Klinenberg pesquisou a crescente população demográfica de pessoas que ele chama de solteirões – adultos como Leslie Hill, que vivem sozinhos. Solteirões são adultos (sejam solteiros, divorciados ou viúvos) que não compartilham seu espaço com mais ninguém. Hoje, os solteirões representam 28% de todos os lares dos Estados Unidos, o que, segundo Klinenberg, "significa que estão agora empatados com os casais sem filhos como o tipo residencial mais importante – mais comum que a família nuclear, a família multigeracional e o companheiro de casa ou casa de grupo." (Sua definição de "casais sem filhos" inclui ninhos vazios.)[7]

Capítulo 6 – Onde vivemos 121

São mais de 31 milhões de solteirões, e 17 milhões deles são mulheres. A maioria vive em áreas urbanas e tem entre 35 e 64 anos. Uma grande proporção não tem filhos.

Klinenberg é professor de sociologia na Universidade de Nova York. Durante um período de sete anos, com a assistência de uma equipe de estudantes de pós-graduação, ele entrevistou mais de trezentos solteirões, todos residentes em grandes áreas metropolitanas – cidade de Nova York, Los Angeles, Austin, Chicago e Área da Baía de San Francisco. Esses solteirões variavam em idade, desde jovens profissionais na casa dos vinte anos até idosos. Como comparação, ele também entrevistou e analisou dados de outros países com altas porcentagens de solteiros.

Viver sozinho não é um fenômeno americano, nem os Estados Unidos podem ostentar a maior proporção de solteirões. Os países escandinavos, o Japão, a Alemanha, a França, o Reino Unido, a Austrália e o Canadá têm taxas mais altas de lares unipessoais do que os Estados Unidos.

Os jovens americanos se casam mais tarde – homens com 28 anos e mulheres com 26, em média. Apesar das alegações de que o casamento corre o risco de se tornar *démodé*, Klinenberg relata que quase todos os solteirões nunca casados acreditam que se casarão no futuro. Na verdade, 12% das mulheres e 16% dos homens com quarenta anos ou mais nunca se casaram.

"A maioria das pessoas que vivem sozinhas são financeiramente estáveis, não pobres", escreve Klinenberg, "e as que propositalmente usam seu espaço doméstico como um oásis em suas vidas ocupadas e estressantes relatam que é uma experiência regenerativa, e não isoladora."

*

A solteirona Laura Johnson, uma professora de inglês de 47 anos que nunca foi casada, vive sozinha desde que se formou na faculdade, há mais de vinte anos.[8] Seus pais moram no Oeste, longe da cidade de médio porte que ela agora chama de lar. A irmã de Laura, o cunhado e os filhos deles estão no Leste. Ela aluga um apartamento, um dos onze em seu prédio, em parte porque teme que uma casa exija manutenção demais, mas também por razões de segurança.

"Como solteira", diz ela, "me sinto mais segura com vizinhos morando no mesmo prédio. Pode ser uma ilusão de segurança, mas é reconfortante. Suponho que vou morar sozinha até não poder mais administrar as coisas e depois me mudar para algum tipo de instituição. Quando não puder fazer minhas próprias compras, cozinhar ou me cuidar de outras maneiras, será a hora de procurar ajuda."

Ela passa sozinha a maior parte de seu tempo livre. O trabalho a mantém ocupada muitas noites durante a semana, embora ela separe um tempo para aulas de dança de salão de vez em quando. Os fins de semana são preenchidos por compras de supermercado, compromissos e preparo de alimentos para a semana seguinte. A cada dois fins de semana, mais ou menos, ela sai com os amigos, embora diga que ainda está construindo sua rede de solteirões.

Viver sozinha combina com ela. "Ser introvertida ajuda", afirma. "Um certo grau de independência e um bom senhorio também. E eu amo meu apartamento."

Por ter se mudado com muita frequência, Laura acha difícil ter um senso de comunidade forte. Mas, depois de nove anos na mesma cidade – o tempo mais longo que já morou em qualquer lugar –, ela diz que está criando raízes pela primeira vez. "Muitos caixas do supermercado me reconhecem", conta ela, "e há uma em cuja fila eu sempre tento entrar para que possamos conversar enquanto ela me atende. Minha cabeleireira me conhece bem o suficiente para me dizer que *não* vai fazer reflexos rosados em mim, mesmo que seja o que eu acho que quero. Sempre compro bolinhos na loja do meu vizinho quando trago guloseimas para a aula.

Capítulo 6 – Onde vivemos 123

"É isso que significa criar raízes? Não tenho certeza, mas é o que me parece."

*

"Vivo num *motorhome* em período integral", diz Julie Aegerter, 68 anos, que cresceu em Nova York. "Agora, quando as pessoas perguntam onde eu moro, digo que sou nômade."[9]

Por quase cinco anos, Julie viajou pelos Estados Unidos em seu trailer de cinco metros. Essa é a medida externa, observa ela, incluindo a barra de reboque, o que é menos que a largura de sua caminhonete a diesel. Sem qualquer extensão ou cabine, o espaço interno tem pouco mais de trinta metros quadrados. Na parte de dentro, há um banheiro completo, uma cozinha compacta, uma mesa de jantar para dois lugares e uma cama que funciona como sofá. Algumas janelas se abrem para deixar entrar a brisa e os sons do ambiente. "Quando consigo passar o dia do lado de fora", diz ela, "fico muito feliz. É por isso que passo."

Quando perdeu o companheiro, catorze anos atrás, Julie era ministra de uma congregação unitário-universalista no sul de Indiana. Mesmo quando jovem, ela achava que não seria uma boa mãe, por isso dedicou suas energias vitais às atividades profissionais. "Eu via apenas duas opções", lembra ela. "Eu tinha uma tia, solteira, que administrava um negócio, e minha mãe, casada e que não trabalhava fora. Se eu tivesse filhos, não poderia ter feito o trabalho que fiz. Realmente dei tudo mim, e foi difícil para o meu parceiro."

Aos 62 anos, viúva, aposentada e exausta, Julie se comprometeu com um retiro de quinze meses num centro zen-budista no Novo México. À medida que os meses passavam e a conclusão se aproximava, em vez de se reinscrever, Julie decidiu que o que realmente queria era morar fora. Então, ela encomendou um trailer novinho em folha, terminou seu período no centro budista e seguiu para o Texas para pegar sua nova casa. "Ao longo da minha vida", diz Julie, "fui de viagens estilo mochilão a barracas camping, passando de modelos iglu para um pequeno trailer de viagem." Portanto, um trailer residencial maior foi seu próximo passo lógico. No Dia da Mentira de 2013, Julie deixou o confinamento de casa para trás e pegou a estrada.

Nos dois primeiros anos, ela seguiu o sol a partir da casa da irmã, em Connecticut, pela Costa Leste até a Flórida para ver o pai, depois atravessou o interior do país para passar o inverno no Arizona. Na primavera seguinte, voltou a Connecticut para fazer tudo de novo. Julie nunca conheceu alguém que vivesse assim, então tinha muito a aprender. Ao longo do caminho, reuniu amigos nômades, que compartilharam dicas e truques da estrada. Eles agora se encontram periodicamente por todo o país. Nos últimos anos, seu itinerário foi ancorado em retiros budistas e visitas a colegas de *motorhome* e velhos amigos da faculdade, com novos ambientes e viajantes entre eles.

Ela se juntou a uma das organizações qua auxiliam mulheres que vivem em *motorhomes*, a RVing Women. Essa organização existe há mais de 25 anos e oferece a mulheres de todas as idades uma comunidade de apoio à vida sobre rodas, seja em período integral ou sazonal. Com dezoito seções regionais nos Estados Unidos e no Canadá, as mulheres que viajam têm acesso a uma comunidade com interesses similares. Quando ainda estava trabalhando, Julie foi a algumas das reuniões de fim de semana no vale de Ohio.

Outra organização, a Escapees' RV Club, é gerenciada por três gerações da mesma família desde 1979. Com mais de 10 mil membros, entre os serviços que oferece estão encaminhamento de correio, um centro de oferta e procura de empregos, campos de treinamento educacional, discussões on-line e locais para estacionamento de trailers.

Julie se desfez de bens ao longo do caminho, e hoje tudo que tem está guardado em seu trailer. "Em março passado, me livrei de ainda mais coisas quando meu caminhão foi roubado." Ela ri. "Todos aqueles pertences se foram. Eu consegui o trailer de volta, menos o módulo, então reduzi um pouco mais radicalmente."

Como nômade, a única coisa que Julie às vezes sente falta é de ter um senso de comunidade, onde possa se voluntariar regularmente e ficar um tempo. "Mas não sou solitária", diz ela. "Tenho muitos amigos de todas as esferas da minha vida e mantenho contato com eles por e-mail, Facebook e conversas telefônicas. Passo muito tempo sozinha, mesmo quando estou com pessoas."

Ela também faz caminhadas e anda de caiaque, às vezes com companheiros de trailer que encontra na estrada. "Falamos principalmente sobre acampar", conta Julie, "onde estivemos, onde é um bom lugar para ir ou o que estamos fazendo naquele momento. Estou vivendo o presente um pouco mais intensamente, acho."

A maioria dos adeptos de *motorhome* que ela encontra tem filhos, até os de tempo integral. Durante as férias escolares, os netos correm pelo acampamento, mas ela não encontra apenas avós. "Mais e mais jovens também estão adotando esse estilo de vida", diz Julie, "até criando famílias e trabalhando na estrada. Há um grupo nacional que começou especialmente para pessoas mais jovens, fornecendo serviços e formas de conexão."

Viver na estrada é bem econômico, explica ela, mesmo considerando o alto custo do diesel. Sua caminhonete percorre cerca de oito quilômetros por litro enquanto reboca o trailer, onze ou mais sem. Desde que se tornou viajante em tempo integral, Julie calcula que percorreu um total de cerca de 160 mil quilômetros, incluindo duas viagens de ida e volta pelo país. Isso não é muito mais do que as outras pessoas normalmente dirigem durante o mesmo período. Então suas despesas fixas (sem contar o combustível) totalizam menos de 1.500 dólares por mês, incluindo o seguro-saúde Medicare e um seguro suplementar, pagamentos de financiamento do trailer e da caminhonete e, por pertencer a uma organização de adeptos do *motorhome*, uma média de dez dólares por noite para um acampamento com energia elétrica e água.

"Muitas pessoas ficam admiradas com o que eu faço", conta ela. "Não acho que seja tão especial, mas sempre me surpreendo que outras pessoas achem."

Julie pode imaginar um dia em que precisará ajustar seu estilo de vida nômade a outro, menos desmedido. "Quando não me sentir mais segura para dirigir", diz ela, "e a demência é o meu maior medo." Ela espera que alguém a alerte sobre qualquer declínio em suas habilidades de direção. Depois de cuidar da mãe, que sofria de Alzheimer, Julie acha que notará algum comportamento anormal ou perda de memória. Ela certifica-se de consultar seu médico e seu dentista no Novo México todos os anos.

Em novembro, ela passará o mês num acampamento cooperativo na Califórnia, onde poderá comprar ou arrendar um local de acampamento e permanecer lá. "Só para ver como é", informa Julie. Depois disso, ela diz que pode visitar algumas instalações de cuidados continuados.

*

Visito Jane Zembaty, de 84 anos, em seu imaculado apartamento de um quarto, localizado numa comunidade de vida assistida nos arredores de Dayton, Ohio.[10] Seu antigo bairro na cidade, onde morava sozinha havia décadas, era um lugar cheio de conexão. Sua amiga Marilyn, uma colega professora de filosofia, morava a dois quarteirões de distância, e as duas frequentemente caminhavam juntas pela vizinhança. Atualmente Marilyn é uma visitante semanal. "Temos interesses intelectuais em comum", diz Jane, "e somos bastante reservadas quando se trata de nos abrirmos para outras pessoas. Nosso tempo juntas é longo. Temos uma amizade adorável."

Anos atrás, outro casal de professores comprou a casa quase em frente à de Jane. Todos eles compartilhavam o interesse pelo cinema e, ao longo dos anos, assistiram a filmes juntos quase todo fim de semana. "Pensei que isso ia parar quando me mudei para cá", comenta, "mas não parou. Vi a filha deles crescer. Quando descobriram que estavam grávidos, já era tarde da noite. Eles tinham que contar a alguém, então foram me contar. Ter essa interação com eles e a filha durante todos esses anos é adorável."

Ela se mudou de sua casa na cidade para a comunidade de aposentados há dois anos. Pergunto como soube que era hora.

"Minhas costas estavam realmente doendo", diz ela, "e a situação ficava cada vez pior. Minha lavadora e secadora ficavam no porão, e eu sabia que era perigoso tirar a roupa e subir a escada. Eu também sabia que não ficaria mais forte com o passar do tempo. Precisava fazer isso enquanto ainda estava mental e fisicamente no controle. Assim como sabe quando é hora de se aposentar, você também sabe esse tipo de coisa.

"Normalmente eu odeio morar em apartamento, mas não queria que meus amigos tivessem que tomar decisões por mim. Ninguém deveria ter que fazer isso por ninguém. Eu sabia, quando me mudei para cá, que tudo é automático. Você usa essa coisa no pescoço e tem um botão no quarto que aperta duas vezes por dia. Se não tiverem notícias suas, eles esperam 24 horas e então vêm conferir. Se você não vai jantar e não liga, eles checam.

"Como as coisas aconteceram na vida do jeito que aconteceram, posso me dar ao luxo de viver num lugar muito agradável. Tenho um futuro seguro. Esse é outro lado de não ter filhos."

*

Como solteirona novata, minha casa agora é um apartamentinho no terceiro andar, em um de dois edifícios adjacentes de seis unidades construídos em 1925. Um contraste com a casa pretensiosa de 230 metros quadrados que deixei para trás. Meu apartamento é confortável, exceto quando a temperatura excede 27 graus ou cai abaixo de cinco graus, o que ocorre cerca de seis meses ao ano.

A última vez que morei sozinha foi 35 anos atrás, e não gostei muito na época. Hoje acho mais agradável, porque estou mais segura de quem sou e não tenho vontade de encontrar um parceiro. Gosto de comer a mesma coisa todos os dias, então fazer compras é tranquilo, e é fácil encontrar comida na geladeira. Sem ninguém para culpar por bagunçar o ambiente, tenho mais autoaceitação.

Escolhi meu apartamento porque fica numa parte segura da cidade, e quase tudo de que preciso ou que quero fica a uma curta distância. A maioria dos meus vizinhos é de inquilinos, todos com trinta e poucos anos, solteiros e casais profissionais urbanos. Cinco das doze unidades são ocupadas pelos proprietários, três por mulheres divorciadas com mais de sessenta anos. Nós nos cumprimentamos com acenos uns para os outros.

*

Num sábado chuvoso, ao pular um degrau descendo as escadas dos fundos, acabo sentindo uma dor na planta do pé. Meu pé esquerdo incha imediatamente e ondas de dor percorrem minha perna. De alguma forma, subo as escadas para minha casa, impulsionada por alguma necessidade primordial de colocar gelo no pé e botá-lo para cima. Embalada em gelo e empoleirada em travesseiros, a verdadeira dor entra em ação. Lágrimas fluem. *Estou machucada e estou sozinha. O que eu faço agora?*

Sei que preciso de ajuda, e ela não virá até que eu peça.

Em pânico, ligo para minha irmã em Seattle, a três horas de carro. Ela não está em casa. O padeiro que mora lá embaixo está no trabalho. Uma vez conheci o casal do outro lado do corredor, mas acho que os ouvi sair mais cedo. O prédio está vazio, exceto por mim. Sozinha. Soluçando e assustada.

Penso em descer as escadas sentada em meu traseiro e rastejar como um caranguejo pela rua até o hospital nas proximidades. Sei que é bobagem, mas é a única coisa em que consigo pensar para me cuidar. Então lembro que duas enfermeiras moram no prédio ao lado. Tenho o contato delas no meu telefone, embora eu mal as conheça e não me lembre de como consegui seus números. Começo a jogar um pingue-pongue mental:

Ligue para elas, querida. As duas parecem legais.
Não, não quero incomodá-las.
Mas você não ajudaria se elas estivessem no seu lugar?
Claro, mas elas não estão. Não consigo fazer isso.
Sim, mas seu pé está inchando e você está explodindo de dor. Aceite e ligue.

A enfermeira Sally, uma das divorciadas sessentonas, atende minha ligação, tímida. Logo chega com sacos de gelo adequados, bandagens e autoridade. Ela me ajuda a descer a escada, como uma criança, apoiada nos meus bastões de caminhada e seu semblante seguro. Ela me leva de carro por três quarteirões até o hospital. Enquanto espero com o pé numa pose deselegante sobre o painel, ela pega uma cadeira de rodas e me empurra até o pronto-socorro.

Sally desdenha de minhas repetidas desculpas por perturbar seu fim de semana. "Você faria isso por mim", diz ela. Ela está certa. Eu faria. Conversamos enquanto aguardamos o documento, e eu gosto de sua companhia.

Tenho sorte. Sem ossos quebrados, apenas uma distensão séria. Duas horas depois, voltamos para casa, e Sally me apoia em almofadas, o tornozelo bem embrulhado e preso com uma tala. Ela inspeciona minha geladeira e sai em busca de ovos, queijo cottage, comida caseira. Nove meses depois, somos boas amigas.

Pedir ajuda é essencial para viver sozinha. Tenho muito que aprender.

*

Segundo a AARP (sigla em inglês para Associação Americana dos Aposentados), apenas uma em cada três pessoas que se divorciam entre os quarenta e os 69 anos se casa novamente. Dos americanos com 65 anos ou mais, um terço vive sozinho.[11]

Em termos residenciais, duvido que eu seja uma solteirona por muito tempo. A verdade é que gosto de viver com outras pessoas, embora certamente ainda não esteja pronta para um relacionamento sério ou para um café. Depois do meu tombo, às vezes me preocupo em ficar aqui incapacitada por dias antes que alguém me encontre. Como numa boa promessa de escoteira, comprometo-me a me tornar mais hábil em pedir ajuda e aceitar a inevitabilidade das adversidades. O mais provável é que todos precisaremos de ajuda algum dia.

Capítulo 7
Use-o ou perca-o

Isso não será a coisa mais importante que já aconteceu comigo.

Sempre tenho esse medo no fundo da minha mente: eu posso ter câncer em outra parte do meu corpo.

Enquanto outras pessoas estão apenas encontrando as próprias limitações e vulnerabilidades, eu já lidei com isso.[1]

O medo começou com os meus seios. Eu era adolescente na época e minha avó estava deitada num quarto gelado na casa da minha tia em Illinois. No mesmo quarto em que dormi cinco verões antes, quando enchia potes com vaga-lumes na esperança de poder ler com a luz deles. Um perfume metálico pairou sobre a vovó e alargou minhas narinas quando me inclinei para beijar sua bochecha. Após a cirurgia para câncer de mama avançado, seu peito, que antes era aconchegante, estava agora côncavo e envolto em gaze manchada de amarelo de cotovelo a cotovelo. Eu não tinha nem ideia do que dizer. Essa foi a última vez que vi minha avó. Ela morreu logo depois que meu pai e eu voamos de volta para casa.

Quando eu estava na casa dos trinta anos, li as memórias da comediante Gilda Radner, *It's Always Something* [É sempre alguma coisa], e soube que as mulheres que não tiveram filhos correm o risco de uma doença ainda mais ameaçadora: o câncer de ovário. Anos mais tarde, estou horrorizada que um dia os órgãos que tanto tentei usar possam me matar. Hoje também tenho medo dos meus ovários.

*

Há muito tempo a comunidade médica sabe sobre a ligação entre câncer do sistema reprodutivo e ausência de filhos. Em 1969, os pesquisadores examinaram a mortalidade de uma população específica de mulheres sem filhos – freiras católicas.

Freiras não têm bebês.[2] Mas têm uma parcela desproporcional de tipos de "câncer de mulheres". De fato, o câncer de mama já foi conhecido como a doença das "freiras". Analisando dados de mais de 30 mil irmãs católicas, os pesquisadores descobriram uma probabilidade muito maior de freiras morrerem não apenas por câncer de mama, mas também por câncer de ovário e uterino, do que mulheres que deram à luz. Inúmeros estudos controlados de mulheres sem filhos confirmaram subsequentemente que o risco de uma mulher que nunca teve filhos desenvolver esses tipos de câncer é duas a três vezes maior do que o de uma mãe. Mas por quê?

Como as freiras não engravidam ou amamentam, uma teoria é que elas têm mais ciclos menstruais ovulatórios ao longo da vida que as mães. Pode ser que ovários que se rompem continuamente para liberar óvulos mensais, sem fazer pausas para a gravidez, tenham mais tempo para desenvolver a divisão celular anormal que pode se tornar câncer.

Como você sabe se corre um risco maior de câncer de mama, ovário ou uterino? Um fator é genético. Mutações no BRCA1 ou BRCA2 (genes denominados para câncer de mama com mutações que também estão presentes no câncer de ovário) podem ser herdadas da mãe e do pai. O Instituto Nacional do Câncer dos Estados Unidos diz que essas mutações representam cerca de 15% de todas as ocorrências de câncer de ovário e 5% a 10% das de câncer de mama.[3] Mas uma mulher que tem a mutação prejudicial tem um risco muito maior de câncer de ovário e de mama. Isso não parece justo.

Felizmente, testar o DNA de uma mulher pode confirmar a presença da mutação. Se a história da família incluir membros com câncer ginecológico, câncer de mama diagnosticado em idade precoce ou linhagem de certos grupos étnicos (por exemplo, judeus asquenazes), o teste genético pode ser recomendado. Se a mutação estiver presente, uma mulher enfrenta uma chance de 45% a 65% de um futuro diagnóstico de câncer de mama aos setenta anos. Ela também tem um risco aumentado de desenvolver câncer nas tubas uterinas, no peritônio e no pâncreas.

Fatores adicionais que podem aumentar o risco de câncer de uma mulher são uma história de cistos ovarianos, uso prévio de um dispositivo intrauterino, tecido mamário denso, tabagismo, baixos níveis de atividade física, obesidade e diabetes.[4] Um estudo da Escandinávia sugere que, quanto mais alta a mulher, maior o risco de câncer de ovário.

Numa reviravolta especialmente perturbadora do destino, as mulheres que se submeteram ao tratamento da infertilidade, particularmente aquelas que nunca engravidam, correm um risco ainda maior do que outras mulheres sem filhos. Com a endometriose, uma das causas mais comuns de infertilidade, surge o maior risco de todos. Depois do que podem ter sido anos tentando engravidar, submetendo-se a procedimentos médicos invasivos e uma enxurrada de drogas cada vez mais potentes, isso parece uma ironia cruel.

Durante a vida, uma em cada oito mulheres ouvirá que ela tem a forma mais comum de câncer no sistema reprodutivo feminino – câncer de mama.[5] Em 2016, aproximadamente 250 mil mulheres e 2.500 homens foram diagnosticados com câncer de mama.

Numa sexta-feira, minha amiga Jenny Bates recebeu a notícia enquanto fazia compras na Goodwill.[6] Ela estava lá com o parceiro, na esperança de esquecer a biópsia no seio esquerdo que fizera no dia anterior. Espere os resultados na segunda-feira, dissera o médico. O celular dela tocou.

"Sinto muito", ela se lembra do médico dizendo, "mas encontramos células cancerígenas. Marcamos uma consulta para você com um oncologista e um cirurgião e conversei com seu clínico geral."

Foi nesse momento que o sistema médico assumiu o controle da agenda de Jenny e de sua vida.

Jenny tem 37 anos, sem histórico de câncer de mama em ambos os lados da família. Alguns meses antes, achou ter sentido um caroço. "Tenho seios muito densos, então pensei que fosse apenas um cisto ou algo assim."

Ela e o parceiro de nove anos não têm filhos. Uma de suas melhores amigas trabalha numa clínica de reprodução. Enquanto ela e Jenny estavam conversando sobre seu diagnóstico, um médico as ouviu e opinou. "Ele se ofereceu para me atender na segunda-feira – era sexta – para congelar meus óvulos", diz Jenny. "Se eu quisesse, com a ajuda de uma barriga de aluguel, poderia misturar meu material genético com o material de outra pessoa algum dia e gerar um bebê assim." Jenny recusou educadamente sua gentil oferta.

Embora tenha sido criada numa família batista conservadora do Sul, onde gerar uma prole é um procedimento operacional padrão, Jenny não deseja filhos. "Nunca tive a sensação de 'eu quero um bebê'. Não me importo se uma parte de mim vai continuar", afirma ela. "Sabendo como a genética desempenha um papel, realmente não acho que haja algo em minha linhagem genética que precise permanecer. Vamos cortar isso pela raiz comigo."

Algumas semanas depois, levo Jenny a um hospital próximo e fico com ela na sala de quimioterapia. Ela está sentada numa poltrona verde-ervilha, uma das muitas cadeiras idênticas alinhadas com precisão militar, a maioria ocupada com outras mulheres carecas. Aos 37 anos, ela é a mais nova da sala, com a diferença de pelo menos uma década para as demais. Durante as quatro horas que leva para um coquetel químico tóxico percorrer suas veias, os amigos se alternam no semicírculo de cadeiras a sua frente, trazendo lanches nutritivos, cartões alegres e tatuagens falsas de ursos ameaçadores. Ela está doente e cansada de substâncias químicas que a deixam doente e cansada a cada duas semanas. Depois que finalmente se recupera do que parece ser a pior gripe que já teve, de modo masoquista se submete a outra rodada na poltrona reclinável. E outra. Isso vem acontecendo há meses, e sua alegria é tênue como papel.

"Eles resolveram tentar de tudo comigo, o que significa que fariam todos os tratamentos que pudessem, porque sou jovem e meu corpo aguenta", lembra ela um ano depois. "Coloquei um cateter, iniciei a quimioterapia, depois fiz cirurgia, depois radioterapia e agora são tratamentos com anticorpos." Hoje, ela sofre da síndrome da dor pós-mastectomia, um efeito colateral comum da mastectomia em mulheres mais jovens e naquelas cujos linfonodos são removidos, e que pode ser causada por danos nos nervos durante a cirurgia. Os sintomas incluem queimação, picadas ou estocadas na parte superior do tórax ou nas axilas, que continuam por mais de três meses após a cirurgia.

"Passei dois meses tomando muitos remédios para dor forte", diz ela, "tentando melhorar, antes que me pusessem na radioterapia. Assim que me sinto melhor, volto a me sentir péssima por um motivo ou outro, porque eles têm algum outro tratamento que desejam introduzir."

136 Você tem filhos?

A enxurrada de medicamentos quimioterápicos e injeções pós-operatórias aniquilou intencionalmente seus ovários, e seu corpo entrou na menopausa precoce. O broto agora foi arrancado.

*

Jenny conseguiu sentir seu tumor; muitas mulheres não conseguem. Muitas vezes, o câncer de mama é detectado apenas pela mamografia, e as mulheres de alto risco também podem ser rastreadas por ultrassom e ressonância magnética. O câncer de mama é confirmado mais tipicamente após a análise de uma biópsia de tecido suspeito.

Segundo a Sociedade Americana do Câncer, os fatores de risco incluem histórico familiar de câncer de mama, mutações no gene BRCA, alta densidade de tecido mamário, início da menstruação precoce (antes dos doze anos) e término tardio (após os 55 anos), obesidade, tabagismo, álcool e ter o primeiro filho depois dos trinta anos ou nunca ter tido um.[7]

Em geral o tratamento envolve a remoção cirúrgica do tumor e do tecido circundante. Quando o câncer é detectado precocemente, grande parte da mama pode ser preservada. Outras mulheres terão a totalidade de uma ou ambas as mamas removidas, com a opção de cirurgia reconstrutiva. Dependendo do tipo e da gravidade do câncer de mama, quimioterapia e/ou radioterapia podem ser administradas.

Grandes avanços foram feitos no tratamento do câncer de mama desde a década de 1960.[8] De acordo com um estudo no MD Anderson Medical Center, em Houston, nos últimos cinquenta anos, as taxas gerais de sobrevivência em dez anos mais que dobraram, passando de 35% para mais de 77%.

Taxas de sobrevivência à parte, as mulheres que não deram à luz correm um risco 40% maior do tipo mais comum de câncer de mama – chamado câncer de mama positivo para receptores de estrogênio – do que as mulheres que deram à luz.[9] Os pesquisadores acreditam que a gravidez causa alterações no tecido mamário, o que o torna menos suscetível a doenças malignas alimentadas por hormônios. No entanto, as mães correm um risco significativamente maior do que é chamado de câncer de mama triplo-negativo, uma forma menos comum, porém mais agressiva, que é responsável por 15% a 20% de todas as ocorrências de câncer de mama.

"O ponto principal é que os oncologistas agora têm métodos para aumentar as chances de sobreviver ao câncer de mama", disse ao *New York Post* a doutora em ciência e mestre em saúde pública Elizabeth Whelan, que foi presidente do Conselho Americano de Ciência e Saúde. "E na maioria dos casos eles são realmente capazes de curar a doença."

*

Judy Teufel não tinha câncer de mama, mas fez uma dupla mastectomia.[10] Ela é uma mulher alta em seus setenta anos, com um rosto amigável e grandes óculos de aro vermelho. Ela parece hippie de uma maneira desgrenhada e fala de forma não linear como a artista que é.

Em 2005, uma das duas filhas de seu irmão foi diagnosticada com câncer de mama invasivo. Ambas as jovens testaram positivo para a mesma mutação no gene BRCA1. "Todos pensávamos que haviam adquirido da mãe, porque ela morreu de câncer de mama aos cinquenta anos", lembra Judy. "Então outra sobrinha, a filha do meu irmão mais velho, ficou muito preocupada, porque tinha as próprias filhas e queria fazer o teste também." Judy foi com a sobrinha para fazer o teste, mas o médico se recusou a testá-la até que alguém da geração de Judy fosse testada. "Nunca suspeitei que quisessem me testar. Eu estava apenas sendo uma boa tia. Então me testaram primeiro e encontraram exatamente a mesma mutação. Veio do lado da família de meu pai, não da mãe de minhas outras sobrinhas. Quando meu irmão mais velho foi testado, ele não tinha o gene, então minha sobrinha não precisou se preocupar em herdar o gene ou passá-lo para as filhas."

Mas Judy tinha muito com que se preocupar. Com sua mutação genética, a probabilidade de ela ter câncer de mama um dia era muito alta. Por causa do que aconteceu vários anos antes, ela decidiu se submeter a uma mastectomia dupla preventiva, o que reduziu suas chances de câncer de mama em 50%. Ela optou por não fazer a reconstrução mamária, preocupada com o fato de ocultar a detecção de qualquer tecido mamário que algum dia pudesse se tornar canceroso.

Judy me conta sobre o Dia de Ação de Graças de 1997, quando estava isolada em Dutch Harbor, a maior cidade da cadeia das ilhas Aleutas. Ela foi convidada a ir por várias semanas para ajudar a inaugurar um novo centro comunitário e incentivar os locais a produzir arte. Mais tarde, houve uma meganevasca que os moradores chamaram de a "Tempestade do Século".

"Não havia como sair por dias. Eu estava presa no meu quarto, com comida e tudo mais", lembra ela. "Percebi que minhas calças pareciam se encaixar mais firmemente na cintura do que o normal. Como se eu tivesse ganhado peso, mas, quando subi na balança, não tinha. Estava apenas inchando, e tive uma dor nas costas. Tive que ir ao banheiro durante a noite, o que era incomum para mim. É tudo muito vago. Se não tivesse nevado, acho que teria ignorado."

Uma vez em casa, ela procrastinou a ida ao médico. "Mesmo sabendo que algo estava errado", diz, "meu trabalho estava me mantendo ocupada. Adiei buscar ajuda até depois do Natal." Em 6 de janeiro, o médico pediu uma série de exames. "Você sente como se as partes esponjosas das mulheres fossem um tipo de território desconhecido para os médicos do sexo masculino", observa ela. "Eles meio que desviam o olhar. Depois de encontrar a massa, esse ginecologista olhou para mim e disse: 'Está um dia lindo, você tem câncer de ovário, talvez deva sair e se divertir.' Como se esse fosse o último dia realmente agradável que eu poderia ter."

Três dias depois, ela se encontrou com uma oncologista ginecológica. "Se não a tivessem me indicado, acho que estaria morta", diz Judy, "porque suas chances de sobreviver são duas vezes maiores se você procurar um especialista." Dois dias após a consulta, ela estava no centro cirúrgico. O diagnóstico de Judy foi câncer de ovário em estágio IIIC. Estágio IIIC significa que o câncer está presente em um ou ambos os ovários e/ou tubas uterinas e se espalhou para o tecido abdominal circundante, linfonodos e pela superfície do fígado ou do baço. O estágio IV, onde células cancerígenas são encontradas dentro dos órgãos do corpo, é considerado terminal.

Os ovários e as tubas de Judy foram removidos na cirurgia, junto com o tecido canceroso em sua cavidade abdominal. Ela me conta que a quimioterapia pós-cirurgia foi administrada por uma equipe médica que usava trajes de proteção, e cada sessão necessitava de três dias de hospitalização.

Ela é uma das sortudas, sem qualquer recorrência em mais de dezessete anos.

*

"O Assassino Silencioso", como há muito tempo chamam o câncer de ovário, é a quinta principal causa de mortes por câncer em mulheres, com mais de 140 mil mortes no mundo a cada ano.[11] Nos Estados Unidos, a Sociedade Americana do Câncer projeta mais de 22 mil novos casos por ano, metade dos quais em mulheres com menos de 62 anos. Apenas 44% delas ainda estarão vivas em cinco anos. Compreender as causas do câncer de ovário ainda deixa pesquisadores médicos atordoados. Isso me assustou.

Não sou medrosa por natureza, exceto quando se trata de saúde. Não tinha coragem de encarar isso. Até agora.

*

O vento leste sopra um ar frio que causa dormência no dia em que conheço Kate Leonard, Ph.D., e visito o grupo de apoio a mulheres com câncer ginecológico que ela lidera desde 1992.[12] A sala de reuniões do hospital é superaquecida, útil para quem não tem cabelo, um incômodo para outras na repentina menopausa pós-cirúrgica. As duas coisas, ela me diz, são resultados normais do tratamento do câncer de ovário.

A Dra. Leonard nunca sabe quantas mulheres vão comparecer. Pode ser uma ou mais de vinte. Antes de chegarem, a médica me diz que a maioria das mulheres que se juntam ao grupo vem com um diagnóstico de câncer de ovário em estágio IIIC. "Porque", explica ela, "os sintomas do câncer de ovário sussurram."

"O sintoma comum de inchaço ou dor abdominal pode ser atribuído a distúrbios gastrointestinais ou a queixas irritantes de mulheres de meia-idade. Com o câncer do colo do útero e do útero, pode haver sangramento, fluidos de cores diferentes, coisas que você pode ver, enquanto, com os ovários, eles estão lá dentro, então o câncer pode se desenvolver bastante antes que você saiba que algo está errado."

Logo, um grupo de mulheres com idades entre os trinta e os sessenta e poucos anos chega e rodeia a mesa de reuniões.[13] A Dra. Leonard pede para que eu me apresente e descreva brevemente meu projeto. Descubro que nenhuma dessas mulheres tem filhos, incluindo a própria Dra. Leonard.

Ela é enérgica, com um sorriso amplo e imediato e modos serenos – uma dessas mulheres em que você deseja se apoiar. Terapeuta experiente, vai direto ao cerne da questão. "Vamos fazer uma rodada de perguntas. Qual é o seu diagnóstico?", indaga ela. "E como você está hoje?"

"Fui diagnosticada no estágio IIIC em setembro e terminei a quimioterapia no mês passado. Estou indo bem."

"Eu tive câncer de colo do útero e endometrial, estágio III. O tratamento terminou há três anos. Agora não tenho evidência da doença."

"Câncer de ovário. Dois anos atrás. Sem evidência da doença."

"Em 2010, fui diagnosticada com câncer da granulosa do ovário em adultas. Há um mês fiz uma cirurgia assistida por robô para uma recorrência. Sem sinais ou sintomas. Uma varredura o encontrou." O grupo se maravilha com quão saudável e forte ela parece depois de apenas um mês.

"Tenho câncer de endométrio, estágio I, e de ovário, estágio II. Meu ovário estava do tamanho de dois punhos. Acabei de fazer a quimioterapia há dois meses." Ela tira o chapéu que cobre a cabeça sem pelos. "Esta é minha primeira vez aqui. Estou bem. Mas cansada."

A Dra. Leonard sabe que conversar com outras sobreviventes de câncer do aparelho reprodutivo reduz os sentimentos de vulnerabilidade e incerteza, sobretudo em mulheres recentemente diagnosticadas e em tratamento. Ela faz uma pergunta simples à mais nova integrante do grupo: "De que tipo de ajuda você precisa?"

No restante da reunião de noventa minutos, as sobreviventes respondem às perguntas e preocupações da recém-chegada – como obter mais folgas no trabalho, lidar com as companhias de seguros, encontrar lojas de perucas decentes. O comportamento da mulher muda visivelmente de tímido para animado.

"Vocês são tão boas para mim", diz ela. "Eu não conhecia ninguém com câncer de ovário. Agora sinto que vou conseguir superar o que estiver por vir."

A resposta do grupo soa clara e unânime: "Você vai."

*

Então, se o câncer de ovário é "O Assassino Silencioso", como você pode descobri-lo antes que ele a atinja? Não há sintomas definitivos. Esteja atenta a inchaços, dor pélvica ou abdominal, dificuldade em comer ou sentir-se cheia rapidamente e urgência ou frequência urinária.

É o que dizem a Aliança Nacional do Câncer de Ovário dos Estados Unidos, a Sociedade Americana do Câncer e o Instituto Nacional do Câncer americano. Claro, essas coisas são comuns a muitas doenças físicas, mas, se você sentir algum desses sintomas mais de uma dúzia de vezes num mês e não forem comuns, consulte o seu médico, de preferência o seu ginecologista. Tente descartar o câncer de ovário.

"Se as mulheres fossem mais proativas em reconhecer esses sintomas, seríamos melhores em fazer o diagnóstico num estágio anterior", disse o Dr. Thomas J. Herzog, diretor de oncologia ginecológica da Universidade Columbia, ao *New York Times*.[14] "Esses são sintomas inespecíficos que muitas pessoas têm", acrescentou, "mas, quando os sintomas persistem ou pioram, é preciso procurar um especialista."

O desafio mais difícil pode convencer o seu médico.

*

Pode me chamar de neurótica, mas, à medida que aprendo mais sobre o câncer de ovário, minha atenção naturalmente se volta para minha própria barriga. *Ferrou.* Percebo que tenho três dos quatro principais sintomas.

Dois anos atrás, minha voz interior me gritou para não cancelar meu exame anual de dermatologia. Felizmente, ouvi e remarquei o compromisso. Estava com o início de um melanoma, que foi retirado da superfície do meu antebraço dois dias depois. Sem quimioterapia. Sem radiação. Agora presto muita atenção ao sábio sussurro interior.

Minha médica digita no teclado enquanto expresso minhas preocupações. Ela logo declara que não tenho maior risco de câncer de ovário.

"Mas e minha infertilidade, todas essas drogas? Você sabe que nunca tive filhos."

"Sem risco aumentado", repete ela, depois me encaminha a um fisioterapeuta especializado no tratamento da incontinência urinária de urgência.

Deixo o consultório assustada, não convencida. Síndrome do jaleco branco, talvez.

Meus sintomas não diminuem, e consultar uma especialista me parece a escolha sensata.

Capítulo 7 – Use-o ou perca-o   143

Seis semanas depois, armada com meus fatos e um pouco de firmeza, deito-me em outra mesa de exame, usando um avental descartável que combina com o lençol de papel.

Nosso começo não é muito bom. Sempre gravo consultas importantes, especialmente aquelas relacionadas à minha própria saúde ou à de um ente querido. A maioria dos meus médicos respeita a prática. Mas essa mulher é inflexível – sem gravações. Em vez disso, ela imprimirá as anotações para mim após a nossa consulta, declara.

Se eu tivesse gravado nossa sessão, você me ouviria compartilhar minhas preocupações e a escutaria descartando-as. Digo a ela como ficarei arrasada se meu sistema reprodutivo se voltar contra mim, que minhas regiões baixas já passaram por problemas o suficiente.

Não me recordo exatamente da conversa, mas lembro de me sentir menosprezada, minimizada, como se eu fosse uma daquelas mulheres choronas de meia-idade das quais a Dra. Leonard fala. Enquanto me concentro na minha falta de filhos, ela fica perguntando se minha mãe ou irmãs mais novas tiveram câncer de mama ou de ovário. Ela parece não se importar com o câncer de mama terminal da minha avó. Sei que está calculando as chances de uma mutação no BRCA, e eu estou me desiludindo. Ao sair do consultório, a enfermeira me dá o resumo da minha visita. "Com seu histórico familiar, o risco de câncer de mama e ovário é essencialmente padrão", diz o documento. "Você deve fazer mamografias e exames pélvicos anuais."

Mais tarde, me ocorre que talvez eu saiba mais do que a médica sobre os riscos de câncer de ovário em nulíparas. Brigo comigo mesma por minimizar minhas preocupações. Depois, levo-as a outra médica numa clínica particular.

A terceira médica me leva a sério, provavelmente porque não me intimido dessa vez. Ostento meu conhecimento e discorro sobre minhas preocupações. Afirmo claramente que quero um programa de monitoramento. Quero discutir a opção de remover meus ovários e tubas uterinas. Quero que minha próxima mamografia seja em 3D, já que meus seios são muito densos. Com base nos sintomas, ela diz que autorizará um ultrassom. Ela não parece convencida e eu não me importo. Marcamos uma consulta para a semana seguinte.

Subo na mesa de exames, dessa vez com uma bata de tecido macio, e noto a máquina de ultrassom com o preservativo na ponta, ao lado do meu cotovelo direito. À espera do médico, sou inundada de lembranças dos procedimentos de infertilidade e de meus encontros anteriores com o que minha irmã e eu chamamos de garanhão italiano. Fico feliz em ver que ele encolheu um pouco desde o nosso último encontro.

A médica entra e vai direto ao ponto. Eu expiro quando ela insere o aparelho e foca o monitor. Ela descreve o que está vendo – um útero inclinado para a esquerda e para a frente. O ovário direito do tamanho de uma amêndoa. Ela me diz que costumava ser como um damasco. Parece bom. O mesmo com o esquerdo. A ponta do útero pode estar causando pressão na bexiga, principalmente quando ela está cheia. Pode explicar a súbita urgência que sinto, diz ela. Nenhum sinal de crescimento ou espessamento. Eu expiro novamente.

Sei que muitas mulheres não têm tempo ou tenacidade para passar por três consultas médicas. Sei também como tenho sorte de ter os meios para pagar por essas consultas e um ultrassom de 300 dólares. Isso me preocupa. Se os médicos estão ignorando os sintomas que a Aliança Nacional do Câncer de Ovário, a Sociedade Americana do Câncer e o Instituto Nacional do Câncer concordam que devem ser investigados, isso me deixa preocupada. Com o meu próprio bem-estar e o de todas as mulheres. Os médicos estão na delicada e insustentável posição de ter que pesar riscos e fazer análises de custo-benefício da sintomatologia de uma mulher. As mulheres, especialmente as que não tiveram filhos, sofrem as consequências.

★

Embora o ultrassom seja uma das poucas ferramentas de diagnóstico de um médico (junto com um exame pélvico e um exame de sangue CA-125, que detecta uma proteína liberada apenas por algumas formas de tumores ovarianos), a única maneira de confirmar um diagnóstico e determinar o estágio de qualquer câncer presente é por biópsia cirúrgica.[15]

Geralmente, a biópsia ocorre durante a cirurgia abdominal exploratória, com o entendimento de que, se for encontrado câncer, o tumor será removido enquanto você ainda estiver sob anestesia. No que é chamado de depuração, os ovários, as tubas uterinas e o útero provavelmente serão retirados. O tecido próximo ao local do câncer também é testado e, se afetado, removido. Então, você fica sem saber ao certo se tem câncer e descobre, em recuperação, se tem, quão ruim é e quais partes foram retiradas. O tratamento de acompanhamento em geral inclui quimioterapia. Às vezes radioterapia. Às vezes depois de um tempo de recuperação. Às vezes imediatamente.

★

Conheci a babá Susan Gianotti numa das reuniões de grupo da Dra. Leonard, e nos encontramos depois.[16] Aos quarenta e poucos anos, ela está do lado jovem desse câncer. De baixa estatura e bonita, ela tem cabelos curtos e encaracolados que costumavam ser longos e lisos, um efeito colateral comum da quimioterapia. "Durante o verão, eu estava perdendo peso e me sentia fatigada", diz ela. "No começo, meu médico achou que eu tinha um cálculo na vesícula biliar. Nada sério. A dor ficou cada vez pior. Acabei na sala de emergência e eles encontraram a massa. Eles me deram os nomes de dois médicos, e eu sentei no estacionamento chorando, olhando as fotos deles. Quarenta e oito horas depois, eu estava em cirurgia. Foi avassalador.

"Passei pela recuperação e comecei a quimioterapia seis semanas depois", lembra Susan. "Quando perdi meu cabelo, isso significava que eu realmente era uma paciente com câncer. As pessoas olham para você de maneira diferente.

"Sou solteira e tenho quarenta e poucos anos, já passei dos melhores anos para conceber", diz ela. "Mas pensei que ainda havia uma chance de ter um bebê. Quando soube que tinha câncer, queria me livrar dele, e eles tiraram os dois ovários, mesmo apenas um sendo canceroso. Agora a opção se foi. Emocionalmente, essa tem sido a parte mais difícil. 'Mas você sobreviveu ao câncer', dizem amigos e familiares. Sim, mas também perdi algo. Eu sempre quis ter filhos."

*

Além de engravidar, não há muito que uma mulher possa fazer para prevenir o câncer de ovário.[17] Mas há maneiras de reduzir as chances. Aumente o consumo de hortaliças, principalmente brócolis, couve-flor e folhas verdes, como couve. Laticínios? Não são bons. O mesmo para álcool e gordura. Uma dose baixa de aspirina todos os dias pode ser benéfica. Talvez a descoberta mais encorajadora seja que tomar contraceptivos orais por dez anos ou mais possa reduzir pela metade o risco. Os doutores Kara Britt e Roger Short propuseram na revista médica britânica *The Lancet* que as freiras tomassem contraceptivos orais como medida preventiva. Por enquanto o Vaticano não conseguiu abençoar esse plano.[18]

*

A doutora Marjorie Greenfield é chefe de Ginecologia e Obstetrícia Geral do Centro Médico do Hospital Universitário de Cleveland e professora da Faculdade de Medicina da Universidade Case Western Reserve.[19] Ela está ministrando um workshop no NotMom Summit em Cleveland chamado "Nulípara: Ausência de Filhos e Sua Saúde".

Capítulo 7 – Use-o ou perca-o 147

Vou cedo à sala de reuniões e me apresento à médica de meia-idade, com cabelos castanhos ondulados e um comportamento amigável. Quando digo a ela como é difícil encontrar material específico para mulheres que não têm filhos e nossa saúde, a Dra. Greenfield me diz que passou horas vasculhando a literatura médica, preparando-se para aquela sessão. Não é de admirar que encontrar estudos seja tão difícil, diz ela, porque a maioria das pesquisas médicas sobre nuliparidade é sobre mulheres que *ainda* não tiveram filhos, às quais o termo nulípara também se aplica. Com minhas habilidades de pesquisa aguçadas, estou curiosa para saber o que ela encontrou.

A sala se enche de mulheres, e a Dra. Greenfield compartilha slides mostrando estatísticas de câncer. Uma a uma, ela confirma nosso risco aumentado de câncer de ovário, mama e útero e oferece algumas sugestões preventivas.

Ela fala coisas que eu não sabia sobre câncer uterino, também conhecido como câncer endometrial ou câncer de útero. A chance de receber esse diagnóstico ao longo da vida é de uma em 36 para mulheres em geral, e uma em dezoito para aquelas que nunca tiveram filhos. A infertilidade é definitivamente um fator de risco, em especial se a causa for desconhecida e o tratamento malsucedido. O mesmo acontece com a obesidade, a síndrome dos ovários policísticos, a terapia de reposição hormonal pós-menopausa apenas de estrogênio e o histórico familiar de câncer no sistema reprodutivo. Assim como no câncer de ovário e no de mama, tomar pílulas anticoncepcionais pode diminuir o risco para uma mulher.

Sangramento anormal é um sinal de que algo pode estar errado, geralmente apresentando uma alteração na quantidade ou no padrão do sangramento. Mulheres na pós-menopausa correm o maior risco de câncer uterino, com 75% dos casos diagnosticados após os 55 anos. "Qualquer sangramento irregular após a menopausa sempre precisa de avaliação", enfatiza a Dra. Greenfield.

148 Você tem filhos?

O câncer uterino é em geral mais facilmente detectado do que o câncer de mama ou o de ovário e, com 82%, tem uma das maiores taxas de sobrevivência de câncer em cinco anos. As opções de tratamento incluem cirurgia para remover o tumor, geralmente incluindo o útero, o colo do útero e parte da vagina, além de quimioterapia e/ou radioterapia. Para garantir a segurança, se a mulher estiver na pós-menopausa, os ovários e as tubas uterinas também podem ser removidos.

Como prevenção a todos os tipos de câncer do sistema reprodutivo, a Dra. Greenfield nos diz que toda mulher entre os trinta e os 65 anos precisa fazer o exame de papanicolau, uma mamografia anual após os quarenta e um exame anual da mama feito por um médico. Especialmente mulheres sem filhos.

*

Quando partes do sistema reprodutivo de uma mulher são removidas, ela se sente menos feminina do que aquela que ainda tem todas as partes?

Jenny Bates não.[20] "Eu me identifico fortemente como mulher", diz ela, "mas me apresento como agênero, porque não me visto de maneira feminina. Acho que isso não tem nada a ver com ser ou não mulher. Não acordei da anestesia como algo completamente diferente só porque não tinha mais seios. Na verdade, me sinto mais confortável no meu corpo sem seios, fisicamente e em geral, porque não os usava para nada. Eles eram superpesados e me deram uma postura horrível."

"Na comunidade gay, lésbica, bissexual, trans", continua ela, "há mais conversas sobre o que faz um homem e uma mulher, porque você tem essa comunidade de pessoas que não são de um jeito ou de outro. Nós somos a zona cinzenta."

Depois de remover os ovários e os seios, Judy Teufel acha que sua concepção pessoal sobre o que é ser feminina mudou.[21] "Sinto que a cirurgia removeu minha libido", diz ela. "É algo tão difícil de perder quanto todas as partes físicas. O desejo se foi, e isso muda o seu relacionamento com o seu corpo em geral." Ela recusou quando um amigo sugeriu que usasse suas próteses de mama quando viajaram para Paris. "Não vejo por que isso importa. Elas são pesadas e muito dolorosas. De qualquer forma, sou a mesma pessoa, em Portland ou em Paris."

★

Fico assombrada com o fato de que mulheres que não tiveram filhos tenham proporcionalmente mais câncer de mama, ovário e útero do que as mães. Não consigo me livrar da imagem perturbadora de um painel de juízes, cada um dando o seu veredicto de que nós, que optamos por não ter filhos ou não conseguimos tê-los, somos culpadas de algum crime que nunca cometemos, e o câncer é uma consequência apropriada por não nos reproduzirmos.

Cadelas e gatas não castradas têm câncer de mama, útero e ovário.[22] Isso é realmente triste, e um motivo importante para castrá-las. Mas as chimpanzés e outras primatas não têm esse tipo de câncer, embora compartilhemos mais de 98% de nossa composição genética com elas.[23] Os pesquisadores estão examinando essa diferença de 2% e, espera-se, algum dia encontrarão a fonte e a cura para esses tipos de câncer. Se o motivo pelo qual temos mais câncer for genético, as mulheres sem filhos serão culpadas do mesmo crime que aquelas com olhos castanhos ou azuis.

Se a explicação se resume ao fato de que não tiramos um tempo para usar as partes femininas (no caso de câncer de mama e útero) ou dar-lhes alguma folga (no caso de câncer de ovário), então o caminho para reduzir nosso risco é mais fisiológico. Já podemos suprimir a ovulação. Por que não encontrar uma maneira de replicar os benefícios da gravidez e da amamentação sem precisar ter um bebê?

Acho espantoso que não sejam investidos mais dólares em pesquisas específicas para reduzir a vulnerabilidade das mulheres nulíparas ao câncer.

As mulheres que decidem não ter filhos nunca escolheriam ter um bebê só para diminuir a ameaça. E muitas das que não têm filhos por acaso já tentaram, sem sucesso, ter um. Por meio de nossos ginecologistas, somos um segmento considerável e facilmente identificado da população feminina, e suspeito que muitas de nós participariam com prazer de pesquisas que visassem reduzir nosso risco geral. Sem dúvida, compomos uma parte suficientemente grande da população feminina para justificar mais pesquisas médicas direcionadas à nossa saúde, mortalidade e bem-estar. Devemos isso a nós mesmas, e devemos às freiras.

Capítulo 8
Movimentos espirituais

Estou tentando alimentar minha alma de alguma forma. As crianças alimentam a alma, e eu não as tenho.

Há muitas regras na minha igreja, mas realmente não presto atenção a elas. Procuro a espiritualidade e a bondade nas pessoas.

Acho que espiritualidade e religião se completam. Não sei se você pode ter uma sem a outra.

Olhe as estrelas numa noite sem lua. Sobreviva a um acidente grave. Perca alguém querido. Essas experiências oferecem acesso direto a nossa vida espiritual e ajudam a definir a nossa humanidade. Também podem abalar os sistemas de crenças fundados em religiões estabelecidas e práticas espirituais pessoais.

Ao ser criado numa religião, qualquer religião, manter a fé é algo que depende de sua descendência. Nenhuma das principais religiões do mundo dá muita importância ao propósito de uma mulher sem filhos na vida, exceto

152 VOCÊ TEM FILHOS?

no que diz respeito à sua esterilidade e ao potencial para colher a dádiva de ter filhos, independentemente da idade ou circunstância. Portanto, encontrar um lugar na igreja quando você não tem filhos pode ser um desafio. Cabe a nós, então, explorar a estrutura e definir o significado no âmbito do espírito e da religião organizada.

Mas qual é a diferença entre religião e espiritualidade? O gerontologista Jon C. Stuckey esclarece o contraste.[1]

> *Religião: Uma estrutura doutrinária específica que guia crenças e práticas sagradas que dizem respeito a um poder superior, ou Deus, e estrutura como as pessoas o adoram.*
> *Espiritualidade: Crenças e práticas que conectam pessoas com entidades sagradas e significativas além de si mesmas, que dão sentido e propósito à vida.*

Os sistemas e práticas de crenças se originam em nossas famílias de origem e através dos valores culturais que absorvemos. Eles evoluem à medida que tentamos entender as coisas ao longo do *continuum* da vida. Não ter filhos afeta essa evolução.

*

Tendo crescido como parte da única família judia numa pequena cidade da Carolina do Norte, Beth Rosenberg não usou muito o sobrenome.[2] Especialmente depois que três meninos da sexta série disseram que queriam começar outro Holocausto e matar sua família primeiro.

Independente desde os dezoito anos, Beth se sustentava como bartender e garçonete, farreando quase sempre nas noites depois do trabalho. Quando tinha 26 anos, seus pais lhe compraram uma passagem de avião para Israel. "Foi quando tive uma revelação sobre reunir minhas coisas e ir para a faculdade", diz ela. "Pela primeira vez, eu queria sair judia, viver a vida como judia, o que é muito diferente do que apenas ir a cultos e ver judeus uma vez por semana."

Ela se matriculou no programa de estudos judaicos da Universidade da Flórida e recebeu o diploma de graduação no ano em que completou trinta anos. Sua intenção original era continuar a pós-graduação em estudos judaicos, mas descobriu que a quantidade de escrita que o curso exigia não funcionaria bem para ela.

No entanto, ela gostava de ensinar, e foi contratada como professora de hebraico e judaísmo para os alunos do ensino fundamental de uma sinagoga em Charlotte, na Carolina do Norte. "Nosso currículo principal era sobre os profetas", conta ela, "e nossa lição principal era *tikkun olam*, curar o mundo. Eu senti como se estivesse dando ferramentas para as crianças serem pessoas melhores. A fé judaica nos diz o que fazer e como ser, deixando o mundo um lugar melhor quando partirmos."

Mesmo durante a fase festeira, Beth, agora com 48 anos, sempre pensou em se casar e ter filhos. Mas nunca o fez. Depois que começou a faculdade, seu desejo de ser mãe diminuiu. "Não sei se era porque eu tinha muito que fazer – eu trabalhava em período integral e fazia faculdade –, mas, a partir de então, não tive dúvidas. Além disso, até me formar, não tinha maturidade para assumir a responsabilidade de criar um filho."

No judaísmo ortodoxo, explica Beth, ter filhos é o objetivo do casamento. "Nunca fui ortodoxa", revela. "Sou o que chamo de 'judia budista' ou 'jubu'. Sou judia e pertenço ao templo reformado. Também sou uma pessoa muito espiritual. No budismo, grande parte do ambiente e da natureza é Deus. Tudo que me dá vida é da Terra. Parte do motivo pelo qual não tenho filhos é porque estamos arruinando a Terra.

"Os princípios da fé em que acredito", continua ela, "dizem para cuidar de outras pessoas como você cuida de si mesma. Você começa com o seu núcleo, como está vivendo. Você também está ali para ajudar os anciãos.

154 Você tem filhos?

Sempre tive muita consideração por meus avós e meus pais, e sabia desde cedo que seria eu quem cuidaria deles quando ficassem doentes e velhos, o que aconteceu. Eu queria que minha vida fosse voltada para eles e não para um filho. Não é errado, na minha fé, não ter filhos."

O amado avô de Beth morreu pouco antes de ela terminar os estudos de graduação. Após a formatura, ela trabalhou por um tempo num lar de idosos e descobriu que adorava servir as pessoas mais velhas. Então voltou à faculdade para um mestrado em assistência social em geriatria.

Desde 2003, trabalha em período integral como assistente social em cuidados paliativos e numa casa de repouso em Charlotte. Até alguns anos atrás, também continuava a ensinar na escola de seu templo. Ela calcula que passava ali quinze horas por semana durante o ano letivo, enquanto trabalhava em período integral num hospital. Hoje ela ainda é substituta na escola do templo.

"Na minha comunidade e no meu templo, conheço mais crianças do que adultos", diz ela. "Acho que muitos pais supõem que tenho filhos. As crianças não se importam de tenho ou não."

Perto do *Yom HaShoá* (Dia da Lembrança do Holocausto), Beth gosta de se recordar que reunia suas alunas da terceira série com as alunas da quarta série de sua amiga Tammy e ingressava na aula de bar-mitzvá da sétima série para *tefilá* – a oração. A sala zumbia com as vozes de mais de 150 crianças. "Sentávamos e dizíamos: 'Olhe todas essas crianças à nossa frente cantando e orando. Hitler não venceu.'"

★

Enquanto Beth dedicou centenas de horas à educação religiosa da geração seguinte, os praticantes da fé judaica cresceram apenas 0,02% nos últimos anos. Os Estados Unidos foram fundados sobre o conceito de liberdade religiosa, e a religião sempre foi um componente importante da cultura americana. Mas como estão as outras religiões no país hoje em dia?

Em seu Estudo de Panorama Religioso de 2014, o Centro de Pesquisa Pew descobriu que cerca de três quartos dos americanos se descrevem como afiliados a uma religião em particular (46% protestantes, 21% católicos, 3% outras denominações cristãs e 6% não cristãos).[3] Mas, comparado ao estudo de 2007 do Pew, os números caíram quase 8% para os cristãos. Esse declínio nacional da religiosidade cristã não se limita a nenhuma região geográfica específica ou subconjunto demográfico. "As mesmas tendências são observadas entre brancos, negros e latinos", relata o Pew, "entre graduados e adultos com apenas o ensino médio; e entre mulheres e homens."

As crenças não cristãs (por exemplo, judaísmo, islamismo, budismo, hinduísmo) cresceram um pouco desde 2007. Mas o ganho mais significativo – quase 7% – foi para aqueles que se identificaram como não afiliados a qualquer religião ou que disseram que não sabiam (quase 23% de todos os participantes do estudo).

Os americanos estão deixando as igrejas de sua juventude, principalmente os jovens. "Por uma ampla margem", diz o Pew, "os religiosos 'não' experimentaram ganhos maiores por troca religiosa do que qualquer outro grupo. Quase um em cada cinco adultos americanos (18%) foram criados numa fé religiosa e agora se identificam como sem religião."

Os pesquisadores do Pew realizaram entrevistas por telefone com 35.071 adultos americanos sobre sua identidade, suas crenças e práticas religiosas. Os dados foram coletados em cada um dos cinquenta estados proporcionalmente à sua população total. Uma das fatias demográficas analisadas foi baseada no status parental, embora pais tenham sido definidos como aqueles com filhos menores de dezoito anos que moram em casa. Mesmo assim, há alguns fatos interessantes relacionados à parentalidade. E, como o Censo dos Estados Unidos não coleta informações sobre religião, o estudo do Pew oferece raros insights sobre as práticas e crenças religiosas das famílias jovens em comparação com aquelas que não têm filhos em casa.

Os adultos que vivem sem filhos experimentam sentimentos de admiração em maior medida do que os pais. Somos quase iguais quando se trata de meditar, comparecer a cultos e encontrar uma sensação de paz espiritual. Embora as margens não sejam enormes, mais pais de crianças menores de dezoito anos acreditam em Deus, céu e inferno, consideram a religião muito importante, oram diariamente e estudam textos religiosos uma ou mais vezes por mês do que aqueles que não têm filhos em casa.

*

Brenda Niblock leu a Bíblia dezenas de vezes.[4]

"Não há erro nisso", diz Brenda, uma cristã renascida, "no começo, Deus disse ao homem e à mulher para serem frutíferos e se multiplicarem." Brenda e o marido seguem um curso de vida diferente.

No início do casamento, o casal considerou ter filhos. Eles até construíram uma casa grande em dois hectares com muito espaço para crianças correrem. Primeiro, porém, eles queriam se estabilizar financeiramente.

"Estávamos trabalhando e aproveitando nossas carreiras", lembra Brenda. Ela trabalhou na educação para saúde de adultos; o marido, Tom, era engenheiro. "Não nos opomos a ter filhos, mas nunca foi a hora certa", diz ela. "Parece egoísta, mas eu realmente não queria desistir da minha carreira, porque sabia que, se tivéssemos filhos, eu pararia de trabalhar, pelo menos até que eles fossem para a escola. Conheço muitas mulheres que se queixaram de como ter filhos interferia em suas carreiras. Pensei, *então por que se aborrecer?*"

Brenda renasceu aos dezoito anos. "Comecei a beber compulsivamente no ensino médio e estava indo numa direção totalmente errada", conta. "Finalmente me ocorreu: há um vazio na minha vida. Na Young Life, ouvi um adolescente falar sobre como ele estava tentando atender a todas as suas necessidades com bebida, sexo e festas, e disse que isso não preencheu

Capítulo 8 – Movimentos espirituais   157

o vazio. Pensei: *Ele tem a minha idade e está falando comigo. Vou tentar.* Então, naquele fim de semana, entreguei minha vida a Jesus Cristo."

Ela e marido, também renascido, agora respectivamente com 66 e 68 anos, sempre foram ativos na igreja e na comunidade. Desde que se aposentaram, cedo, prestam cuidados para quem precisa de uma folga e não pode pagar uma babá. "Fazemos isso nos fins de semana, à noite, em parte do dia", diz ela. Brenda é rápida em admitir, porém, que se sente estranha com crianças. "Não sei o que gostam de fazer ou sobre o que gostam de falar. Sinto-me um pouco deficiente de alguma forma, mas engano."

Aparentemente, as famílias jovens não notam o constrangimento de Brenda. "Duas ou três vezes casais com crianças perguntaram se poderiam nos nomear como guardiões para criar seus filhos se algo acontecesse aos dois", diz ela. "Era uma honra que estivessem dispostos a deixar um casal sem filhos criar os filhos deles. Porém, recusamos, dizendo que não tínhamos filhos por um motivo. Seria uma injustiça com eles e conosco dizer que faríamos isso."

Ajudar famílias não se limita aos membros de sua congregação. Dois anos atrás, os Niblocks estavam comprando um carro novo. O vendedor era um muçulmano da Síria, em asilo político nos Estados Unidos. Os três se deram bem e eles o convidaram com sua jovem família para jantar. Agora jantam juntos a cada dois meses – os Niblocks, o casal sírio e seus dois filhos, com idades de dois e quatro anos. De fato, Brenda e o marido foram as primeiras babás das crianças.

"Eles estão tão distantes da família na Síria que realmente não têm ninguém para amar seus filhos e apoiá-los como pais", explica ela. "É incomum para nós também. Eles vieram para o jantar de Ação de Graças no outono passado e disseram que pensavam em nós como avós para os filhos. Foi uma honra.

"Não nos afastamos das pessoas porque elas não são cristãs. Eu gostaria que eles vissem o valor de se tornarem cristãos, mas não pregamos nada. Quando vamos à casa deles ou quando vêm à nossa, sempre nos pedem para rezar. Não os intimida que sejamos cristãos, nem nos intimida que eles sejam muçulmanos."

Os Niblocks frequentam a Igreja de Deus Centrada em Cristo e na Bíblia, no sudoeste de Washington. "A igreja é a comunhão que você desfruta com outros cristãos", afirma ela. "As atividades que a acompanham não são o mais importante. Não mantemos nosso nariz enterrado na Bíblia o dia inteiro, é claro. Na verdade, vivemos no mundo real."

Quando se trata de conselhos do mundo real, se uma jovem cristã busca orientação sobre se deve ou não ser mãe, Brenda diz que a manda orar, olhar a palavra de Deus e conversar com mulheres que não tiveram filhos e mulheres que tiveram. "Acho que qualquer mulher que tenha filhos, a menos que seja realmente disfuncional, foi abençoada por tê-los", diz ela. "Eu também seria se tivesse filhos. Depende dela. Eu oraria sobre isso, e ela também oraria sobre isso."

Brenda reflete sobre o que aprendeu com sua escolha e como sua vida se desenrolou. "Não ter filhos me ensinou que eles não são a resposta para as necessidades de ninguém", explica. "Sou feliz por ter me casado. Tom é meu melhor amigo, mas ele não atende a todas as minhas necessidades. Também não acho que as crianças devam fazer esse papel. Minhas necessidades não são atendidas pelas coisas ou pelas pessoas que tenho na minha vida. Minhas necessidades são atendidas por Jesus Cristo."

"Não sinto como se tivesse perdido muito por não ter filhos", continua ela. "Tenho alguns arrependimentos. Às vezes gostaria de ter um filho para ensinar e orientar. Mas, como tenho muitos filhos na fé, então tenho filhos. São pessoas que orientei, pelas quais orei, com as quais chorei e ri. Isso não para na porta da sua casa."

*

Tanto Beth quanto Brenda encontraram papéis gratificantes em suas comunidades religiosas. Nenhuma das duas expressa muita preocupação em não

Capítulo 8 – Movimentos espirituais   159

ter filhos, o que pode ajudar a explicar por que se sentem tão aceitas nos tipos de ambientes religiosos em que predominam famílias com filhos.

Julia McQuillan, Ph.D. pela Universidade de Nebraska, liderou uma equipe de pesquisadores que examinava conexões entre o motivo da ausência de filhos nas mulheres e a importância que atribuem à maternidade.[5] Usando dados da Pesquisa Nacional de Barreiras à Fertilidade americana, mulheres sem filhos entre 25 e 45 anos foram divididas numa das quatro categorias com base no nível de escolha que exerciam sobre seu status parental: as voluntariamente sem filhos, aquelas com barreiras biomédicas, aquelas com barreiras situacionais e aquelas sem barreiras, mas que ainda não eram mães. As respostas a várias perguntas atitudinais mediram os níveis de preocupação das participantes em não ter filhos e a importância que davam à maternidade. Com base na análise dos dados, os pesquisadores descobriram que "mulheres voluntariamente sem filhos demonstraram menos preocupações com a ausência de filhos porque relataram uma importância menor da maternidade".

É interessante notar que, embora também recebessem a maior quantidade de mensagens sociais sobre a importância de ter filhos, as voluntariamente sem filhos estavam menos preocupadas com isso, porque estavam satisfeitas com sua escolha. Por outro lado, aquelas sem filhos sem terem optado por isso queriam o que não podiam ter e relataram o maior desconforto com a ausência de filhos. "Assim como as opções reprodutivas aumentaram, tanto para limitar a fertilidade quanto para superar as barreiras à fertilidade", disse McQuillan, "estamos aprendendo que o que é devastador para algumas mulheres é um alívio para outras".

Como a maternidade é considerada pessoalmente menos importante pelas voluntariamente sem filhos, elas podem não se preocupar tanto com o foco de sua religião na procriação. Outras, no entanto, têm um relacionamento mais complicado com as crenças de sua juventude.

★

Quando sua família se despedaçou, Marianne Allison se afastou da igreja.[6] Então, no ano passado, aos 59 anos, ela se formou no seminário e se tornou sacerdotisa episcopal ordenada. No dia em que nos encontramos, a única marca de fé que vejo é uma minúscula cruz pendurada em seu pescoço por uma corrente curta e fina. Não maior que uma unha, me parece mais um sinal de soma do que uma cruz.

Marianne cresceu em Ann Arbor, Michigan, a filha do meio entre cinco crianças em rápida sucessão em menos de sete anos. O pai dela era professor de inglês na Universidade de Michigan; a mãe ficava em casa com as crianças. Pouco depois do Natal de 1972, quando Marianne tinha catorze anos, a família foi de carro a Atlanta para visitar parentes. No caminho para casa, um pneu do carro deles estourou no norte do Kentucky. Eles foram atingidos por um caminhão.

Seu pai foi morto no impacto. Sua mãe e seu irmão mais novo morreram algumas horas depois, no hospital. Marianne e a irmã mais nova escaparam com ferimentos leves. O irmão e a irmã mais velhos não se saíram tão bem.

"Meu irmão teve uma concussão e o crânio fraturado", lembra ela. "Minha irmã mais velha teve um grande ferimento na cabeça e ficou em coma por várias semanas. Três de nós realmente não temos efeitos residuais, mas minha irmã Nell tem danos cerebrais de longo prazo."

Marianne faz parte de uma linhagem de ministério – seus avós eram missionários na China; seu irmão se tornou rabino. Antes do acidente, a família era episcopal. "Meus pais eram respeitáveis e envolvidos", recorda ela, "mas não usavam a igreja para nenhum tipo de alimento espiritual. Isso diz algo sobre o tipo de comunidade que construíram dentro da igreja."

Quando os órfãos voltaram para casa após o acidente, foram cuidados por um primo. Nenhuma alma da igreja veio vê-los, e sua paróquia não fez nada por seus irmãos. Como ninguém a obrigou, Marianne parou de ir à igreja.

"Onde estava a igreja quando meus pais morreram?", pergunta ela. Talvez o primo tenha dito a eles para não irem, sugere, parecendo confusa. "Não era como se eu estivesse com raiva de Deus ou algo do tipo. Acho que fui racional o suficiente para saber que Deus não faz essas coisas."

Enquanto estava de luto, Marianne desenvolveu os próprios mecanismos de enfrentamento. "Contar comigo mesma era minha estratégia", lembra ela. "Entrei nessa jornada de hiperindependência e hiperautossuficiência que me carregou por muitos anos. Décadas, na verdade.

"Eu achava que só perderia meus pais na idade certa, como se houvesse idade certa para isso. Eu já estava praticamente criada e ainda não havia me rebelado contra eles. Estava pronta para sair para o mundo e terminar o trabalho sozinha. Inventei para mim a história de que eu não precisava de pais. Essa história foi muito importante para que eu mantivesse tudo equilibrado."

Após o ensino médio, Marianne estudou na Oberlin College, em Ohio. Ela conheceu o futuro marido na orientação de calouros. Ele também era um solitário – afastado da família havia anos –, mas ainda mais introvertido e propenso à depressão do que Marianne.

"Ele era autoconfiante, um complemento perfeito para mim", diz ela. "Tínhamos essa coisa de órfãos em comum. Terminamos de crescer juntos."

Nem ela nem o marido se sentiram prontos para começar uma família, embora conversassem sobre isso periodicamente ao longo dos anos. "Acho que o efeito colateral do acidente foi não me sentir segura o suficiente ou vulnerável o suficiente para ter filhos", conta. "Acho que havia uma parte de mim que sabia que minha história de enfrentamento estaria em risco se eu tivesse filhos."

Após a formatura, a vida profissional de Marianne floresceu enquanto seu marido ainda batalhava. "Não conseguimos segurar isso juntos", lembra ela. "Não tínhamos habilidades o bastante para lidar com isso." Depois de quase vinte anos juntos, ela pediu um divórcio que na verdade não queria. "Ele deveria ficar do meu lado", diz ela. "Esse foi o nosso acordo: não ficaríamos sozinhos. Entrei em crise e percebi que esse mito de autossuficiência estava desmoronando. É quando digo que entrei para a raça humana."

Ela também notou que seus valores haviam mudado. Trabalhando num importante cargo de relações públicas, Marianne flagrou-se preocupando-se mais com as pessoas com quem trabalhava do que com o próprio trabalho – o que ela caracteriza como uma crise de integridade. "Eu estava ficando sem gás no trabalho, e não havia mais qualquer atividade que eu quisesse fazer lá." Depois de 23 anos, ela e seu empregador chegaram a um acordo. Marianne deixou a empresa e começou a terapia.

Como condição de tratamento, seu terapeuta exigia que ela tivesse algum tipo de prática espiritual. "A única coisa que eu sabia fazer", diz ela, "era ir à igreja. Isso deu início à minha jornada de volta. Eu me tornei mais capaz de sentir minhas emoções. Tenho muito mais compaixão. Especialmente ao prestar serviço, encontrei minha humanidade."

Ao longo dos anos, ela teve aulas e participou de programas sobre espiritualidade, ministério e fé. Durante uma conferência sobre justiça social, Marianne soube de um programa de pós-graduação em estudos interculturais, administrado por um consórcio de quatro seminários. Ela se matriculou em alguns dos cursos e encontrou seu grupo espiritual de colegas. "Um ano depois, comecei a pensar que poderia ser chamada às ordens sagradas", recorda "Fui e disse ao meu sacerdote: 'Agora eu entendo – eu deveria fazer isso.'" Aos 55 anos, ela entrou na escola de divindade.

Após quatro anos estudando assuntos como religião indígena, história da igreja e teologia, Marianne recebeu seu mestrado em divindade e se tornou sacerdotisa episcopal. Hoje, divide seu tempo entre ministrar numa paróquia suburbana e atuar como capelã de uma organização de serviços sociais administrada pela igreja que atende populações vulneráveis.

"É uma coisa estranha de dizer, mas sou atraída por pessoas que estão em meio a perdas", diz ela. "A questão da perda é que ela é dinâmica. Seu relacionamento com isso muda com o tempo. Às vezes parece mais uma perda e às vezes, uma redenção – no meu caso, é uma forma de compensar a perda.

"Se eu fosse a pessoa que sou agora quando tinha vinte e poucos anos, provavelmente teria tido filhos. Não ter filhos foi uma das perdas necessárias que vieram com a minha situação. É melancólico, triste, porém não como se tivesse estragado tudo. Mas penso nisso como uma experiência que perdi.

"A ideia de infinito é uma grande ilusão", continua ela. "Acho que as mulheres que não têm filhos aceitaram uma fronteira e estão trabalhando com o que Deus lhes deu nesta vida da melhor maneira possível. É o mesmo com mulheres que têm filhos. É apenas uma escolha diferente. Uma das definições de amor de que realmente gosto é 'abrir espaço para a grandeza do outro'. Desse modo, devemos amar as mulheres que não têm filhos; devemos ter espaço para elas."

Nesta primavera, no sábado antes do Dia das Mães, Marianne realizará um culto noturno especial para reconhecer as perdas e dores que podem envolver a maternidade, como infertilidade, esterilização, aborto espontâneo e proposital, gravidez indesejada, morte de um filho e morte no nascimento. "Buscaremos esperança e significado", diz ela, "e nos reconfortaremos juntos na música e na oração."

★

Essa prática sincera pode ajudar a reverter uma tendência de décadas – mulheres sem filhos estão ocupando cada vez menos espaço na igreja.

Enquanto ainda moravam com suas famílias de origem, aquelas que acabariam nunca tendo filhos frequentavam a igreja a taxas semelhantes às das que mais tarde se tornariam mães.[7] Os pesquisadores Joyce C. Abma e Gladys M. Martinez chegaram a essa conclusão após analisar dados de três ciclos da Pesquisa Nacional de Famílias e Domicílios. Durante o período de mais de vinte anos que estudaram, as mulheres sem filhos por opção mostraram um aumento constante em não se identificar com qualquer religião, enquanto as sem filhos de modo involuntário permaneceram praticamente na mesma com o tempo. No entanto, como adultas, 30% dos dois subconjuntos nunca compareceram a cultos religiosos, em comparação com 18% das mães.

O estudo de Abma e Martinez foi citado num artigo intitulado "Childless and Godless" ["Sem filhos e sem Deus"], publicado em *The Family in America: A Journal of Public Policy* [A família nos Estados Unidos: uma revista de Política Pública].[8] Os autores Bryce J. Christiansen e Robert W. Patterson resumiram as conclusões do estudo dizendo: "Este estudo destaca, entre outras coisas, as consequências esterilizantes da irreligião."

É ridículo sugerir que as mulheres sem filhos teriam procriado se continuassem frequentando regularmente a igreja. Há muitas variáveis para que isso aconteça. E, com quase um terço das mulheres sem filhos nunca frequentando os cultos, essas "consequências esterilizantes" não poderiam ter origem em dogmas ou comportamentos religiosos excludentes?

Christiansen e Patterson também vinculam as descobertas do estudo sobre religião aos níveis mais altos de ganho das mulheres sem filhos. "As mulheres voluntariamente sem filhos parecem encontrar o caminho para o banco", escrevem, "mas muitas não estão encontrando o caminho para a igreja."

Conhecemos o caminho, embora algumas de nós sintam a igreja menos do que acolhedora. Castigar as mulheres por não terem filhos, como se tê-los fosse uma opção simples e óbvia para todos, pressagia congregações cada vez menores e vai contra a tolerância da maioria das religiões do mundo.

*

Felizmente, caminhos diversos levam ao divino.

"Eu estava num período de profunda ânsia por algo significativo em minha vida", diz Jen Hofmann, de 44 anos.[9] "Pensava em administrar um negócio, me casar e pagar contas. Havia essa insatisfação inquietante." E ela remexeu essa inquietação percorrendo um caminho de oitocentos quilômetros. Duas vezes.

"Minha principal pergunta foi: 'Por que estou aqui?'", conta ela.

"Como não tenho filhos, isso não está desenhado para mim num coração palpitante e em lindos olhos brilhantes. Não consigo olhar para a minha descendência e dizer: 'É por isso que estou aqui.'"

O Caminho de Santiago atravessa os Pireneus, começando na França e terminando na Catedral de Santiago de Compostela, no noroeste da Espanha, não muito longe do Oceano Atlântico. Mais uma rede de trilhas do que uma única rota, os peregrinos espirituais desde a Idade Média percorreram suas centenas de quilômetros. Em 2013 e novamente em 2016, Jen percorreu a pé toda a extensão do Caminho (exceto, segundo ela, por um trecho que cobriu de ônibus após uma infecção no ouvido que a deixou muito desidratada e fraca para andar).

Jen foi criada como católica e se formou numa minúscula faculdade no nordeste dos Estados Unidos, onde liderou o coral, tocou violão na missa e atuou no ministério do campus. Sua orientadora de estudos, que também era freira, tentou recrutar Jen para a "vida consagrada". "Não foi possível", lembra Jen.

Seu relacionamento com a igreja ficou tenso durante o terceiro ano na faculdade, depois que ela se assumiu lésbica para os amigos. "Não me senti bem-vinda na igreja", conta. "Senti que minha sexualidade precisava ser mantida em segredo, porque nunca seria aceita ou tolerada." Parece que seu palpite foi certeiro, porque no ano seguinte à formatura de Jen sua ex-orientadora demitiu um amigo delas por ser gay.

Cada jornada de Jen pelo Caminho de Santiago levou sete semanas. Ela deixou o trabalho em suspenso. O contato com a família e os amigos limitava-se a chamadas e e-mails periódicos com a esposa e alguns amigos de seu círculo íntimo. "Eu me permiti deixar para trás todos os papéis que desempenhava", diz ela, "para descobrir quem eu realmente era quando não tinha nenhum desses chapéus para vestir. Foi angustiante, porque gosto de saber quais são minhas responsabilidades. Também sempre fui muito orientada ao outro, querendo saber o que as pessoas esperam de mim para que eu possa ser o que elas esperam."

Por que ela se sentiu compelida a andar pelo Caminho de Santiago duas vezes? "Os antigos peregrinos chegaram a Santiago", explica ela, "e estavam apenas na metade do caminho. Eu queria a experiência de completá-lo, retornando ao início. Não achei que pudesse trazer de volta para casa a pessoa que descobri quando estava na Espanha pela primeira vez, então a deixei lá. Tentei viver como se estivesse bem, como se não tivesse acordado, mas eu tinha.

"Tive a oportunidade de fazer duas coisas. Uma era prestar atenção ao som da voz do divino e ser capaz de ouvi-la, porque havia poucas distrações e pouco ruído. Houve momentos de profunda clareza. Ouvi vozes. Tive visões. Eu confiava nelas, e elas vieram ao longo da caminhada. Em segundo lugar, havia pessoas que conheci ao longo do caminho que tinham mensagens para mim. Os peregrinos os chamam de 'anjos do Caminho'."

Foi na segunda jornada, quando começou em Santiago e caminhou de volta pelos Pireneus até a França, que Jen conheceu o sacerdote. Ela estava perdida numa cidadezinha, tentando encontrar a trilha de volta para o Caminho. Ao dobrar uma esquina, viu as portas da Igreja de Santa Maria bem abertas. E entrou.

"Estava tudo escuro. Havia música tocando, e era lindo. Entrei, ajoelhei-me num banco e fiz uma oração. Quando me levantei para sair, havia um padre na porta. Um cara jovem e bonito, com energia vibrante." Jen disse a ele que era a segunda vez que percorria o Caminho; ele ficou curioso para saber mais.

"Ele perguntou se eu era casada. Eu disse que sim – não entrei em detalhes sobre com quem ou qual sexo. Ele perguntou se eu tinha filhos. Eu disse não.

"Então ele disse: 'Sinto-me chamado para lhe dar uma bênção. Tudo bem?'

"Quem rejeita uma bênção? 'Claro', respondi. Então ele colocou a mão na minha testa e abaixei a cabeça. 'Bênçãos para esta peregrina. Bênçãos em sua alma. Que Deus a abençoe com muitos e muitos filhos.' Ele fez uma pausa e acrescentou: 'Se Deus não lhe der filhos, que Deus a abençoe com muitos filhos espirituais'.

"Todos os pelos do meu corpo se eriçaram. Eu me senti reconhecida como quem realmente sou, em vez de como quem deveria ser aos olhos da Igreja. Foi muito poderoso. Ele me deu um abraço e me enviou ao Caminho.

"Foi um daqueles momentos de anjo do Caminho, oferecendo-me a oportunidade de ficar atenta a coisas para as quais doar a vida inteira. É isso que você faz quando tem um filho – doa toda a sua vida, toda a sua alma a essa pessoa para que ela possa florescer. Entendi que minha próxima tarefa era encontrar a coisa que eu criaria no mundo, e havia espaço para eu definir isso por mim mesma."

Hoje, Jen escreve sobre espiritualidade regularmente num blog e redige um livro. "É inspirado no Caminho", diz ela, "mas é principalmente sobre transformação espiritual além dos muros da Igreja. O que sei agora é que meu papel como escritora é reportar a partir do *front* do crescimento espiritual, para que outras pessoas possam ingressar em seu próprio caminho. Meu objetivo é ajudar pessoas a encontrar sua voz.

"O tempo desde a segunda vez que percorri o Caminho de Santiago foi sobre penetrar meu próprio poder e usá-lo para o benefício de outros. Todos nós temos um poder que não reivindicamos. Uma das coisas que percebi é que não estava servindo ao mundo ao permanecer pequena."

Como se recebesse outra mensagem do anjo do Caminho, seu insight logo foi confirmado. Após a eleição presidencial de 2016, todas as semanas Jen fazia uma lista dos itens de ação recomendados e começou a enviá-la por e-mail a alguns amigos. Eles passaram para outros amigos. Sua "Lista de Ação Semanal para Americanos Conscientes" viralizou e atualmente ostenta mais de 70 mil seguidores.

"Eu estava pensando no meu livro como meu filho espiritual", diz ela, "e os filhos do meu primo, os filhos do meu irmão e os dos meus amigos. Esses seguidores também são meus filhos espirituais, porque estão encontrando suas vozes. É o que estão me dizendo. Basta ter uma pessoa disposta a compartilhar sua verdade e lhes dar um pequeno vislumbre de qual direção devem seguir para se sentirem menos perdidas – isso é tudo."

*

O papa Francisco poderia franzir a testa para a ideia de Jen de filhos espirituais, como certamente o faria para a santidade de seu casamento com alguém do mesmo sexo. Mas para ele está claro que os filhos são importantes para os casados.

Numa missa matinal que celebrava casais com casamentos longos, em 2014, ele compartilhou suas opiniões sobre casamentos que não geram filhos. Fidelidade, perseverança e fecundidade, disse ele, contribuem para um casamento bem-sucedido.[10]

O papa fez uma distinção entre aqueles sem filhos por imposição ou opção. Sugeriu que os casais que não conseguem ter filhos "olham para Jesus e se valem da fertilidade que Cristo tem com Sua Igreja".

No entanto, não mediu palavras quando se tratava daqueles que haviam decidido permanecer sem filhos. "Esses casais que não querem filhos, nos quais os cônjuges querem permanecer sem fertilidade [...] no final, esse casamento chega à velhice na solidão, com a amargura do isolamento. Não é proveitoso, não faz o que Jesus faz com a Sua Igreja: Ele torna a Sua Igreja frutífera."

*

"Gosto da primeira parte", diz Barbara Hanna, católica praticante há mais de sete décadas.[11] "Essa é uma forma bem teológica de dizer que pode haver muitas maneiras de dar à luz." Mas ela não concorda com a parte sobre o destino dos casais que optam por não ter filhos. "Para algumas pessoas", diz ela, "essa decisão pode ser tomada por egoísmo, mas para outras é tomada pela compreensão de quem eles são e de que não funcionariam com crianças. A Igreja ainda tem um longo caminho a percorrer.

"A religião pode e deve ser uma comunidade útil para enriquecer sua espiritualidade", continua ela. "Sua espiritualidade é a maneira como você se relaciona com Deus, a maneira como se relaciona com os outros, você mesmo, sua oração. A religião deve incentivar o crescimento.

"O que acontece com a maioria das religiões", prossegue, "é que cada vez mais estruturas, mais regras continuam sendo adicionadas. Perde-se a razão básica pela qual ela foi criada, em primeiro lugar. As regras se tornam mais importantes que o coração."

O ponto de vista de Barbara é bastante incomum. Desde a adolescência até os quarenta e poucos anos, ela era irmã. Como nas Irmãs da Humildade de Maria, uma ordem religiosa católica.

Tecnicamente, há uma diferença entre ser freira e ser irmã, explica Barbara, embora até ela misture os termos às vezes. Freiras são enclausuradas. Ou seja, normalmente vivem uma vida contemplativa e com foco interno num mosteiro. As irmãs, por outro lado, participam ativamente do ministério para uma comunidade mais ampla. Barbara entrou na irmandade aos dezoito anos. Ela agora tem setenta e é casada há 25 anos.

A vida adulta antes do casamento foi dedicada a Deus e à educação infantil. Quando era colegial, Barbara tinha indícios de seu destino. "Lembro que na quinta série tivemos que desenhar o que queríamos ser", diz ela, "e desenhei uma freira. Então, no ensino médio, minha orientadora, que era freira, se reuniu com cada um de nós. Eu disse a ela que queria ser freira."

Então ela se juntou a um ônibus cheio de colegas de ensino médio para uma visita de um dia à vila das Irmãs da Humildade de Maria, a poucos quilômetros da fronteira entre a Pensilvânia e Ohio. Pouco tempo depois, Barbara se tornou uma das trinta "postulantes" do primeiro ano, mudou-se para a vila e começou seu treinamento e sua educação. Três anos depois, fez os votos.

"Eu estava numa comunidade boa e solidária", diz ela. "Naturalmente, tenho um senso de doação e assistência, mas a razão pela qual acho que entrei foi a segurança. Sempre fui muito insegura e medrosa. Amei a estrutura de ensino. Também gostei de estar no comando. Você fechava a porta e a sala de aula era sua."

No entanto, os fins de semana representavam um desafio. "Eu ficava muito deprimida aos domingos", conta. "Agora que olho para trás, acho que é porque domingo era dia da família, e eu queria uma família. Mas não conseguia articular isso na época."

Quando tinha trinta e poucos anos, Barbara ficou tão deprimida que procurou a ajuda de uma conselheira, que também era irmã. "Nós trabalhamos um monte de questões familiares, muitos dos meus medos", relembra. "Ela perguntou por que eu havia entrado para a comunidade. Eu nunca responderia a ela, porque temia descobrir que tinha que sair. Isso significaria que eu teria que sair e pescar sozinha." Barbara também assumiu um compromisso permanente e não queria quebrar os votos. Ela continuou com o aconselhamento.

Mas sua conselheira percebeu que ela estava travada e sugeriu que Barbara tirasse uma licença e não voltasse até que fizesse três coisas que nunca havia feito. Na comunidade de Bárbara, quando uma irmã tira licença, normalmente recebe até três anos para decidir se sai ou volta à comunidade religiosa.

"Então eu parti, arrumei um apartamento para mim, consegui um emprego", diz ela. Depois de um ano, decidiu sair da comunidade. "Havia um conhecimento interior até então de que aquilo era o certo para mim.

Tive uma maravilhosa sensação de liberdade." Barbara tinha 41 anos e estava por conta própria pela primeira vez na vida.

"Eu ainda queria ter uma família", diz ela. Então se juntou ao grupo de sua paróquia para pessoas separadas e divorciadas. "Pensei: *Não me encaixo exatamente nisso, mas o que mais posso fazer?* Fui a uma reunião e expliquei que minha situação não era tão diferente, ainda era uma grande mudança. Eles me aceitaram."

Quando Barbara começou a namorar, ela foi sincera sobre o que estava buscando. "Senti que minha linha do tempo estava acabando", relembra, "então falei para as pessoas. Se você namora alguém por três meses e a relação não se aprofunda, isso não vai à frente. Então, eu terminava."

Em pouco tempo, uma nova professora na escola de Barbara a apresentou a um conhecido. O primeiro encontro foi no mercado de sua família, onde se sentaram junto à fonte de refrigerante e comeram sundaes com calda quente.

"Havia coisas que nos dois gostávamos de fazer", diz ela. "Ele é um cara tão gentil. Tímido, de um jeito legal." Barbara gostou dele imediatamente.

"Ele tinha mais de quarenta anos e namorara um pouco", conta ela. "Ele me disse que pediu a Deus: 'Você precisa me enviar alguém, porque esse mundo de namoro não é para mim.' Acho que a oração dele foi atendida."

Em cinco meses estavam noivos. Depois de mais cinco meses, se casaram. Ela tinha 44 anos, ele, 43. "Eu realmente ainda queria filhos", diz ela. "Queria nove meninos." Ela logo engravidou, mas teve um aborto espontâneo.

No dia em que conversamos por telefone, Barbara me diz que é dia da Visitação de Nossa Senhora, e também o aniversário de seu aborto. "Achei que era muito simbólico estarmos tendo essa conversa hoje", diz. Vinte e dois anos atrás, Barbara descobriu do modo mais difícil que ela teria tido uma menina. "Nós a chamamos de 'Mary Elizabeth'", revela, "porque acreditamos que vida é vida. Onde quer que esteja ou não, ainda a chamamos assim. Ela estaria na faculdade agora, eu estaria falida e não estaria falando com você."

Após o aborto, o casal consultou um médico, e, mais tarde, tentaram a adoção. Depois de preencherem toda a papelada, disseram que eram velhos demais. Levou tempo para aceitar a perda.

"Quando você vai à igreja no domingo e ouve falar das velhinhas da Bíblia que engravidam, como Ana", diz ela, "você pensa bem, talvez. Então cheguei a uma certa idade, e não havia mais talvez. Não iria acontecer. Não foi rápido, mas gradualmente fui aceitando. Acabei ficando em paz com o fato de não ter filhos."

Hoje Barbara ainda assiste regularmente à missa. Mas sua conexão espiritual mais profunda é com uma comunidade unida de quatro mulheres – duas ex-irmãs da Humildade e duas que ainda estão na ordem.

As quatro se reúnem mensalmente e, hoje em dia, estão discutindo o livro de Eckhart Tolle *Um novo mundo: o despertar de uma nova consciência* e as ramificações de viver no momento presente. "É muito desafiador", observa ela. "Esse é o tipo de coisa que poderia estar acontecendo com as paróquias, mas não está. Dissemos na última reunião que gostaríamos de saber disso quando éramos mais jovens."

Barbara é o bebê do grupo. "Tenho setenta anos", diz ela, "e este ano todas completam 77. É emocionante ver que não desistiram do crescimento nessa idade. Suas mentes ainda estão funcionando, e elas querem aprender mais."

Sua comunidade não é convencional ou conservadora, explica Barbara. Em vez disso, trata-se de "viver com conhecimento e consciência. Apenas me ocorreu que o que é bom nesse grupo é que nenhuma de nós tem filhos, então isso não nos distrai de nosso propósito."

Ela fica em silêncio por um momento, depois me diz que uma foto de seus pais chamou sua atenção. "Eles eram mais velhos na época", diz ela, "mas ainda amavam as reuniões de família. Eles se sentavam e assistiam aos filhos e netos e se iluminavam de satisfação.

Capítulo 8 – Movimentos espirituais   173

"Não tendo filhos, não é tão fácil reunir *nossa* luz ao nosso redor. Mas temos que garantir que não a perdemos. Temos que criar nossas próprias maneiras de nos reunir."

★

Meg Woodard, de 47 anos, sabia desde que era pré-adolescente que não teria filhos. Ela teve décadas para desenvolver uma vida espiritual plena sem eles.[11]

Aos dez anos, Meg descobriu que tinha diabetes tipo 1. Desde então, aplica-se doses diárias de insulina, há 37 anos. Um ou dois anos após o diagnóstico, percebeu que não havia como correr o risco de ter filhos por medo de que também fossem diabéticos. Devido a sua condição médica, ela decidiu não ter filhos.

Meg foi casada por quinze anos; agora há cinco é amigavelmente divorciada. Seu ex-marido concordou com sua decisão de não ter filhos, e ninguém em nenhuma das famílias expressou qualquer preocupação. "Sinto que a decisão estava completamente sob meu controle", diz ela. "Posso perceber que, para algumas mulheres, não está. O que está sob seu controle é a atitude que elas escolhem ter. Imagino que você tenha uma paz interior muito diferente, dependendo apenas dessa perspectiva."

Caçula de três irmãos, Meg cresceu numa cidade rural do Oregon com população de 610 habitantes. Ela foi criada como *bahá'í* e recentemente eleita presidente da assembleia local. Os *bahá'ís* acreditam que há um Deus, e todas as religiões vêm desse Deus.

Maomé, Zaratrusta, Jesus Cristo, Abraão e Buda são todos mensageiros de Deus, enviados em resposta às necessidades de seu tempo. Eles também acreditam que toda a humanidade faz parte da mesma raça e que homens e mulheres são iguais.

O princípio da fé que Meg considera pessoalmente mais significativo é a investigação independente da verdade. "Essa é a minha própria jornada

174   VOCÊ TEM FILHOS?

para entender minha natureza espiritual", diz ela, "identificar quem eu sou e não quem alguém me disse que eu deveria ser. Portanto, é uma jornada tanto em nível espiritual quanto humano – ser genuínos e fiéis a quem somos e ao que é certo em nossas próprias vidas."

Meg levou muito a sério esse princípio e deixou a *Bahá'í* quando tinha vinte e poucos anos. "Eu não sabia se essa era realmente a minha verdade", lembra ela. "Então escrevi para a assembleia espiritual nacional e disse que, até ver que isso era o certo no meu coração, não era *bahá'í*". Depois de vinte anos, Meg voltou e se juntou a alguns círculos de estudo para ver como a fé se encaixava. "Agora não posso ignorar", disse ela. "*Bahá'í* é algo verdadeiro para mim."

A construção da comunidade é uma parte importante da prática espiritual de Meg. Toda quarta-feira, ela e uma amiga de 93 anos procuram outros *bahá'ís*. "Acho que fazer visitas domiciliares é um substituto para não ter filhos", diz Meg. "Ajudar os amigos persas a praticar o inglês, dando-lhes a oportunidade de falar, em vez de apenas ler, não parece uma substituição. Parece que é exatamente o que devo fazer."

★

Um acidente geográfico – é assim que Susan Hammer, 68 anos, vê a religião.[12] "Se eu nascesse em Jacarta, seria muçulmana", diz ela. "Se nascesse no Tibete, seria budista. Se nascesse na Índia, provavelmente seria hindu, dependendo de onde nascesse. Essa ideia de que você tem que ser cristão e tem que aceitar Jesus como seu salvador pessoal ou não irá para o céu... Que tipo de deus deixaria de fora todas essas pessoas que nunca ouviram falar de Jesus, que vivem em todas essas outras partes do mundo?"

Susan foi criada como presbiteriana e frequentou a escola dominical, cantou no coral e se tornou membro da igreja aos quinze anos. Mas questionou a estrutura da igreja e suas crenças. "Eu me perguntava

Capítulo 8 – Movimentos espirituais   175

por que as mulheres eram deixadas de fora da liderança da igreja. O sexismo inerente mesmo a uma situação protestante bastante benigna me parecia estranho."

Susan é a segunda de quatro irmãos, a única filha. Ela não se lembra de os pais a pressionarem para ter filhos. "Tenho certeza de que gostariam que eu tivesse filhos", diz ela, "mas sempre suspeitaram dos homens da minha vida. Acho que concordariam que nunca houve realmente um parceiro adequado por aí."

Susan foi a uma vidente certa vez, quando tinha vinte anos. "Não sei se foi divertido ou informativo", lembra ela, "mas certamente me recordo do que ela falou. Ela me disse que eu estava na minha nona vida. Fui mulher quatro vezes e homem quatro vezes. Tive muitos, muitos filhos. Ela disse: 'Você provavelmente não precisa fazer isso novamente. Você faz coisas diferentes a cada vida, dependendo do que é necessário para a sua alma evoluir.'"

Durante seus anos férteis, Susan era ambivalente quanto a ter ou não filhos, porque sua vida já estava preenchida por uma agitada carreira no direito, aventuras ao ar livre, comunidade, amigos e família. Embora aberta à possibilidade de ter filhos, acabou optando por permanecer sem eles e está feliz com sua decisão. Susan tem muitos relacionamentos próximos com sobrinhos e outros jovens e não sente que precisa de filhos.

Ela viajou pelo mundo – China, África, América do Sul, Sudeste Asiático. Na casa dos trinta, conheceu seu parceiro, Lee, quando ele era seu líder de caminhada no Nepal. Desde então, lideraram muitos grupos de trekking no Himalaia. "As pessoas lá parecem tão felizes com tão pouco", diz ela. "Isso me fascina. Pessoas com corações tão grandes e tão poucos bens materiais. Minha conexão é muito mais próxima do budismo do que de qualquer outra forma de religião. Definitivamente sinto a presença do espírito na vida."

No ano passado, Susan machucou gravemente o ombro e passou a maior parte dos últimos doze meses em casa, exceto por uma série de procedimentos médicos e consultas de fisioterapia.

"Meu ano de cura, é como o chamo", diz ela. "Ficar parada por um ano e observar o céu mudar e as estações mudarem e saber onde a lua estava o tempo todo. Estar num só lugar e estudar o mundo. Achei que isso talvez fosse treinamento para a velhice.

"Vejo que as almas nascem e provavelmente reencarnam de várias maneiras", explica ela. "Não tem nada a ver com linhagens. Tem a ver com quando as pessoas estão prontas para entrar no mundo e de que forma. Então realmente não acredito na biologia de ter filhos.

"Não podemos saber como teria sido o caminho não percorrido. Pais de quem sou próxima têm experimentado grande alegria e terrível dor pela vida de seus filhos. Dizem que escolher ter filhos é escolher o desconhecido. Alguns, em momentos calmos, dizem que se arrependem da escolha." Susan faz uma pausa. "As jovens que pensam em ter filhos precisam saber disso. Estou muito feliz com o caminho percorrido."

*

A consciência dos caminhos percorridos numa vida longa pode oferecer uma trajetória retrospectiva de nosso desenvolvimento espiritual. Anne Wennhold seguiu muitas rotas ao longo de seus oitenta anos.[13]

Quando criança, foi para a escola católica, embora a família fosse protestante. À medida que amadureceu, Anne ficou cada vez mais cansada de ouvir dizerem que era uma pecadora, sem esperança em sua vida sem Jesus. A pregação em voz alta do púlpito a antagonizava.

Primeiro, foi atraída pelos quakers, porque eram calmos. Mais tarde, ela meditou, ainda mais calma, e estudou budismo. Então os Grandes Espíritos das culturas nativas americanas a atraíram. Hoje, em sua comunidade local em Nova Jersey, Anne lidera círculos xamânicos de tambor e ajuda as pessoas a acessar orientação interior e criatividade interna à medida que descobrem seu caminho para a velhice.

Quando Anne tinha sete anos, sua mãe e sua avó materna decidiram acolher filhos adotivos para garantir que a família tivesse o suficiente para comer, porque seu pai estava frequentemente desempregado. Algo em torno de catorze crianças fizeram as malas para o apartamento delas, no segundo andar de um prédio, perto de Chicago. O único irmão de Anne, um menino de três anos, estava entre eles. Ela aprendeu rapidamente como trocar fraldas, colocar para arrotar e reconfortar bebês. "Eu nunca quis filhos", conta, "porque representavam tempo e energia tirados de mim. Não olho para trás e me arrependo."

Após a faculdade, Anne se casou com um colega de turma e se mudou para a Califórnia. Três meses depois, seu marido diabético teve um infarto grave. Os médicos lhe deram de três a cinco anos de vida. No ano seguinte, ele ficou cego. "Ele precisava de um cão-guia", diz ela, "e foi o que me tornei. Sua secretária e enfermeira também, porque ele insistiu em ensinar até o dia em que morreu. No meu casamento fui como a cuidadora que era quando criança, com a diferença de que ele era maior."

O marido viveu por mais oito anos. Aos 33 anos, Anne ficou viúva. Ela passou 26 anos cuidando de outras pessoas todos os dias.

Anne acredita que períodos de desafios e mudanças pessoais muitas vezes levam a pessoa ao reino espiritual. E acredita que o caos interrompe os sistemas ao longo da vida, oferecendo-nos a oportunidade de juntar as peças de uma nova maneira e transformar nossas vidas em algo diferente. "Mas poucos estão dispostos a investir tempo e suportar o desconforto para enfrentar o caos", diz ela. "É muito mais fácil deixar de lado as confusões internas." Para aqueles que atendem ao chamado do espírito, Anne é clara em seu papel. "Meu objetivo aqui é ajudar os outros", explica. "Auxiliar quem pede ajuda para entrar em contato com o seu eu interior."

Quando tinha setenta e poucos anos, Anne participou de dois retiros organizados pelo Centro para Anciãos Conscientes. Ela sabia que havia encontrado o trabalho de sua vida: apoiar outras pessoas enquanto explora-

178 Você tem filhos?

vam a diferença entre envelhecer e se tornar um ancião. Ela agora coordena retiros intensivos de uma semana em lugares remotos de beleza natural no Novo México, na Colúmbia Britânica e em Nova York.

"Alguns participantes do workshop notaram que eu me levanto de manhã para despertar o sol", diz ela. "Para mim, essa é a minha forma de honrar a Natureza, e, se eles são tocados ao me verem fazer isso, esse é o meu legado. Meu legado é o que damos um ao outro por meio de nossas interações."

Anne se sente espiritualmente conectada com os filhos que tem por opção – pessoas mais jovens que ela ensinou, orientou ou de quem se tornou amiga ao longo dos anos – com mais força, pensa ela, do que poderia através de linhas genéticas. "Meu sistema de crenças inclui a possibilidade de múltiplas vidas passadas", explica. "As pessoas que estão próximas a nós em nossas vidas atuais podem ter tido um relacionamento genético conosco numa dimensão maior, ao longo de mais de uma vida."

"Ao relembrar minha vida, absolutamente todas as trilhas tortas que tomei no caminho principal, tudo que fiz contribuiu para estar onde estou agora. Olho para trás e digo que tudo se encaixa. Tudo faz sentido."

*

Se o caos e o desafio pessoal podem gerar crescimento espiritual, a infertilidade oferece um caminho árduo para a transformação. Uma equipe de pesquisadores da Escola de Medicina de Harvard estudou o bem-estar espiritual e psicológico de mulheres com a maior angústia por causa da ausência de filhos – a infertilidade.[14] Quase duzentas mulheres submetidas a tratamentos de fertilização in vitro preencheram uma série de questionários que cobriam depressão, problemas de fertilidade, bem-estar espiritual e dados demográficos pessoais. Alice D. Domar, Ph.D., e colegas do Centro Médico Diaconisa Beth Israel, um dos hospitais universitários de Harvard, analisaram suas respostas.

Mais de 90% dessas mulheres se identificaram com uma denominação religiosa. Destas, 75% eram cristãs (51% das quais eram católicas). O restante delas se identificava como pertencendo à religião judaica, outra ou nenhuma. Dois terços frequentavam regularmente os cultos religiosos pelo menos uma vez por mês, e quase um quarto das mulheres havia se tornado mais ativa em sua fé após iniciar o tratamento para a infertilidade.

"Os resultados do nosso estudo sugerem que mulheres inférteis com níveis mais altos de bem-estar espiritual relatam menos sintomas depressivos e menos angústia geral devido à sua experiência de infertilidade", conclui a Dra. Domar. Mas os pesquisadores não sugerem prática espiritual para todos. "Dependendo do paciente e das circunstâncias", continua ela, "questões religiosas podem ser curativas ou prejudiciais."

Esse risco pode ser devido às diferentes formas pelas quais a infertilidade pode afetar os sistemas de crenças e o relacionamento de uma mulher com sua fé. A maneira como se diferencia religião de espiritualidade também pode ter um peso nisso.

Em sua análise da literatura acadêmica sobre religião, espiritualidade e fertilidade, uma equipe do Instituto Europeu de Saúde e Ciências Médicas da Universidade de Surrey citou um estudo que identificou cinco temas de influência da religião na infertilidade: "como punição por transgressão; como destino em preparação para uma missão superior na vida; como uma oportunidade de crescimento e mudança positiva; como algo além do poder humano; e como um erro biológico que não é atribuído a Deus".[15]

Outro estudo mencionado em sua análise capturou o dilema.[16] "As mulheres com problemas de fertilidade, por um lado, enfrentam dificuldades com o corpo e as questões terrenas", diz Margarete Sandelowski, Ph.D., da Universidade da Carolina do Norte, "e, por outro, mantêm contínuo confronto com Deus, a fé e outras preocupações sagradas."

★

180   VOCÊ TEM FILHOS?

Quando eu estava no meio dos tratamentos para infertilidade, minhas preocupações envolviam tentar reconciliar experiências físicas e emocionais com assuntos mais existenciais.

Num dos meus muitos passeios pela vizinhança, descobri uma igrejinha nas proximidades e obriguei Dan a ir aos cultos comigo num domingo. Eu esperava que o retorno à fé de minha juventude pudesse adicionar peso espiritual aos nossos esforços para engravidar.

Minhas irmãs e eu crescemos na Igreja Episcopal, que éramos forçadas a frequentar sob o risco de perder nossas escassas mesadas. Quando adolescente, o grupo de jovens da paróquia se tornou minha panelinha social e fonte de crescente consciência política. Depois de terminar o ensino médio, saí de casa e perdi o interesse em ir à igreja.

Como uma adulta em meus trinta anos, marido ao lado, era bom estar de volta. Paroquianos e clérigos eram gentis. Relaxei na cadência familiar de orações memorizadas na escola primária, hinos cantados no coral infantil.

De segunda a sexta-feira, ninguém no trabalho se importava se eu era ou não mãe. Na igreja, porém, me senti notavelmente diferente das outras mulheres. A linguagem da conversa litúrgica e paroquiana era repleta de família, sem mencionar a composição da congregação. Exceto pelos recém-casados e pelas velhinhas viúvas, a nossa fotografia era a mais escassamente povoada da lista da igreja.

Parei de ir à igreja novamente pouco tempo depois que meu pai se suicidou.

Ele havia se aposentado recentemente da empresa aeroespacial em que trabalhara por 34 anos. Depois que a casa da família foi vendida, ele e minha mãe se mudaram para uma cidade remota no estado de Washington. A bebida se tornou sua melhor amiga. Telefonemas tarde da noite para minhas irmãs e para mim transmitiam incoerências incômodas e desleixadas. Na última vez, eu disse a Dan para desligar. Algumas semanas depois, papai estacionou o carro num penhasco ventoso e disparou a arma que nenhuma de nós sabia que ele possuía.

Depois, tentei voltar à igreja novamente, mas me senti ainda mais como alguém de fora, crua, desorientada e introspectiva. Ler sobre experiências de suicídio e quase morte, passar algum tempo na natureza e ter sessões com o terapeuta da infertilidade ofereceram mais conforto do que ir à igreja. Minha alma estava profundamente perdida na noite escura.

Alguém me deu um livro sobre rituais para viver e morrer. Na esperança de encontrar um espaço privado para tentar me curar, liguei para o retiro onde tinha participado de uma conferência de jovens no ensino médio. Foi-me oferecido um quarto independente abaixo da capela. Escuro, simples, totalmente privativo.

Jejuei a maior parte do tempo em que estive lá, percorri caminhos vagamente familiares, chutei folhas caídas. Escrevi um diário, acendi velas e criei uma máscara mortuária, em luto pelo meu pai e pela criança que eu nunca teria. Ali, abaixo das vigas do santuário, encontrei trégua e libertei a religião que parecia já ter me deixado. Com exceção de algumas Páscoas e Natais, nunca mais voltei.

Mas nunca abandonei minha sensação de que há uma energia maior e mais profunda do que a simples existência da humanidade. Minha vida espiritual continua a evoluir à medida que as experiências de vida oferecem um novo potencial de crescimento e integração. Experimento várias práticas espirituais como se fossem pratos num restaurante self-service.

Hoje encontro alimento no meu tapete de ioga, no assento de meditação e nas maravilhas da natureza e da comunidade. Embora minha vida tenha algum significado a partir do que está ausente, o que está presente agora importa mais. A dor aguda da infertilidade não machuca mais, é simplesmente parte de quem eu sou.

Outra constatação da pesquisa da Dra. McQuillan sobre a ausência de filhos condiz com a minha experiência pessoal.[17] "Cada ano adicional de idade", descobriu ela, "estava associado à diminuição da importância da maternidade."

*

Neurobiologistas interpessoais, gerontologistas narrativos e outros pesquisadores do cérebro nos dizem que nosso bem-estar depende, pelo menos em parte, das histórias que contamos a nós mesmos e aos outros. Muito do sentido que damos a nossa vida pode ser derivado de nossas crenças e práticas espirituais e religiosas. No entanto, algumas dessas crenças são difíceis de conciliar com a religião organizada e o julgamento social.

Os temas centrados na família quanto ao que é normal, certo e bom oferecem pouca relevância no que diz respeito à criação de sentido para aqueles que não têm filhos. Mas muitos de nós são chamados ao sagrado e passam a vida construindo identidades espirituais plenas. Eu gostaria de pensar que há espaço suficiente no reino do divino para abraçar todas essas identidades, especialmente as marginalizadas.

Às vezes a vida é confusa para todos, quando procuramos o significado e o propósito de nossa própria existência. Todos nós merecemos fontes de conforto à medida que passamos por períodos desafiadores, de aceitação ao respeitar o mundano e de paz ao contemplar nossa mortalidade.

Capítulo 9
Velhos órfãos

Sei que ninguém vai cuidar de mim. Tenho que ter certeza de que está tudo preparado.

Quem falará por mim quando eu não puder falar por mim? Uma irmã tem seu próprio sofrimento. Na outra eu simplesmente não confio.

Pensei em subornar meus sobrinhos, que estão no meu testamento.

Não vamos nos enganar. Fazer planos que assegurem que nossos anos de velhice sejam gerenciados segundo nosso gosto e ajustados ao nosso orçamento é mais crucial para quem não tem filhos. Sabemos que não podemos contar com a prole para supervisionar nossa senilidade. Há até um nome para o que um dia poderemos nos tornar – velhos órfãos.[1]

"Os idosos enfrentam todos os tipos de incertezas", escreve Susan B. Garland no *Relatório de Aposentadoria* da Kiplinger.[2] "Mas solteiros e casais mais velhos sem filhos não têm uma coisa que muitos outros idosos dão como certa: filhos adultos que podem monitorar um pai idoso e ajudá-lo a navegar num complexo sistema de assistência médica, moradia, transporte e serviços sociais."

Talvez possamos deixar o planejamento de lado por um tempo, mas então nosso cuidado pode recair sobre um parente desatento, conhecido ou benfeitor potencialmente nefasto para tomar decisões por nós quando não pudermos tomá-las. Se realmente estivermos confusos, algum juiz nomeará alguém para gerenciar nossa vida. Ninguém quer encarar o fato, mas nenhum de nós sairá dessa vivo.

Alguns evitam fazer planos, procrastinam ou permanecem em negação de que seu dia chegará. Mesmo o planejamento parcial apresenta consequências caóticas.

*

Fiasco. As chamadas telefônicas ricocheteiam entre uma pequena ilha no noroeste de Washington, Austin, San Francisco e Portland.[3]

Imogene "Tex" Geiling, de 91 anos, desmaiou pouco antes do amanhecer, caiu e ficou inconsciente em sua casa vazia numa das ilhas San Juan por sabe-se lá sabe quanto tempo. Quando voltou a si, não conseguia se mexer e sentia muita dor. Ela ficou presa de lado por horas antes de avançar devagar pelo chão até o telefone e pedir ajuda.

Um grupo de paramédicos apareceu, muitos dos quais ela conhece. "De um deles eu gosto muito. Não queria estar no chão naquela condição e ter alguém indo me ver – eu estava numa situação deplorável pela manhã. Quando todos entraram, olhei para cima. 'Meu Deus, eu não sabia que você estaria aqui', falei. 'Eu teria arrumado meu cabelo.'"

Seus amigos médicos, diz ela, "me limparam, me lavaram. Depois, me vestiram com roupas decentes e me levaram ao hospital".

Tex é uma joalheira e em muitos dias ainda pode ser encontrada em seu banco produzindo novos trabalhos. Ela e o marido cartógrafo, John,

Capítulo 9 – Velhos órfãos   185

se mudaram do Texas para San Francisco em 1952 e compraram uma casa grande e abandonada ao norte da Market Street, no bairro de Castro. Ao longo dos anos, restauraram a casa à sua antiga glória e se concentraram na arte e no trabalho. Ter filhos não fazia parte do plano.

Amigos artistas os convidaram para visitar uma das ilhas San Juan, e os Geilings ficaram encantados com suas colinas e a vida bucólica à beira-mar. Eles voltaram à ilha várias vezes em busca de terras e finalmente compraram vários hectares em 1958. "Nosso primeiro projeto de construção foi uma plataforma sob uma árvore no ponto mais alto do terreno", lembra ela. "Pegamos colchões e sacos de dormir e dormimos naquela pequena plataforma. Em seguida, a estendemos para fazer uma cozinha ao ar livre. Fiquei feliz por poder estar lá fora."

Em 1980, John foi diagnosticado com mieloma múltiplo. "Todo o seu corpo, seus ossos estavam completamente ocos", diz ela. "É uma doença terrível, terrível." Ele tinha 56 anos quando faleceu, em 1982.

Após a morte de John, Tex passou verões na ilha. Nos anos 1990, decidiu que também queria aparecer no inverno. "Construí uma cabana moderna", relembra. "Tinha um chuveiro externo, aquecedor de água próprio e um pequeno fogão a gás. Era uma coisinha minúscula, mas havia espaço para colocar uma cama, ficar aquecida e tomar um banho." Alguns anos atrás, ela construiu uma casa adequada em estilo eclético e plano aberto. A pequeno cabana reformada serve como casa de hóspedes. Agora Tex viaja para o norte várias vezes por ano, frequentemente enchendo a casa com moradores locais animados e os amigos do continente que a visitam. Ela se tornou uma lenda na ilha.

Dessa vez, Tex quebrou a clavícula. Ela tem sorte de ter voltado a si. No ano passado, quebrou o quadril; no ano anterior foi alguma outra coisa. Ela as chama de suas Fraturas Anuais de Primavera. Ela também tem glaucoma e mal consegue enxergar. "Meus olhos são tão ruins. Fiquei olhando para aquele rolo de papel higiênico ali, pensando que era uma caneca de sorvete." Ela ri. "Tenho pensamentos criativos às vezes."

Depois desse outono, ela precisa de cuidados 24 horas por dia. Sua vizinha ligou para o sobrinho de Tex no Texas, que ligou para o companheiro de casa de Tex em San Francisco. A vizinha não pode ficar; ela precisa ir trabalhar. Quem pode chegar em tão pouco tempo? Quem tem sua procuração médica? Ninguém sabe.

Por acaso ligo para seu companheiro de casa enquanto ele se encontra no meio da agitação. "Eu posso ir", ofereço. Estou longe de pertencer ao círculo íntimo de Tex, mas a situação me parece uma daquelas chances de passar o bem adiante. Ligo para o sobrinho dela no Texas, que diz que sou uma dádiva de Deus. Ela precisa de ajuda, digo, e posso trabalhar de qualquer lugar, dando ao sobrinho, ao companheiro de casa e à vizinha um tempo para fazerem planos a longo prazo. Na manhã seguinte, vou para o norte de Portland. Levo o dia todo e um passeio de balsa para chegar à casa dela.

Cansada da estrada, bato à porta e a abro silenciosamente, esperando não acordá-la do que certamente seria um sono induzido por medicação. Em vez disso, encontro Tex apoiada na mesa da sala de jantar, o braço na tipoia, com dois amigos de meia-idade de Seattle servindo a segunda rodada do jantar. "Por que você está aqui?", todo mundo quer saber.

De fato, por quê? A chegada dos visitantes foi planejada há muito tempo, dizem. O *timing*, pura coincidência. Tex estava esperando por eles, ou talvez tenha esquecido. Ninguém sabe ao certo. Descubro que os entes queridos distantes de Tex nunca falaram diretamente com ela depois que caiu. As informações fluíram através da vizinha. Eles não podiam imaginar que Tex estava em condições de se comunicar, e ficar fora do circuito a irritava um pouco. Sentados à mesa, comemos e tentamos entender a confusão. O sobrinho do Texas fica constrangido; a vizinha insiste para que eu fique. "Fique", Tex e seus amigos também insistem gentilmente. Parto na tarde seguinte, em meio a conversas sobre calendários, telefonemas e desculpas profusas.

Capítulo 9 – Velhos órfãos 187

★

Uma mulher responsável sem filhos deve se assegurar de ter um sistema de apoio de amigos, familiares e vizinhos que possa garantir seu bem-estar. Ela estabelece planos e conclui a documentação para gerir seus assuntos jurídicos e financeiros, reúne uma equipe de amigos, parentes e / ou profissionais que sabem o que é importante para ela e podem garantir que seus desejos sejam atendidos, mesmo quando ela não puder. Escolhe opções de moradia que a mantêm segura e antecipa mudanças no nível de cuidado de que poderá precisar algum dia. Ela revisa seus planos regularmente e faz alterações conforme as circunstâncias. É uma tarefa difícil, mas ninguém mais fará isso por ela.

O que é necessário em termos de documentação varia de lugar para lugar, mas o básico é:

1) Instruções sobre como você deseja ser tratada no caso de estar em estado crítico ou com risco de vida e quem pode agir em seu nome caso você não possa falar por si mesma (geralmente chamado de procuração de assistência médica, diretiva antecipada de assistência médica ou declaração de vontade);

2) Designação de quem você deseja que gerencie seus bens e assuntos financeiros quando não puder lidar com eles, incluindo o pagamento de suas contas se estiver incapacitada (procuração permanente); e

3) Como e para quem você deseja que seus bens e recursos financeiros sejam distribuídos após a sua morte (um testamento nomeará seu executor ou uma curadoria, que nomeia seu administrador sucessor).

Não é suficiente identificar um bando de entes queridos e contratar provedores de serviços. Também precisamos ser claros com nossos amigos e parentes próximos sobre com quem entrar em contato quando estivermos com problemas. O que pode ser um pouco desafiador para nós, pessoas independentes.

*

Há um ponto crucial entre independência e dependência, diz Keren Brown Wilson, ph.D., amplamente creditada como a arquiteta da vida assistida.[4] Esse ponto é a interdependência – uma confiança mútua em outra pessoa. Ela não se equivoca quando fala sobre a importância de se apoiar nos outros. "As pessoas pensam: *Sou uma profissional. Fiz todas essas coisas e posso me cuidar.* Acho que ninguém pode cuidar de si mesmo. Gênero não tem nada a ver com isso. Idade não tem nada a ver com isso. Esse é o reconhecimento de que é preciso ser interdependente."

Pragmática e sincera, com apenas um traço de suas raízes na Virgínia Ocidental quando fala, Wilson sabe o que está dizendo. Ela não apenas obteve o doutorado em políticas sociais aos trinta e poucos anos, como ela e o marido se dedicaram a melhorar a vida de idosos, principalmente os de recursos limitados.

Wilson não teve filhos, embora os quisesse. "Na ausência de parentes de sangue adultos", diz ela, "precisamos descobrir o que fazer. Negar é meio bobo. Há muitas maneiras de formar relacionamentos que vão além do sangue. O que posso fazer para me conectar com os outros e permanecer conectado?"

Wilson acredita firmemente no estabelecimento de relacionamentos com pessoas de todas as idades, não apenas com contemporâneos. "Muitos jovens precisam de pessoas mais velhas", afirma ela. "Não há problema em entrar em contato. Cabe a todos nós descobrir como fazer isso. É bom ser interdependente."

*

Em seu livro best-seller *Mortais: nós, a medicina e o que realmente importa no final*, o autor e médico Atul Gawande traça o viés de nossa cultura em direção à independência. "A modernização não rebaixou a posição dos mais velhos", escreve.[5] "Rebaixou a posição da família. A veneração aos idosos pode ter desaparecido, mas não porque foi substituída pela veneração aos jovens. Foi substituída pela veneração à independência."

Eu me contorço ao dizer isso, mas não somos nós, os sem filhos, o pináculo da "veneração à independência"? Quando pergunto a mulheres sem filhos sobre os aspectos positivos de não ter filhos, *liberdade e independência* são sempre as primeiras respostas. Como isso é um bom presságio para o nosso futuro? A menos que tenhamos condições de cuidar de outras pessoas devido a lesões, enfermidades ou deficiências, escolhemos quando e como aceitamos outras pessoas como nossos dependentes. Como nos tornamos dependentes dos outros é mais sombrio.

A mortalidade é garantida. "Cedo ou tarde", diz Gawande, "a independência se tornará impossível. Uma doença grave ou uma enfermidade ocorrerá. É tão inevitável quanto o pôr do sol."

Então fazemos planos e aprendemos a pedir ajuda. Sem tomar medidas para planejar a provável degradação e o inevitável fim de nossa vida, corremos um alto risco de sermos surpreendidos e de criar estragos para aqueles que se importam conosco. Estabelecer conexões e encontrar fontes de apoio confiáveis se tornarão atitudes cada vez mais importantes conforme envelhecemos, principalmente à medida que nossos contemporâneos morrem.

Começo a acreditar que independência e envelhecimento não são bons companheiros de cama. Acho que aqueles de nós que não têm filhos descobrirão que aprender a incorporar o lado da dependência na vida cotidiana é um desafio maior do que o de muitos pais.

*

190 Você tem filhos?

Felizmente, nunca houve uma gama mais ampla de opções para viver uma aposentadoria conectada, do envelhecimento em casa a lares de grupos de afinidade até os empreendimentos habitacionais corporativos com vários níveis de cuidados pessoais, todos propícios a fornecer apoio a mulheres sem filhos (e a outras pessoas também, é claro). Também há muito jargão.

As Comunidades de Aposentados de Ocorrência Natural (Norcs, na sigla em inglês) são bairros, às vezes prédios de apartamentos, com muito idosos vivendo neles, por acaso ou porque as pessoas compraram propriedades adjacentes de propósito. Alguns têm serviços financiados por doações comunitárias ou governos locais. Um sistema de serviço comunitário sem fins lucrativos, a rede The Village to Village, oferece suporte a idosos que vivem de modo independente num local específico.[6] Por uma taxa anual, os participantes têm acesso a uma equipe de colegas, voluntários da comunidade e serviços profissionais avaliados para assistência não médica, incluindo transporte, manutenção da casa e atividades sociais.

A Beacon Hill Village, na área de Boston, criada em 1999, foi a primeira comunidade desse tipo.[7] Hoje, há mais de 190 vilas em operação por todo o território americano e outras 150 estão em processo de instalação. O modelo está ganhando popularidade tão rapidamente que começa a ser chamado de Movimento da Vila.

As comunidades de nichos de aposentados são organizadas em torno de uma identidade comum, como fé religiosa, associação a sindicatos ou orientação sexual. O espaço pode ser comprado, alugado ou fornecido por uma organização sem fins lucrativos. Um exemplo é uma instalação de aposentadoria para freiras idosas ou ex-sindicalizados. Os serviços de assistência ao envelhecimento podem ou não estar disponíveis.

A vida comunitária de cuidados congregados oferece habitações individuais, apartamentos ou chalés, próprios ou alugados pelos residentes. Os serviços gerenciados por profissionais podem incluir instalações para refei-

Capítulo 9 – Velhos órfãos 191

ções, atividades sociais, tarefas domésticas e, muitas vezes, alguma assistência com atividades de cuidados pessoais diários. A opção mais abrangente é a Comunidade de Aposentados de Cuidados Continuados (CCRC, na sigla em inglês), que oferece uma gama completa de opções, desde unidades de habitação independentes até enfermagem especializada, e às vezes cuidados de memória. Tornar-se membro da comunidade, que pode incluir um alto custo de entrada e taxas mensais de serviço, garante uma residência permanente. Essas garantias são obtidas à custa de parte daquele senso de independência comum a muitas mulheres sem filhos. Mesmo com a própria cozinha em sua unidade, por exemplo, você normalmente paga para fazer pelo menos algumas refeições no salão de jantar da comunidade.

*

Keren Brown Wilson é uma defensora da vida assistida congregada, pois ela teve um papel importante em sua criação.[8]

Quando Wilson tinha dezenove anos, sua mãe teve um derrame debilitante que a deixou fisicamente dependente dos outros, enquanto sua capacidade mental permaneceu intacta. Ela viveu em lares de idosos por mais de dez anos, até a morte, porque suas necessidades de atendimento estavam além do que os filhos podiam oferecer. No entanto, ela não estava feliz com isso. Quando Wilson entrou no doutorado, sua mãe implorou para que ela encontrasse uma maneira melhor de viver. Esse apelo inspirou o trabalho de Wilson em gerontologia e vida assistida.

Em 1983, ela e o marido fizeram uma construção residencial simples em Canby, Oregon, com quartos privativos, portas que trancavam e cozinhas individuais.[9] Como um lar. "Foi um experimento que muitas pessoas acharam que poderia não funcionar", lembra ela, "porque era numa comunidade menor. Não era chique. Para mim, sempre será meu primogênito, o modelo de vida assistida que, penso, representa o que a vida assistida pode e deve ser." Ela e o marido construíram e administraram mais de duzentas instalações de vida assistida para idosos.

Agora, com quase setenta anos, Wilson está fazendo planos para o próprio futuro. "Se eu acabar sozinha", diz, "vou me mudar para um ambiente com pessoas ao redor para ajudar a cuidar de mim, porque não tenho mais ninguém. Uma comunidade de aposentados de algum tipo. Há tantas opções que seria tolice não considerar uma, e tenho a sorte de poder fazer isso."

Ela já identificou duas ou três comunidades que poderiam funcionar para ela, usando um sistema básico de avaliação. "Acredito muito em fazer seus próprios testes sensoriais", afirma. "Você vai e olha, ouve, cheira. Você olha principalmente para as pessoas. E se conhece bem o bastante para saber que tipo de lugar é adequado para você."

Ela também compartilha livremente sua forma de validar as opções. "Desenvolva relacionamentos antes de precisar entrar", sugere ela, "talvez como voluntária. Se nos candidatamos a um emprego, não conheço muitas pessoas que não investigariam o local."

*

No entanto, o pensamento de viver no que alguns teimosamente chamam de "casa de velhos" pode equivaler a uma admissão de fraqueza. Se queremos envelhecer em nossa própria casa, é melhor garantir que ela seja um lugar favorável ao envelhecimento ou concluir o trabalho antes que chegue a hora de ter de usar rampas, barras de apoio ou portas suficientemente largas para uma cadeira de rodas. Também precisamos construir uma boa rede de amigos e vizinhos confiáveis nas proximidades e estar conectados a uma variedade de serviços e recursos de apoio que podemos chamar imediatamente se precisarmos de ajuda. O envelhecimento em casa oferece a melhor aposta para manter os aspectos da independência. Mas um dia poderemos precisar providenciar assistência in loco ou ir para um centro de cuidados de qualquer maneira.

Ou construa uma comunidade própria desde o início.

Depois de mais de sessenta anos morando na casa de sua infância, Jane Dunwoodie está finalmente se mudando.[10] Ela está construindo uma casa de quase 280 metros quadrados num terreno de 2 mil metros quadrados a cerca de cinco quilômetros do que ela chamou de lar a vida inteira. Completo como elevador grande o suficiente para acomodar cadeira de rodas e cuidador, estúdio de arte no porão e dois banheiros com sanitários inteligentes. "Eles lavam e secam você", diz ela. "Por causa da frequência de infecções do trato urinário em idosos, isso é bom. Uma infecção urinária grave pode fazer você parecer ter demência da noite para o dia."

Uma das razões pelas quais Jane pode fazer isso é que ela economizou ao longo da vida. Ela também vive em Dayton, Ohio, onde os custos de construção são razoáveis. Está apressando o empreiteiro na esperança de trazer a mãe de 101 anos antes do próximo aniversário. "Minha mãe tem mais de cem", diz ela, "e minha avó tinha 94 anos quando morreu, então tive pais que viveram tempo suficiente para que eu possa ver o que o envelhecimento faz."

A praticidade é parte do esquema de Jane. "Eu queria um lugar para ficar longe da vida assistida pelo máximo de tempo possível", explica ela. "Construí-o com três quartos para que dois amigos, ou um amigo e um cuidador, se necessário, pudessem morar lá. Poderíamos envelhecer juntos. Em tom de brincadeira, disse ao meu amigo: 'Se envelhecermos como nossos pais, provavelmente perderei a cabeça e não saberei fazer nada. Você vai perder seu corpo, mas enquanto sua mente puder dizer ao meu corpo o que fazer ficaremos bem."

A economia também conta. "Vejo o que minha mãe gasta todos os anos", diz ela. "É atroz, e nossa geração provavelmente terá o dobro do custo. Com apenas alguns anos no lar de idosos, consigo quitar minha casa."

Acho que ela tem uma lista de espera para seu espaço reserva e me pergunto como ela saberá qual amiga receber. Jane não está preocupada.

"No meu círculo de amigas, eu amo todas com tanto carinho, qualquer uma seria uma companheira maravilhosa para envelhecer", afirma ela. "Recentemente, uma de minhas amigas casadas me disse que o marido dela falou: 'Se eu morrer antes de você, talvez Jane a aceite.'"

Como você pode imaginar, Jane também tem toda a sua documentação pronta. "Eu garanto que, tanto no caso da minha mãe quanto no meu, temos três pessoas diferentes na fila para a procuração e três pessoas diferentes para decisões de assistência médica", diz ela. "Tenho uma amiga querida que achei que seria muito boa com a parte dos negócios, mas ela não seria capaz de puxar a tomada se precisasse, então não queria torná-la minha procuradora para assistência médica também. Seria muito difícil para ela.

"A pessoa que pode me desconectar ficou com as decisões de assistência médica. Você diz a eles como se sente: 'Nesse caso, quero que esperem um pouco.' Você tem essa discussão franca para que saibam.

"Não foi difícil pedir a amigos para fazerem isso. Tenho a sorte de ter muitos amigos que não tiveram filhos. Sabemos que precisamos confiar uns nos outros. No fim das contas, tudo se resume a ter alguém em quem você confia totalmente."

Jane também está pensando em quem pode cuidar dela no futuro. Dada a longevidade das mulheres em sua família, ela prevê envolver os mais jovens em seus planos. "Tive amigos maravilhosos que compartilharam seus filhos comigo. 'Estou de olho nos seus filhos', digo a eles. 'Essa jovem está se saindo muito bem. Hum, talvez'". Ela ri. "Eu só pergunto aos filhos dos meus amigos: 'Vocês vão cuidar de mim?' Somos muito próximos, e os pais deles dizem: 'É claro que sim.'"

Jane se preocupa com alguns aspectos de seu plano. Antes de abrir caminhos, ela consultou seu advogado, preocupada que uma amiga que morasse na casa pudesse ser expulsa caso Jane morresse primeiro. O advogado a acalmou. Ela poderia acrescentar uma cláusula a seu testamento de que, após sua morte, a casa ainda fosse para a caridade, mas não até que sua ocupante partisse. Como uma mulher solteira por toda a vida, Jane também pensa em mudar as definições governamentais do que conta como família. "Preocupo-me com as leis municipais, no futuro, que atualmente permitem que um número limitado de pessoas que não são parentes de sangue morem com você. Que mal poderia haver num bando de velhinhas que vivem em comunidade?"

A caixinha de surpresas no plano de qualquer pessoa para o amanhã é a demência. "Quando você toma a decisão ou descobre que não pode ter filhos", diz Jane, "a partir desse dia você começa a assumir a responsabilidade por si mesma. Acho que a descoberta da demência me assusta mais, porque, por mais que você planeje, isso pode realmente lhe dar uma volta. E aí você não tem controle."

*

Segundo a Associação de Alzheimer, em 2016 mais de 5 milhões de americanos estavam vivendo com demência.[11] Dois terços eram mulheres. Não há prevenção ou cura para o que hoje é a sexta principal causa de morte nos Estados Unidos, requisitando mais vidas a cada ano do que o câncer de mama e o de próstata juntos. Enquanto outras causas principais de morte estão em declínio, as por demência aumentaram mais de 70% na última década e, a menos que haja alguma descoberta médica, dispararão no futuro. Um futuro com demência para quem não tem filhos pode ser totalmente sombrio, porque cada artigo e livro sobre o assunto diz aos membros da família o que fazer e como cuidar de seus entes queridos.[12] Quando você tem demência, um dia você não conseguirá cuidar de si mesma. Você se tornará dependente. Quem administrará seus cuidados?

*

Uma mulher que se autodenomina Naomi Gregory sabe que precisa de ajuda para descobrir suas necessidades futuras de cuidados, então compartilhou sua situação num site ironicamente chamado *Um lugar para mamãe*.[13] "Sou uma solteira de 71 anos, sem família e sem parentes", postou, "e preciso tomar algumas decisões financeiras. Com quem eu falo? Quando devo me mudar? Como faço para descobrir de quanto dinheiro vou precisar?" Ninguém respondeu. Ela nem mencionou que sua mãe morreu de Alzheimer.

Naomi está vestida com cores vibrantes, combinadas com um lenço na cabeça e brincos espalhafatosos. Ela é filha única e nunca gostou muito de crianças. Apenas uma vez sua mãe soltou alguma crítica, embora o que realmente quisesse fosse netos. "Não aconteceu", diz Naomi. "Mamãe sabia que meus dois casamentos não foram ideais."

Uma das tias de Naomi era uma ex-reitora de faculdade e viúva sem filhos que morava sozinha em Greenville, Carolina do Sul. Quando teve um diagnóstico duplo desagradável – câncer de mama e ELA (esclerose lateral amiotrófica) – Naomi foi cuidar dela. Ela não ficou lá por muito tempo. A tia morreu no hospital logo após a remoção do seio canceroso. "Eu sabia que seria ridículo seus músculos não funcionarem e sua mente ainda estar forte", diz ela. "Ela estava na morfina e só foi dormir."

Na época Naomi tinha 55 anos. Depois do funeral, mudou-se para Los Angeles para ficar perto da mãe, que ultimamente vinha agindo de modo estranho. Sua mãe logo foi diagnosticada com Alzheimer. O médico disse que ela não podia mais viver sozinha. A polaridade das sentenças de prisão perpétua da mãe e da tia era uma justaposição cruel.

"Tenho um apartamento de dois quartos e a trouxe para morar comigo", diz Naomi. "Ela ficou lá embaixo no quarto principal e apenas assistia à TV. Eu tive sorte. Ela não perambulou, não iniciou incêndios, não dirigiu."

Na época, Naomi tinha um emprego de meio período de que gostava – dando aulas de inglês para estrangeiros. Ela providenciou para que um amigo da família, que era cuidador profissional, ficasse com a mãe enquanto

Capítulo 9 – Velhos órfãos 197

estava no trabalho. Com o custo dos cuidados praticamente igual ao seu salário, Naomi logo decidiu cuidar da mãe em tempo integral.

"Eu estava tentando fazer tudo sozinha", lembra Naomi, "e o Alzheimer é 24 horas por dia, sete dias por semana. Você tem que vigiá-los. Tem que colocar uma babá eletrônica no ambiente para garantir que não estejam fazendo algo que prejudique sua saúde."

Isso durou três anos. Naomi recebeu ajuda da Meals on Wheels [Refeições sobre rodas] e teve aulas para ser cuidadora. "Eu estava chegando ao ponto em que sabia que precisava de ajuda", recorda. "Uma das enfermeiras do lar de idosos conhecia uma jovem que estava na escola de enfermagem." Naomi a contratou na quinta-feira. Sua mãe morreu no sábado.

"Cuidar da minha mãe foi a melhor coisa que já fiz na minha vida", diz ela, "porque eu tinha feito tantas outras coisas para mim. Essa foi a minha maneira de compensar. Fiz o que precisava ser feito na época, e tenho muito orgulho disso."

Hoje, Naomi está tentando descobrir o que fazer com o próprio envelhecimento, "para que eu possa partir sem causar muitos problemas para mim ou para qualquer outra pessoa".

Por causa do Alzheimer da mãe, Naomi realizou uma avaliação cognitiva de base. Então, juntou-se a um grupo de terapia comportamental na UCLA, onde se reúne duas vezes por mês com outros participantes com mais de sessenta anos. Um terapeuta media a discussão de tópicos, como construir novos sistemas de apoio, mortalidade, isolamento e decisões de cuidados de longo prazo. Estar no grupo ajudou Naomi a perceber que todos têm problemas estressantes. "A vida é uma novela", diz ela. "Ainda há bobagens que surgem todos os dias – seu provedor de internet a deixa nervosa e você precisa saber se continua ou não com ele no próximo ano. Todos os dias a vida está acontecendo e você tem essas questões que precisam ser decididas."

Naomi adora o local em que vive e tenta se manter ativa. "Estou em frente ao mar", conta. "É muito seguro. A comunidade é muito importante

198 VOCÊ TEM FILHOS?

à medida que você envelhece, e eu fui passear com amigos esta manhã. Depois fui almoçar sozinha. Eu me obrigo a sair. Agora voltei para casa. O resto da noite, é como se estivesse esperando para ir para a cama.

"O que eu quero é uma comunidade onde haja transporte, e alguém que esteja me observando e diga: 'Ela está agindo como louca agora, é melhor colocá-la num lar assistido.' Como você sabe quando é a hora de ir?"

*

Um gestor de cuidados com a vida do idoso pode ser exatamente o que Naomi está buscando. Antigamente conhecidos como gestores de cuidados geriátricos, esses profissionais trabalham com idosos, familiares e amigos para supervisionar nosso atendimento ao idoso. Eles passam por um processo formal de educação e certificação, assim como contadores e planejadores financeiros, apenas focados no processo de envelhecimento.

Mary Jo Saavedra, autora de *Eldercare 101: A Practical Guide to Later Life Planning, Care, and Wellbeing* [Cuidado de idosos 101: Um guia prático para planejamento, cuidados e bem-estar na vida posterior], é uma gestora de cuidados com a vida do idoso. Ela projeta para os clientes e suas famílias planos que focam no que é importante para eles à medida que envelhecem e experimentam várias transições de vida.

Sua avaliação é holística e examina o que ela chama de Seis Pilares do Bem-Estar na Velhice (Six Pillars of Aging Wellbeing®): médico, jurídico, financeiro, social, ambiente de vida e espiritual.[14] Ao conversar com os clientes, identifica o que está resolvido em cada um dos pilares e o que está faltando e, em seguida, desenvolve planos de ação para preencher as lacunas. Às vezes, isso envolve encaminhá-los para especialistas como advogados, médicos e consultores financeiros. Às vezes, o foco está na avaliação do ambiente doméstico ou na identificação de comunidades de cuidados adequadas. Na hora de porem o plano em prática, ela apoia os clientes e, quando necessário, intercede pelo idoso com médicos, advogados, familiares e instituições financeiras. Ela supervisiona a implementação das esperanças e necessidades de seus clientes.

A avaliação inicial leva cerca de duas horas.[15] "Criamos segurança para conversas profundas sobre questões que os clientes geralmente não se sentem à vontade de ter com outras pessoas", diz ela. "Sou uma parceira que quer saber o que os chateia, seu significado e propósito. Essa é sempre a base de todo plano." Após a avaliação, Saavedra prepara um relatório abrangente por escrito, adaptado às circunstâncias e necessidades do indivíduo, incluindo identificação de recursos e planos de ação. Como muitos profissionais, Saavedra cobra por hora. Os custos para uma gestora de cuidados não costumam ser cobertos pelo Medicare ou pelos planos de saúde privados. Dependendo da apólice, o seguro de assistência a longo prazo pode cobrir algumas despesas da gestão de cuidados.

"Minha mensagem número um é não deixar que outra pessoa tome importantes decisões de vida por você", afirma Saavedra. "É disso que trata a fase de planejamento – reunir uma equipe de pessoas que supervisionará seu bem-estar com a idade e garantir que saibam o que você deseja. Como um advogado mais velho, para garantir que sua vontade e/ou curadoria estejam em boas mãos, assim como procurações e instruções de fim de vida. Ou um consultor financeiro que sabe onde você tem suas contas e como deseja gerir suas economias.

"Quando estamos no estágio de planejamento", diz Saavedra, "estamos construindo um relacionamento para o futuro, quando você precisar de mim para administrar os cuidados. Como discutimos assuntos delicados, nosso relacionamento se torna íntimo rapidamente."

O ideal seria que os clientes estabelecessem um relacionamento com seu gestor de cuidados de vida antes de terem necessidades agudas. Infelizmente, a maioria das pessoas que Saavedra vê está em crise. "Ou o médico me liga, ou a Associação de Alzheimer me indica ou pode ser encaminhado por um advogado ou contador público ou um amigo", conta ela. "Normalmente, as pessoas desconhecem meu trabalho até que realmente precisem dele."

Mesmo em crise, Saavedra considera que seu trabalho é de educação. "É uma questão de percorrer as opções de uma maneira gentil, mas muito clara e concisa", diz ela. "Quando os clientes entendem as opções e ameaças, é mais provável que tomem a decisão certa por si mesmos e evitem que outras pessoas tomem decisões de que talvez não gostem."

Saavedra representa os direitos e necessidades do idoso sob a gestão de cuidados, mesmo que outra pessoa, como um amigo ou membro da família, esteja pagando a conta. "As opiniões e os direitos dos idosos vêm sempre em primeiro lugar", explica ela. "Mantemos em primeiro plano com quais recursos o idoso seria mais bem servido, mas também o que ele deseja. Sua qualidade de vida, da maneira como a percebem, é o aspecto mais importante de sua capacidade de prosperar."

Os gestores de cuidados com a vida do idoso também estão cientes dos detalhes, leis e regulamentos que a maioria de nós não tem motivos para conhecer até precisar deles. É por isso que é melhor que o gestor de assistência trabalhe no mesmo estado em que os clientes vivem. "O gestor de assistência de cuidados à vida do idoso pode fazer verificações no local", diz Saavedra, "para garantir que a gestão de cuidados seja sólida e que os planos sejam consistentemente adaptados às necessidades de um cliente."

O papel do gestor de cuidados também pode se estender ao domínio espiritual e psicológico. Saavedra define o pilar espiritual como "o seu significado e propósito no mundo, o que lhe dá alegria, o que lhe dá satisfação, o que lhe dá propósito no final do dia.

"Digamos que, por algum motivo, você esteja confinado à cama ou à cadeira de rodas ou tenha um declínio cognitivo como demência. Nosso objetivo é entender e integrar à vida diária o que lhe traz alegria e propósito num momento em que seu corpo ou mente está se enfraquecendo. Isso pode trazer conforto e familiaridade."

Uma forma de Saavedra influenciar a qualidade de vida de um cliente é se concentrar num ambiente de vida adequado. Se um cliente adora jardinagem e ficar na natureza é o que lhe dá paz e significado, Saavedra não buscaria um ambiente urbano, a menos que houvesse algum tipo de programa de horticultura. Se o cliente não estiver interessado em ficar cercado por muitas pessoas e atividades sociais, ela poderá focar em pequenos lares de repouso com quatro ou cinco residentes. Ela examina os prós e os contras de cada situação com os clientes.

"Não devemos fazer isso sozinhos", observa Saavedra. "Todos nós precisamos de ajuda. Chega um momento na vida em que precisamos depender de outras pessoas, sejam elas nossa família, comunidade, redes sociais ou parte de um serviço profissional. Somos companheiros nesse caminho de vida complexo e diversificado. Com 78 milhões de *boomers* entrando em seus anos de aposentadoria à taxa de 10 mil por dia, como atender a todos e como manter tudo personalizado? Todo mundo é individual nesse processo. Não há normal.

*

Planejar nossos possíveis cuidados futuros pode ser assustador, tanto emocional quanto financeiramente. Segundo o *Wall Street Journal*, o custo médio de um lar de idosos ou de assistência à memória em 2015 era de 91.250 dólares por ano.[16] Um *home care* 24 horas por dia, sete dias por semana, pode exceder 170 mil dólares por ano. Uma vez diagnosticada com demência, uma pessoa normalmente vive de quatro a oito anos, embora alguns possam viver até vinte. Pagar pelos cuidados sem ir à falência pode ser um desafio, especialmente para os americanos com 65 anos ou mais, cujo patrimônio líquido médio é de 171.135 dólares. O principal componente desse quadro é o valor da casa própria; portanto, para cobrir até um ano de assistência, a casa provavelmente teria que ser vendida.[17]

O seguro de assistência a longo prazo é uma opção, mas os prêmios são caros e se tornam cada vez mais antigos quando você o compra. Descobrir que tipo de cobertura adquirir é um atoleiro de detalhes – benefício da taxa diária, proteção contra inflação, cobertura para cuidados de saúde em casa –, e frequentemente a pessoa que explica suas opções ganha com o que você decidir. As taxas aumentam com a idade e pode-se oferecer aos consumidores a opção de economizar em prêmios reduzindo seus benefícios exatamente quando atingem a idade em que podem precisar deles.

Além disso, há o desafio de gerenciar uma apólice de seguro complexa à medida que a idade avança, principalmente se a demência estiver se tornando aparente. Minha mãe comprou uma apólice de cuidados de longo prazo quando estava em seus sessenta e poucos anos e pagou os prêmios mensais religiosamente por quase vinte anos. Depois que foi submetida a uma cirurgia cardíaca há alguns anos, a demência piorou à medida que o coração se curou. Seu marido de 91 anos aparentemente ignorava sua fatura mensal de cuidados de longo prazo. Ele não se lembra de receber qualquer comunicação da companhia de seguros, mas a apólice dela foi cancelada. Depois que minha geração se envolveu em suas finanças, o assunto foi encaminhado ao Comissário de Seguros do Estado para forçar a reintegração. A companhia de seguros disse de jeito nenhum e perdeu. E se ela não tivesse filhos para brigar em seu nome?

*

Quando Susan Ross estava com trinta e poucos anos, recebeu um seguro de assistência de longo prazo por meio de seu emprego público.[18] Ela adotou o plano "Cadillac", com os mais altos benefícios diários e um ajuste pela inflação, tudo por um prêmio mensal de cerca de 45 dólares. "O fato de eu não ter filhos me motivou a me inscrever e manter minha cobertura todos esses anos", diz ela. "Isso me dá certa paz de espírito."

Capítulo 9 – Velhos órfãos 203

Susan está longe de ser rica. Ao longo dos anos, seus prêmios aumentaram, e Susan os pagou. Então, no ano passado, quando tinha 66 anos, deram um salto no aumento, de 85%, para 250 dólares por mês. Este ano, ela entende que aumentarão novamente para entre 350 e 375 dólares por mês. Na idade dela, se comprasse hoje uma apólice no mercado aberto (se o tipo de cobertura que selecionou ainda fosse oferecido), os prêmios mensais seriam muito mais altos. "Decidi que não importa quanto custa", diz ela, "estou mantendo minha assistência a longo prazo. Minha decisão é confirmada diariamente agora que estou trabalhando com medicina paliativa, casas de repouso e fim da vida. Já vi tantos pacientes definhando no Medicaid (sistema de subsídio de saúde) ou em condições esquálidas."

Susan tornou-se assistente social mais tarde na vida. Quando tinha quase sessenta anos, voltou a Cleveland para cuidar de sua amada mãe, depois de anos trabalhando para o Corpo da Paz em Botsuana e no Quênia. Isso foi em 2007, quando a Grande Recessão estava apenas começando. Ela sabia que precisaria trabalhar depois que a mãe morresse, mas os empregos de gestão para os quais ela era adequada eram inexistentes. Então ela se matriculou no programa de mestrado em serviço social da Universidade Case Western Reserve, especializado em envelhecimento. Sua mãe faleceu em 2013, aos 93 anos, logo após Susan terminar o programa de dois anos. "O compromisso com a escola, o compromisso com mamãe, acho que nunca senti esse nível de exaustão", diz ela.

Susan foi criada no Sul, conservador e católico, a mais velha de três filhos, com uma irmã catorze meses mais nova e um irmão mais de cinco anos mais novo. Crescendo na Virgínia, ela sempre foi independente e nunca achou que seria uma boa mãe. O movimento de Crescimento Zero da População (ZPG, na sigla em inglês) da década de 1970 também a dominou. "Foi uma decisão consciente e inconsciente", lembra ela. "Não tive uma infância muito feliz – disfunção, alcoolismo. Minha mãe, que eu tanto amava, era tão infeliz em seu casamento. Consigo me lembrar num nível subconsciente, muito infantil, de pensar que nunca ia ter filhos."

Então Susan se casou com um homem que os queria. "Mais tarde percebi", conta ela, "que eu não queria ter filhos com ele porque ele era um garoto grande." Eles se divorciaram após cinco anos juntos, quase trinta anos atrás.

Hoje ela pensa muito no futuro. "Deixei um emprego para cuidar da minha mãe", diz, "mas quem vai cuidar de mim? Fui eu que estabeleci tudo isso." Ela tem uma diretiva antecipada para assistência médica e um testamento, os quais preparou enquanto a mãe estava morrendo. Eles precisam de atualização.

"Estive pensando neste capítulo da vida", diz ela, "o terço final. Realmente, trata-se de lidar com perdas e eventos catastróficos inesperados, geralmente no lado médico das coisas."

Susan se inspira em como um de seus amigos próximos, um professor universitário sem filhos, escolheu morrer. Ele tinha aids e faleceu em 2001. Durante seu declínio, criou o próprio sistema de apoio. "Escolheu intencionalmente pessoas que tinham diferentes habilidades", diz Susan. "Seu sócio deveria ser o executor de seu testamento. Outra mulher era muito metódica e precisa, então ele combinou com ela a análise de todos os seus documentos e correspondência."

À medida que a doença progredia, ele realizava reuniões semanais com todos os cuidadores – alguns faziam planejamento de refeições e cozinhavam, outros ajudavam com medicamentos, enchiam caixas de comprimidos ou forneciam transporte. "Havia uma intimidade entre essas pessoas, a maioria das quais se conhecia", explica Susan, "mas elas se tornaram muito mais próximas. Ficaram honradas em honrá-lo. Era uma comunidade com sinergia, toda centrada em seus cuidados, e ele organizou tudo isso sozinho."

Susan planejou o próprio funeral enquanto estava na pós-graduação, num curso que tratava da morte e do processo de morrer. "Gostei muito do que descobri", diz ela. "Tenho amigos em diferentes lugares que têm um significado especial para mim. Não os vejo se unindo num só lugar, mas poderia ir até eles na forma de cinzas. Uma amiga estava comigo no Corpo da Paz em Botsuana. Eu gostaria de ter algumas das minhas cinzas espalhadas no rio Chobe, que alimenta o Zambeze, depois flui para Victoria Falls. Esse é um lugar espiritual para mim e tem grande significado em minha vida. No meu testamento, posso deixar o dinheiro para ela fazer essa viagem. Ela vai num piscar de olhos."

Felizmente, Susan vai capturar essa bela visão e torná-la uma realidade significativa para si e para aqueles que a amam. "Minha vida inteira girou em torno de fazer planos e cuidar das coisas", afirma. "Há uma parte de mim que não deseja trabalhar no planejamento da minha morte. Não poderia apenas deixar isso para outra pessoa fazer?"

*

É claro que ela pode, mas todos sabemos que isso realmente significa empurrar o trabalho para a funerária e talvez o juiz. Susan está à frente da maioria das pessoas, porque tem alguns planos em vigor e seguro de assistência a longo prazo. Ela tem outros desejos que considerou deixar por escrito. A maioria das pessoas não. Podemos adiar para o amanhã, mas alguns de nós não chegarão tão longe.

Três dias depois que os médicos disseram a Karen Steinmetz que ela tinha câncer terminal, ela estava no escritório de seu advogado colocando as coisas em ordem.[19] "Três dias, consegue acreditar?", sua irmã Kristin fica admirada. Um ano e meio depois, em 2013, Karen faleceu aos 55 anos. Kristin, desolada, descobriu que foi nomeada curadora do patrimônio de sua irmã.

"Eu não tinha ideia", lembra ela. "Antes de ela morrer, conversamos sobre muitos detalhes, mas ela nunca me disse que eu estava naquele papel. Imaginei que fosse Peter, seu marido."

Nem Kristin nem a irmã tiveram filhos, embora ambas tivessem enteados dos parceiros. O irmão delas adotou um filho. "Eu era ambiciosa e gostava de animais", diz Kristin. "Nunca quis filhos, mas aceitei o papel e fiz o meu melhor. Já minha irmã queria, e ela era a mãe principal de seus enteados." O casamento de dezessete anos de Kristin terminou em divórcio há quase seis anos. Ela tem pouco contato com os enteados e sabe sobre suas vidas principalmente através de conversas periódicas com o ex.

Logo Kristin estava administrando não um, mas três patrimônios – o da irmã, o do tio e a da tia –, além de gerir os assuntos da mãe viva de 83 anos de idade. A irmã e o tio morreram em 2013, a tia um ano depois. Ela também está fazendo ajustes em seus próprios arranjos para incorporar o que sua irmã lhe legou.

"Sou uma generalista, um tipo executivo de gestora." É assim que Kristin caracteriza suas habilidades, e é provavelmente por isso que sua irmã a colocou no comando. Kristin lançou cedo seu primeiro empreendimento. "Faço bijuterias desde os sete anos", conta. "Aos nove, peguei uns pequenos painéis de veludo, prendi o que fiz neles e os vendia em consignação em dois ou três salões de beleza em Stockton, Califórnia, onde cresci." Ela apostou em seu sucesso numa carreira corporativa multifacetada em planejamento de negócios, vendas, marketing, estratégia, operações e consultoria, enquanto continuava fazendo bijuterias. "Fiz de tudo", diz ela. "Sou uma pessoa para todos os fins."

Apesar da diligência da irmã, houve algumas falhas após sua morte. Seus planos de previdência privada (IRAs, na sigla em inglês), por exemplo, tiveram que ser legitimados, pois Karen não havia nomeado sua curadora como beneficiária sucessora. Isso foi um pesadelo, lembra Kristin. Havia também uma casa em San Mateo da qual se desfazer. Por meio de um corretor de imóveis incrível, tornaram o local atraente e o venderam rapidamente no mercado em brasa da área da baía. Ela e o irmão dividiram o dinheiro, como queria a irmã.

As habilidades de Kristin foram postas à prova novamente quando seu tio, que morava na casa da avó de Kristin, morreu poucos meses depois de sua irmã, e a esposa dele seguindo logo depois. Todos que tinham sido nomeados em seus testamentos para organizar os patrimônios estavam mortos há muito tempo. Alguém precisava analisar as coisas. Kristin se ofereceu.

"Eu sabia que haviam deixado tudo para a caridade, e tive reações misturadas em relação a isso", diz ela. "Eles não tinham filhos, e a escolha deles foi o que queriam fazer com o dinheiro. O que mais importava para mim era o acesso a coisas da família."

Depois que o tribunal designou sua curadoria, Kristin se viu andando por caminhos entre as coisas da avó empilhadas quase até o teto. O tio e a tia também eram acumuladores. Tudo estava desarrumado, mas Kristin não se abalou. "Sou meticulosa", diz ela. "Gosto de encontrar pistas. Abri todas as caixas."

Procurando entre tesouros e detritos, Kristin reuniu evidências de contas bancárias e de corretagem. Encontrou dólares de prata da década de 1800 entre milhares de caixas da See's Candies, a maioria vazia. Enfiadas entre pilhas de jornais, achou algumas belas joias que lembrava pertencerem a sua tia-avó. Relógios de bolso. Vinte fichários listando todas as cartas que a avó escreveu ao avô durante a guerra e os originais das cartas que ele escreveu de volta. E a descoberta favorita de Kristin: dois crânios humanos.

Ela esvaziou a casa e contratou o mesmo corretor que vendeu a casa da irmã. Como os recursos estavam indo para a caridade, a antiga casa da vovó foi vendida como estava. Responsabilidade, disseram os advogados. "Meu tio e minha tia não atualizavam seus testamentos desde 1998", conta Kristin, "quinze anos antes de morrerem. Não acho que tivessem ideia dos valores imobiliários de San Francisco. Quem sabe se tivessem teriam feito algo diferente, mas acabaram deixando milhões para a caridade."

A alguns quarteirões de distância, a casa da família de sua tia aguarda a atenção de Kristin. É a próxima em sua lista de tarefas.

Kristin pode ser boa em organizar patrimônios de outras pessoas, mas se debate sobre o que fazer com o seu. "Se você não tem filhos", diz ela, "não é óbvio para quem você deixa suas coisas." Das permanentes, Kristin quer deixar algumas para instituições beneficentes e causas com as quais se preocupa. Ela pesquisa avidamente organizações para garantir que elas sejam bem gerenciadas e que o dinheiro irá para onde ela quer. Ela também considerou deixar dinheiro para o sobrinho. "Mas ele vai ficar com o da mãe, do pai e da avó", afirma ela. "Além disso, é bem-sucedido e não precisa de mais dinheiro." Amigos, família e com certeza Larry, seu parceiro nos últimos três anos e meio, estão em sua lista.

"A pergunta mais difícil, se você não tem filhos", diz ela, "é a quem você pede para fazer todo o trabalho? Eles são capazes? Eles têm tempo? Eles são qualificados? Por enquanto, ela descartou a ideia de escolher um banco ou empresa de curadoria. "Se minha irmã estivesse viva, eu a teria nomeado, sem dúvida. Confiava nela completamente." Em vez disso ela escolheu uma amiga de 35 anos que tem filhos e trabalha em período integral. "É justo com ela?", pergunta-se Kristin. "Decidi por ela por falta de opção."

Isso envolvia perguntar a ela. "'Estou pensando em colocá-la como curadora', falei. 'Eis o que está envolvido. Você sabe, você pode cobrar pelo seu tempo e não precisa saber o que fazer. O advogado a orienta. E você pode contratar pessoas para fazer grande parte do trabalho.'" Sua amiga concordou.

Larry é seu procurador para assistência médica. "Ele sabe o que eu quero", diz ela. "Posso fazer algumas mudanças. Provavelmente, é uma boa ideia revisar tudo a cada ano ou dois, porque as coisas mudam.

"Quem eu preciso nomear para fazer o trabalho sou eu. Eu sei como fazer isso."

*

Mais da metade dos americanos com idades entre 55 e 64 anos não têm testamento.[20] Dois terços das mulheres entre 45 e 54 anos não têm.

Capítulo 9 – Velhos órfãos 209

Amy Winehouse e Billie Holiday também não tinham. Apenas 26% dos americanos têm uma diretiva de assistência médica. Estamos negando nossa mortalidade.

"A atitude predominante é que realmente não se fala sobre envelhecimento", afirma Anne Wennhold, idosa de 82 anos.[21] "Você brinca com isso e envia cartões de aniversário um para o outro por estarem no fim da linha. Eu não sou contra nada disso. Só estou dizendo que é um sistema de defesa que impede as pessoas de envelhecerem num nível mais profundo."

Anne mora sozinha num apartamento em Tenafly, Nova Jersey, com alguns amigos próximos por perto que são suas pessoas de confiança. Ninguém mencionou isso, mas ela sabe que qualquer dia poderá tropeçar e cair. "Estou começando a atentar para o uso de um desses sistemas de alerta em volta do meu pescoço", diz ela. "Não me sinto tão equilibrada quanto me senti na maior parte da minha vida e não posso confiar no meu corpo se equilibrando da mesma maneira que antes."

Seu irmão e a família moram em Minnesota, e Anne considerou se mudar para lá. "Sei que fariam o possível para garantir que eu fosse fisicamente cuidada", explica. "Emocional e espiritualmente, seria difícil. Nunca significou nada para mim ter pessoas ao meu redor quando eu morrer. No momento da morte, quero que meu espírito esteja livre para mim. Vou ter esse suporte interno em vez de depender do suporte externo."

Ela contorna o assunto toda vez que trago a mundanidade do planejamento. "Eu não 'ressuscito'", diz. "É o que gostaria que acontecesse. É muito difícil para mim me imaginar tão mentalmente fora disso devido a ferimentos, acidentes ou doenças que me deixem inconsciente do que está acontecendo e eu não possa fazer qualquer escolha. Nesse caso, acho que está fora do meu controle de qualquer forma." Ela tem um testamento, com seu irmão como a pessoa principal, e diz que obter uma procuração merece sua atenção. Ela gosta daqueles bens que refletem o aspecto espiritual de sua vida, embora tenha pouco de valor material. "Quando eu

210 Você tem filhos?

for embora", comenta, "quem vier limpar a casa será bem recebido pelo que quer que veja. Não sou devotada a isso.

"Farei o planejamento que puder dentro da razão. Tenho que rir, porque o que quer que eu planeje não é o que acontece. Sempre há algo que estava escondido e me pega de surpresa. Acho que o planejamento a longo prazo simplesmente não funciona para mim."

*

Como uma planejadora vigorosa, tenho uma procuração financeira, um testamento, até uma curadoria. No entanto, com o meu casamento arruinado, todos eles precisam ser mudados. Preenchi uma nova procuração de assistência médica e duas amigas divorciadas a testemunharam para mim na outra noite. Elas aplaudiram minha prudência. Minhas irmãs agora estão encarregadas da minha pessoa, se eu não tiver condições. Espero que sobrevivam a mim.

É meu trabalho lhes dizer o que eu quero.[21] Felizmente, há ajuda. O Projeto Conversa (The Conversation Project), sem fins lucrativos, iniciado em 2010, orienta as pessoas a falar sobre seus desejos para cuidados no final da vida. Uma pesquisa que conduziram em 2013 descobriu que, enquanto 90% de nós afirmam que é importante conversar com nossos entes queridos sobre cuidados no final da vida, apenas 27% realmente o fazem. Assim, o Projeto Conversa projetou um kit inicial on-line que o conduz através do processo de forma ponderada, objetiva e fácil de usar. Começa com uma pergunta abrangente para ser completada: "O importante para mim no final da vida é..." A seguir, é apresentada uma exploração passo a passo de elementos específicos importantes, como a quantidade de informações que você deseja receber sobre sua própria condição de risco de vida, se prefere morrer em casa ou no hospital, quanto deseja que seus entes queridos saibam sobre sua saúde. Está tudo ali, claro e bem organizado.

Por anos fiquei obcecada com quem seguraria minha mão quando eu morresse. Sei que não sou a única. É a preocupação mais frequente que mulheres sem filhos compartilham comigo. Talvez porque a resposta geralmente não aponte para uma pessoa óbvia. Talvez porque tenhamos medo de pedir que alguém venha. Talvez porque tenhamos medo de morrer sozinhos. Graças ao Projeto Conversa, podemos fazer nossos planos e ter nossas conversas, e esperar que tudo corra como desejado.

Não estou mais preocupada com quem vai segurar minha mão quando eu morrer. Claro, ainda vou fazer planos, mas há pouco tempo mudei de ideia sobre o meu último dia. Em vez de me preocupar com isso, agora estou intensamente curiosa para descobrir quem estará ao meu lado. Talvez seja alguém que conheço desde sempre, ou talvez seja um rosto gentil que eu nem reconheça. Imagino sentir uma presença amorosa por perto, abrindo meus olhos e vendo-os claramente. "Meu, meu", direi. "Então, é você."

Capítulo 10
O que deixamos para trás

Não quero ficar me perguntando se realmente fiz uma contribuição. O legado da maioria das pessoas parece vir através dos filhos.

Sou o último da minha família. O que faço com a prata e a porcelana da família, todos os velhos enfeites de Natal?

Meu legado está no aqui e agora. Espero que aqueles que orientei por sua vez orientem outros.

Quando o rastro de fumaça de nossa existência se dissolve, vestígios do que tínhamos e de quem éramos permanecem. O que acontece com tudo o que acumulamos? E o que nossas vidas significam, afinal, quando nossas linhas genéticas se extinguem?

*

Em 2013, a *Time Magazine* publicou uma matéria de capa mostrando o contorno de um casal deitado numa praia de areia branca, braços pendendo entrelaçados, sorrisos satisfeitos em seus belos semblantes. "A vida livre de filhos", dizia a manchete. "Quando ter tudo significa não ter filhos."[1]

O artigo abordava os anos em que somos vitais, livres e desimpedidos, como a vida sem filhos certamente pode ser, promovendo todos os bens materiais e experiências que podemos ter. Mas o que acontece quando aquele casal bonito ou, na verdade, qualquer um de nós sem filhos enfrenta nossa mortalidade?

*

Profundamente enterradas numa infinidade de estudos, há dados importantes que ajudam a explicar tais coisas sobre nós, os sem filhos. Como renda e riqueza, quanto se compara quando você os possui e quando não. A cada dois anos, os pesquisadores envolvidos no Estudo de Saúde e Aposentadoria dos Estados Unidos entrevistam mais de 20 mil casais e solteiros com mais de cinquenta anos e coletam dados sobre saúde, renda e riqueza. Usando dados de 1996 a 2004, Michael Hurd, diretor do Centro RAND para o Estudo do Envelhecimento, observou que os sem filhos possuíam maior renda e riqueza média do que aqueles que os tinham.[2] Para os casais, a diferença de renda média era de cerca de 4 mil dólares por ano, para solteiros acima de 10 mil dólares. Quando se tratava de riqueza, a diferença aumentava. Casais sem filhos tinham cerca de 15% mais riqueza do que aqueles com filhos; solteiros, cerca de 17%. Sabemos que pais deixam heranças principalmente aos filhos – cerca de 90% de seus bens vão para os filhos.

Então quem se beneficia dos bens e recursos financeiros daqueles que não têm filhos? Parentes? Amigos? Comunidades? Coisas de valor material são tudo o que deixamos para trás?

Há também a questão existencial sobre o propósito de nossa vida. Se nossas vidas fizeram diferença, que forma essa diferença assume quando não estamos mais na Terra? Como queremos ser lembrados? Por quem?

Memória e significado não podem ser quantificados, e nossa linha genética direta termina com a nossa morte.

*

Kristin Steinmetz tocou em cada item empilhado na casa da avó.[3] Como curadora nomeada pelo tribunal, cabia a ela decidir o que manter e do que abrir mão de gerações de bens familiares. Ela examinou grandes fichários de cartas, descobrindo algumas com informações importantes da família. O resto foi para a lixeira. "Tive que me tornar menos sentimental, porque não podia levar tudo para casa comigo."

Mesmo assim, seu porão agora está cheio de caixas – a porcelana de sua bisavó, a prata de sua mãe e outros tesouros. Antiquários não aceitam. Os jovens de hoje não querem conjuntos, disseram a ela. Os crânios humanos e os copos de vidro de seu tio foram ofertados numa venda de garagem. Móveis utilizáveis foram para a Craigslist, para retirada gratuita. O sobrinho adotado recebeu os uniformes militares de seu pai, as placas de identificação do tio e algumas medalhas.

"Eu sou a última Steinmetz", diz ela. "Alguém terá que limpar tudo isso depois de mim."

Ela manteve a caixinha de joias que encontrou presa a uma pilha de jornais. Não podia deixar de lado nada com as iniciais; eles pareciam muito íntimos e pessoais. Ela tem nove ou dez anéis de diamante, não pedras de alta qualidade, mas as configurações de filigrana são lindas. "O bom de ser joalheiro", comenta ela, "é que dá pra reutilizar essas pecinhas, colocá-las em objetos mais contemporâneos, talvez."

Embora possamos nos preocupar com bens materiais, é o nosso dinheiro que tem poder para mudar vidas. Podemos deixar uma quantia para irmãos, sobrinhos. Também podemos deixar para organizações que apoiam esforços que nos sensibilizam.

Na interseção de idade com o fato de não ter filhos, fica o grupo demográfico com maior probabilidade de deixar dinheiro para a caridade. De acordo com um estudo, americanos sem filhos com mais de cinquenta anos têm "mais de quatro vezes mais chances [do que pessoas com filhos] de ter um plano de patrimônio para a caridade".[4] Outro estudo atribui o aumento acentuado no planejamento de doação de patrimônio à caridade entre 55 e 64 anos de 1996 a 2006 aos sem filhos.[5] Somos as melhores perspectivas para as organizações filantrópicas, e nossas doações podem assumir inúmeras formas: fundos aconselhados por doadores, bolsas de estudos, fundações familiares, conservação de terras, construção de edifícios. O modo como é gasto pode ser nossa prerrogativa.

*

Reunidas em torno de uma mesa de conferência numa tarde chuvosa de primavera, nove mulheres sem filhos se encontram na Oregon Community Foundation (OCF). Tive o prazer de coliderar a reunião. Essas mulheres parecem típicas pessoas de 55 a 75 anos, não particularmente elegantes em trajes ou comportamento. Algumas são casadas, outras solteiras. Metade delas havia trabalhado com crianças em várias funções no passado, e três eram assistentes sociais antes de se aposentarem. Elas não se conheciam antes, embora todas tenham estabelecido um relacionamento com a OCF. Você poderia dizer que o que elas têm em comum é um compromisso com as doações comunitárias.[6]

A OCF é uma das 1.700 fundações comunitárias em todo o mundo, e mais da metade delas fica na América do Norte. Sua missão comum é melhorar a qualidade de vida em determinada área geográfica. Quando você contribui para uma fundação comunitária, recebe uma dedução de imposto e a fundação avalia uma modesta taxa administrativa anual para gerenciar seu fundo.

Como doador, você explora opções com a equipe da fundação, que redige um contrato que captura os detalhes sobre para onde você quer que seu dinheiro vá. Para se proteger contra o apoio a uma organização sem fins lucrativos extinta, a OCF verifica o status de caridade da organização sem fins lucrativos antes de fazer qualquer doação. As contribuições dos doadores são reunidas e investidas em conjunto. Com ativos de mais de 1,6 bilhão de dólares, a OCF é classificada como o oitavo maior fundo comunitário nos Estados Unidos, distribuindo um total de mais de 103 milhões de dólares em subsídios e bolsas de estudos em 2015.[7]

É verdade que essas mulheres podem estar melhor financeiramente do que as mulheres comuns de certa idade. A maioria já estabeleceu a OCF como o que é conhecido como "fundo aconselhado por doadores". Isso significa que deram pelo menos 25 mil dólares para iniciar seus fundos, algumas muito mais que isso. As contribuições são qualificadas como uma doação beneficente para fins fiscais no ano em que você as realiza. A cada ano, os doadores podem recomendar uma porcentagem do saldo de seus fundos (normalmente de 4,5% a 5%) para organizações sem fins lucrativos, focadas nas causas com as quais se preocupam. Os doadores podem nomear seus fundos como desejarem – alguns usam o sobrenome, outros se sentem mais à vontade com uma palavra ou frase descritiva.

Muitos doadores gostam de visitar as organizações-alvo, antes e depois de fazer doações. A equipe da fundação pode atualizar um doador sobre a eficácia e a saúde fiscal de uma organização. Os doadores também orientam sobre o modo como seus fundos devem ser usados após sua morte. Eles podem nomear outras pessoas para aconselhar sobre as subvenções

218 Você tem filhos?

do fundo ou especificar organizações ou campos de interesse específicos (como educação ou meio ambiente) para apoiar perpetuamente. A OCF distribuiu 34 milhões de dólares de seus fundos aconselhados por doadores para organizações sem fins lucrativos em todo o Oregon em 2015. Uma parte considerável disso veio de pessoas sem filhos, mas eles não podiam dizer quanto, porque os números não são rastreados dessa maneira.

Uma mulher na reunião fez uma doação de 5 mil dólares a um programa do ensino médio chamado Community 101, que ensina jovens sobre filantropia. Depois de aprenderem a pesquisar organizações, ler as demonstrações financeiras e entrevistar aqueles que administram as diferentes instituições beneficentes, os estudantes decidem como distribuir cada dólar do subsídio para organizações sem fins lucrativos locais. "Participei do evento que organizaram para distribuir os cheques", diz ela. "Adorei ver as conexões que esses adolescentes fizeram com pessoas carentes em seus próprios quintais."

Outra mulher escolheu permanecer anônima em suas doações. Ela afirma que se sente um anjo invisível que compartilha coisas boas com pessoas que poderiam usá-las. Outras participantes da reunião direcionam seus recursos para artes, direitos dos animais, educação ambiental, programas de alfabetização e formação profissional. Ver o impacto de suas doações financeiras enquanto ainda estão vivos é gratificante, todos concordam, e há orgulho em saber que seus esforços continuarão muito depois que eles se forem.

A maioria também nomeou a OCF como beneficiária de pelo menos parte de suas propriedades. Elas orientaram como esses fundos serão gerenciados após seu falecimento. Como uma mulher apontou, "o que doo através da OCF tem um impacto muito maior do que teria se eu desse a meus parentes que realmente não precisam". Todas as mulheres ao redor da mesa assentiram. Uma acrescentou: "Quando eu morrer, meus entes queridos receberão o suficiente de meus bens para se sentirem lembrados, mas não o suficiente para mudar suas vidas. Essa parte vai para a minha comunidade."

Nossos temperamentos e objetivos individuais sugerem se damos anonimamente ou usamos nossos nomes. Talvez estabeleçamos um fundo de bolsas de estudos na universidade em que estudamos como uma maneira de apoiar os jovens que ingressam numa profissão amada e deixemos um legado nomeado para nossa escola. Talvez sejamos do tipo que foge do reconhecimento público, preferindo o reconhecimento privado do fato de doarmos. Conclusão: nossa doação faz a diferença.

*

O pesquisador e professor alemão Frank Adloff, Ph.D., do Instituto John F. Kennedy de Estudos Norte-Americanos, Seção de Sociologia da Universidade Livre de Berlim, descobriu que aqueles que organizam fundos beneficentes privados têm três vezes mais chances de não ter filhos. Adloff explica porquê: "Criar uma fundação é atraente para pessoas sem filhos, tanto como um meio de garantir que o nome de alguém continue vivo, como como uma maneira de organizar legados.[8] Doadores sem filhos têm uma probabilidade significativamente maior de listar 'doar para a posteridade' como um motivador importante para criar sua fundação privada."

Depois de examinar os dados demográficos das doações beneficentes americanas entre 1992 e 2012, Russell N. James, III, Ph.D., professor de planejamento financeiro pessoal da Texas Tech, concluiu: "A ausência de filhos é o mais forte previsor demográfico da inclusão de um legado de caridade no plano imobiliário." Para casais sem filhos com 55 anos ou mais, cerca de metade nomeou uma instituição beneficente como beneficiária.[9]

Os pesquisadores italianos Marco Albertini e Martin Kohli apontam que um número crescente de idosos sem filhos é "uma fonte valiosa de doações beneficentes.[10] De fato, ao doar às fundações filantrópicas

– em vez de consumir sua riqueza ou deixar heranças –, os doadores sem filhos podem se tornar pioneiros no campo do envolvimento cívico pós-familiar".

Segundo o Foundation Center de Nova York, em 2013 havia mais de 87 mil fundações nos Estados Unidos, com ativos totalizando quase 800 bilhões de dólares.[11] As doações anuais daquele ano foram quase idênticas às doações recebidas – cerca de 55 bilhões de dólares. É muito dinheiro, e há muitas formas de fazer contribuições beneficentes. Algumas fazem o bem enquanto você ainda está aqui, outras, depois que você parte. Gosto de ver as pessoas sem filhos sendo chamadas de "pioneiras". Quando o assunto é filantropia, como nós fazemos a diferença.

*

Eis o conselho de Jane Dunwoodie, residente de Dayton, sobre como mulheres sem filhos podem acumular recursos ao longo da vida que um dia farão a diferença: "Desde muito jovem, comece a economizar. Você pode realmente começar a criar segurança para si mesma de uma forma que as pessoas que desejam colocar os filhos na faculdade talvez não consigam. Agora, já acumulei o suficiente para saber que, desde que o mercado de ações não chegue ao fundo do poço, ficará tudo bem."[12]

Ela está pensando além do próprio tempo de vida, na possibilidade de poder deixar um legado financeiro. Isto é, se não esgotar o que guardou para os próprios cuidados. Alguns amigos sugeriram que ela viajasse, vivesse um pouco. Jane tem uma estratégia diferente. Com a mãe já com 101 anos, ela quer a segurança de saber que guardou o suficiente para durar mais 45 anos, quando terá 110 anos.

Recentemente, ela estava no trabalho uma manhã, quando a secretária do departamento chegou.

"Quase sofri um acidente na rodovia quando vi você", disse ela a Jane.

Capítulo 10 – O que deixamos para trás **221**

"Você não me viu na rodovia", respondeu Jane.

"Vi, sim. Você está num outdoor."

Jane ri da lembrança: "Acho que a Fundação Dayton colocou minha cara lá. Você também pode ter seu fundo na Fundação Dayton. Nunca vi o outdoor. Eu passei a evitar aquela rodovia de propósito."

Ela e a mãe fizeram acordos para que tudo o que restar após a morte de Jane vá para uma fundação familiar que elas criaram. "Estou economizando para esse legado, o legado monetário", conta ela. "É tão bom saber que o que não gasto vai para a comunidade de Dayton, para coisas com as quais nos preocupamos. Você não precisa pagar nada para configurá-la. É divertido."

As artes são importantes para Jane, assim como sua igreja e a universidade em que trabalha. Ela é formada em artes plásticas e, nas horas vagas, pinta, esculpe e fotografa. Depois que o irmão morreu, Jane começou a fazer o que chama de "Caixas Irmãs". "São esculturais", explica ela, "cinza-claro por fora, mas cheias de peças e projeções coloridas, simbólicas de pessoas que não enxergam além da deficiência externa, a pessoa que está dentro." Variam em tamanho de alguns centímetros quadrados a quase dois metros de altura. Ela fez centenas, e foram rapidamente vendidas, embora não sem algum receio de sua parte. "Foi difícil vendê-las", diz ela. "Foi como vender meu irmão. Mas não quero ser encontrada quando tiver 98 anos com um milhão de caixas em casa, como a senhora com uma dúzia de gatos. Tenho cerca de seis caixas só."

Jane espera que parte de sua arte sobreviva a ela. "Pode não ser como no *Antiques Roadshow*", comenta ela, e depois fala com a voz do apresentador: "Isso foi feito no século XXI por uma artista chamada Jane Dunwoodie." Sua voz volta ao normal. "Pode não ser assim, mas alguém terá uma caixinha preciosa, uma pintura ou uma fotografia onde estará escrito 'J. A. Dunwoodie' e se perguntará quem ela era. Talvez nunca descubram, mas há a diversão do mistério."

Ela gosta da ideia de preservar o nome da família com seu fundo também. "As organizações artísticas verão esse dinheiro ser despejado todos os anos e dirão: 'Em algum momento viveu um Dunwoodie.' Eu realmente quero continuar economizando, para que seja um fundo saudável o bastante para causar um impacto significativo a cada ano em algumas organizações artísticas, manter a igreja funcionando e tudo mais.

"Também é uma sensação boa saber que você está fazendo algo para a próxima geração", diz Jane. "Algumas pessoas têm filhos para fazer coisas para a posteridade. Eu tenho isto."

*

Deb Fischer descobriu uma maneira de ajudar a educar a próxima geração de doadores.[13] Depois do jantar de Natal, alguns anos atrás, Deb, seu parceiro Paul, os filhos adultos dele e seus cônjuges estavam sentados em volta da mesa conversando. Uma das filhas dele estava na escola de enfermagem na época, e ela abordou o assunto das diretrizes de assistência médica. Eles acabaram conversando sobre quais intervenções de sustentação da vida queriam. Devido à intensidade com que todos se envolveram nessa conversa, Deb teve uma ideia.

Alguns anos antes, ela havia criado um fundo aconselhado por doadores através da empresa Charles Schwab. Como planejadora financeira certificada, Deb sabia que seu benefício fiscal seria maior se ela criasse o fundo enquanto ainda ganhava um salário. Também sabia que continuaria doando para organizações sem fins lucrativos quando se aposentasse e vendesse seus negócios a colegas. "Gostei do conceito de fundo de doações – ter um balde de dinheiro que poderia ser uma fonte de doações beneficentes enquanto minha renda flutuaria ao longo do tempo", diz ela. "Eu estava nos anos de maior renda da minha vida e queria que mais desse valor fosse para doações, mas ainda não tinha certeza de como queria gastar esses dólares para a caridade."

Pouco depois da conversa de Natal, Deb perguntou a Paul e seus filhos se eles estariam interessados em sugerir organizações que se beneficiassem

Capítulo 10 – O que deixamos para trás   223

de algumas de suas doações anuais. "São ótimas pessoas que realmente se importam com o mundo", afirma ela. "Eu sabia que o dinheiro deles nessa fase da vida era muito apertado. Também há pessoas fazendo tantas coisas legais, e poderíamos apoiá-las com alguns dólares. Todos gostaram da ideia e disseram sim, sim, sim, conte conosco."

Agora, duas vezes por ano, Deb informa aos filhos de Paul a quantidade total de fundos disponíveis para doações e lhes dá um prazo para a apresentação de suas propostas. Ela descreve o que devem considerar: se é uma organização sem fins lucrativos isenta de impostos, o que o trabalho da organização significa para eles e por que o resto da família se preocuparia com isso. O processo foi projetado para evoluir, e eles fizeram algumas mudanças ao longo do caminho. "Eu esperava que talvez o fizéssemos uma ou duas vezes e eles dissessem: 'Não temos tempo, não estamos interessados.'"

Em vez disso, todos participaram duas vezes por ano, todas as vezes. Deb ficou surpresa. "Mesmo desta vez, Elizabeth, que tem um bebê recém-nascido, disse que está realmente empolgada com sua organização. Está incorporado à forma como olham para o mundo", comenta Deb. "Essa coisa lhes deu olhos para estarem sempre atentos ao que poderia ser uma boa organização."

Uma das mudanças que instituíram desde o início foi o papel de "contato familiar", que em parceria com Deb revisa propostas e faz recomendações. A cada ano, eles alternam quem ocupa o papel. Deb pesquisa cada organização proposta, analisando suas finanças, declarações de missão e fontes de receita. Em seguida, usando diretrizes consistentes, ela e o contato comparam anotações e sugerem os recebedores e os valores da doação. "Sou o Poderoso Chefão", diz ela, "então tomo as decisões finais."

Não estamos falando de grandes quantias em dólares. O subsídio mínimo é de 250 dólares e o máximo que já deram a uma única organização é de mil dólares. As organizações sem fins lucrativos que escolheram ao longo dos anos se envolveram em esforços como fornecer ajuda jurídica para refugiados, apoiar pessoas que saem da prisão, programas voltados para mulheres e crianças e empreendimentos ambientais e médicos.

"Não houve nenhum descontentamento até agora", diz Deb, "mas enfrentamos algumas situações delicadas tentando equilibrar os interesses de todos. Há várias pequenas organizações locais de que alguns gostam e que se beneficiam mais do que outras. Às vezes, faço pessoalmente uma doação, mas conto a eles. Eles parecem estar muito interessados nas organizações às quais estou doando e por quê.

"Estamos aprendendo um sobre o outro, além de saber o que os netos estão fazendo, o que está acontecendo no trabalho e para onde ir nas férias. Pareceu algo muito legal de ter em comum, desde que descubramos como fazê-lo, para que seja fácil, simples e divertido."

Quando se trata do próprio legado, Deb minimiza sua importância pessoal. "Sou uma de 7 bilhões de pessoas", diz ela. "Pessoas vêm, pessoas vão. Quando eu morrer, me devolvam à terra. Dinheiro é apenas dinheiro. Meu pedacinho em todo o esquema de coisas não fará grande diferença."

Outro dia, alguém lhe contou sobre como gastaram uma quantidade significativa de tempo e dinheiro construindo uma trilha na floresta. Eles agora têm um legado que muitas pessoas podem usar. "Para mim, o legado é deixar uma marca", afirma Deb, "seja um filho, um prédio ou uma empresa. Não preciso deixar nada com o meu nome. Sou parte do tecido do todo maior, onde pequenos pedaços do meu tempo, talento e tesouro são dados. Muitas pessoas dirão: 'Mas seu nome morre com você.' Quem se importa? Há muitos outros Fischer por aí.

"Acho que não vou ser lembrada", continua ela. "É como as rosas no seu jardim. Elas crescem, amadurecem, florescem. São lindas por um tempo, depois morrem e voltam à terra. Alguém pode se lembrar dessa rosa por um tempo, mas depois disso não."

★

Capítulo 10 – O que deixamos para trás   225

O setor imobiliário tem um papel importante nos planos filantrópicos de Tex Geiling.[14] Construída em 1870 como a primeira casa do quarteirão, sua residência em San Francisco sobreviveu ao terremoto e incêndio de 1906 que destruiu mais de 80% da cidade. "A casa foi condenada quando a compramos em 1952", lembra ela. "O vistoriador de imóveis estava certo de que ela seria demolida. Ele continuou dizendo: 'Está apenas perpetuando uma mediocridade.'"

Mas eles venceram, consertando a casa pouco a pouco e aceitando contribuições de belos objetos de amigos que buscavam um lugar para colocá-los. Na biblioteca de sua casa, há cestas feitas por nativos americanos, arte baleeira e um busto de capitão do mar cheio de nós. Todo o local é decorado com peças vitorianas adequadas à época de sua construção.

"Doei a casa ao Museu Oakland", diz Tex, 91 anos, "porque é o único museu que tem algum tipo de interesse em artesanato. A doação da casa é para criar uma curadoria em artesanato e arte decorativa." Anos atrás, quando o ex-curador do museu foi trabalhar para o Smithsonian, a aquisição de itens de artesanato expirou. A ideia de Tex é que o novo curador se concentre na aquisição de artesanato da década de 1980 até o presente e preencha essa lacuna.

Quanto à propriedade que ela e o marido, há muito falecido, compraram numa das ilhas San Juan em 1958, também está destinada a uma causa maior que os laços de sangue. Quando Tex e o marido compraram a propriedade, cada pedaço da terra que ficava na baía isolada abaixo era de propriedade privada. As antigas matas de abeto de Douglas cobrem a costa rochosa, quase tocando a beira da água. A pequena enseada em forma de buraco de fechadura seria perfeita para esconder piratas.

Uma mudança nas leis de imposto sobre a propriedade – cobrar por metragem à beira-mar em vez de terras aráveis totais – resultou em proprietários pobres tendo que vender algumas ou todas as suas propriedades. Foi assim que Tex e John conseguiram comprar seus três terrenos. "Eles nos acompanharam por tudo o que possuíam", lembra Tex, "e atravessamos a floresta pela praia nessa trilha maravilhosa que havia sido usada por mais de cem anos. Chegamos ao que mais tarde chamamos de Ponto do John, e nós dois dissemos: 'É aqui.'" A plataforma para dormir e a cozinha ao ar livre que construíram no primeiro verão ainda são usadas pelos visitantes hoje.

Nos mais de 55 anos em que ela é dona do lugar, os valores da terra e o turismo dispararam. Os moradores locais estavam preocupados com a perda da natureza da ilha. Assim, em 1990, os eleitores do condado aprovaram um imposto imobiliário que financiava um banco de terras para preservar lugares especiais em todas as ilhas San Juan. Hoje, mais de 2 mil hectares em oito ilhas estão protegidos, incluindo as terras de Tex.

Pelo modo como Tex conta a história, o empreiteiro de Seattle que era dono de um terreno de quase três hectares ao lado planejava remover mais da metade de suas árvores e construir uma casa de cerca de seiscentos metros quadrados na ponta da baía. Tex foi crucial no que aconteceu a seguir. "Fiz um acordo com o San Juan Preservation Trust", diz ela, "e disse a eles que, se comprassem essa parte da propriedade, eu daria a próxima."

Os ilhéus levantaram quase metade do preço de compra de 1,225 milhão de dólares, órgãos públicos pagaram o restante e o truste conseguiu comprar o terreno do empreiteiro. No final, Tex colocou duas parcelas de sua própria terra – mais de 12 mil metros quadrados – numa servidão de conservação que efetivamente completou uma ferradura contígua de terra protegida ao redor da baía.

A servidão de conservação garante que sua terra permanecerá como está perpetuamente. Ela mantém o título, paga impostos prediais reduzidos e pode passar a propriedade para seus herdeiros quando morrer. Mas eles precisam respeitar os termos da servidão anexada à propriedade para sempre. "Espero poder deixar dinheiro suficiente para que os juros cubram os impostos e a manutenção", diz ela, "e os garotos [seus sobrinhos] possam vir quando quiserem." Alguns de seus parentes visitam Tex na ilha desde os dois anos de idade.

Compare um postal da década de 1950 da baía de Tex com um fotografado recentemente e as únicas diferenças que você verá são matas meio estreitas e a casa dela bem ao lado, quase fora de cena. E é assim que sempre será, pelo menos em parte devido à generosidade de Tex.

*

Enquanto Tex está impedindo uma futura construção, Cheryl Katen e o marido investiram na renovação do espaço para os estudantes.[15] Cheryl adorava a biblioteca quando era estudante de graduação no Instituto Tecnológico Lowell, hoje UMass Lowell. Como uma das cinco mulheres em sua turma de calouros de trezentos alunos, Cheryl precisava de um lugar de descanso, longe de toda aquela testosterona. Embora fosse estudante de engenharia, ela se entregava a uma diversão única. "Quando eu estava realmente cansada de estudar", relembra, "ia à seção médica e pesquisava doenças de pele. As doenças de pele eram minhas favoritas."

Durante o segundo ano, Cheryl conheceu seu marido, Paul, naquela biblioteca. Ele era veterano. "Uma biblioteca", diz ela timidamente, "é o coração e a alma de uma universidade."

Alguns anos atrás, Cheryl entrou em contato com a universidade em que estudou com a oferta de comprar alguns periódicos para sua amada biblioteca, ciente de que as assinaturas são muito caras. A proposta deles voltou muito menor do que ela esperava. "O que mais vocês têm em mente?", ela se lembra de perguntar. "Eles disseram que realmente gostariam de pegar um andar inteiro da biblioteca e torná-lo um centro de aprendizado, com espaços comuns e quadros brancos."

O Katen Learning Commons foi inaugurado em 2011 – uma área aberta confortavelmente mobiliada no segundo andar, cercada por um laboratório de informática, espaços para estudo em grupo com telas de projeção e salas de estudo privadas. "Pagamos pela coisa toda", diz ela. "É o que considero meu legado."

Ela também não está preocupada com o fim de sua linha genética. "Dizem que tudo que você precisa é de oito primos para ser coberto no *pool* genético. Meus pais vieram de famílias grandes, então tenho muita cobertura."

Cheryl não se intimida em desafiar a prática predominante de filhos herdarem os bens de suas famílias. "Olho para os pais que deixarão seus bens para os filhos", diz ela, "e me pergunto se há alguma outra coisa no mundo que poderia ser feita que beneficiaria muito mais pessoas do que um filho."

*

Independentemente da riqueza que possam deixar para os filhos, tenho certeza de que os pais esperam que os filhos se lembrem deles com carinho. O legado mais misterioso de todos é o que deixamos para trás nas memórias e vidas dos outros. Quando não deixamos investimentos, a que propósito nossa vida serviu? Qual é o nosso legado intangível?

Marie Erickson encontrou seu legado tanto nos negócios quanto na família.[16] Por ser bem conhecida no mundo da ioga e querer proteger sua vida privada, Marie terá um pseudônimo aqui. Ela é ágil e flexível, como você espera de uma mulher que pratica ioga há mais de quarenta anos. É impossível acreditar que ela está a um ano de completar setenta. Ela vendeu recentemente seu estúdio de sucesso após mais de 25 anos no ramo.

"Há o legado profissional", diz ela, "e há o legado da família. Se meus 'filhos' no centro de ioga veem que eu criei esse negócio incrível, esse é o meu legado profissional. O centro de ioga é cada pessoa que vem e vai. Não importa se sou a dona da empresa ou não, sempre terei esse legado.

"Nunca teria sido capaz de colocar no negócio o que tenho em termos de coração e alma se tivesse tido filhos. Fui mãe dos meus negócios. Sempre o vi como meu bebê. É por isso que as pessoas pensaram que seria difícil para mim deixá-lo. Mas ele está crescido agora. Queremos que nossos filhos floresçam e evoluam além de nós."

Marie diz que nunca esteve realmente em posição de ter filhos. Seu primeiro marido foi morto no Vietnã aos 21 anos. O aprendizado de ioga lhe deu suporte por meio de seu processo de luto e cura. "Da pior experiência da minha vida, que era perder meu marido, veio o trabalho da minha vida", diz ela.

Ela está com o atual marido há 25 anos e se sente muito próxima das três filhas e dos netos dele. Sente-se mais amiga do que madrasta das meninas, mas recentemente começou a apresentá-las como "nossas filhas". Ela considera que os netos são dela, porque nunca conheceram nada de diferente. Eles a chamam de "vovó".

"Se meus netos me veem como uma boa pessoa", afirma ela, "esse também é meu legado. Acho que o único legado que alguém pode ter realmente é como você viveu sua vida. Tento sentir que vivo de todo o coração, que sou gentil.

"Não se trata de ser perfeito. Mas de ser real e mostrar às crianças que todos cometemos erros e podemos aprender com eles. Erros são nossos professores. Foi Beckett quem disse 'Fracasse de novo. Fracasse melhor'? Eu amo isso.

"Não sabemos como o efeito cascata de nossa vida tocará os outros", continua ela. "Pense nas pessoas que admiramos. Elas necessariamente sabem que influenciaram nossa vida? Eu estava pensando em escrever para a minha primeira professora de ioga. Preciso dizer a ela como conhecê-la me levou à minha experiência apaixonada com ioga. Não foi apenas algo que fiz, foi algo que amei."

★

Tentando entender tudo isso, um dia a poeta Suzanne Sigafoos compartilhou suas preocupações sobre o legado com seu irmão e sua irmã, ambos pais.[17] "Eu finalmente disse a eles: 'Quero que saibam que, quando penso na minha morte, uma coisa que me deixa realmente triste é que não haverá crianças na terra que falarão sobre mim, tenham uma foto minha na prateleira, me citem, se pareçam comigo, caminhem com parte de mim nelas.'"

Ela ficou triste com a resposta deles. Não, disseram para ela, as mortes deles serão mais difíceis que a dela, porque deixarão os filhos quando morrerem. "Eu não queria ter a última palavra", explica Suzanne, "só queria que reconhecessem que é solitário para mim dessa maneira.

"Meu marido e eu não temos herdeiros", diz ela, "e parece o fim de uma era. Não tenho mapa. Tenho que continuar envelhecendo sem um mapa."

Ela está tentando criar a própria rota, mas ainda falta orientação, pelo menos em parte, porque ela tem dificuldade em envolver o marido no processo de planejamento. "Continuo dizendo a ele: 'Vamos pensar em guardar algum dinheiro para o que você considera realmente importante, como uma bolsa de estudos para um estudante de engenharia.' Fico muito animada e ele simplesmente desaba. Acho que nunca enfrentará isso. Vou ter que descobrir por conta própria."

Suzanne tem muitas ideias, todas celebrando as palavras – doar à fundação da biblioteca, talvez criar uma bolsa de estudos para escritores. "Certamente ainda não tenho isso resolvido", diz ela, "mas parece emocionante para mim que eu possa ter meu nome em algo que beneficiaria a vida criativa de alguém."

Ainda assim, ela se pergunta sobre sua vida após a morte. "Haverá algum ensinamento? Eu vou só desaparecer??", pergunta ela. "A parte assustadora é que quero ser vista como uma pessoa amorosa. Se você não é uma boa mãe, não sei como consegue demonstrar que é capaz de multiplicar amorganhar."

★

Capítulo 10 – O que deixamos para trás **231**

Para a filósofa Jane Zembaty, 84 anos, o legado acontece nesta vida, não depois que ela se foi.[18] "Não penso em termos de legados, de maneira alguma", diz ela. "Quanto à questão geral do significado da vida, uma coisa que aprendi na faculdade foi que é uma pergunta sem sentido.

"Não sou religiosa; sou ateia. Então, para mim, quando penso numa vida, penso se é bem vivida ou não. É uma vida que lhe deu satisfação? É uma vida que ajudou você a contribuir com outras pessoas? É uma vida com amigos e com alegria?"

★

Encontrei multiplicação de amor e legado na sala de aula. Encontro isso em pequenas coisas.

Uma aluna da primeira série, emaranhada em cabelos negros presos em tranças, se inclina para o meu lado enquanto olhamos para as combinações de letras que o professor acabou de abordar na aula. Sua cartilha está aberta na página "ch", e tenho uma pilha de cartões didáticos prontos.

"Você sabe qual o som que a letra 'c' e a letra 'h' formam juntas?", pergunto.

Seus lábios se contorcem, tentando, sem sucesso, juntar o som sibilante de "c" com o chiado da união com "h". Ela me olha pedindo uma dica. Pressiono os dentes e sopro o som "ch" três vezes. Com a testa franzida, a menina parece cética.

"É uma daquelas combinações de truques", digo. "A letra 'c' mais a letra 'h' soam como a letra 'x'. Você conhece o som de 'x'?"

Ela olha para mim como se eu fosse louca e solta um "x" perfeito.

"É isso aí. Você pode dizer esta palavra?", aponto para o cartão de um chaveiro, e passo a mão pelos pedaços da palavra enquanto ela monta a nova combinação de sons, primeiro muito devagar, depois cada vez mais rapidamente. Eureca.

"Sim, é 'chaveiro'. Bom trabalho", digo. Fazemos um *high five*. "Que tal este?" Escondo o próximo desenho e peço que ela divida as sílabas da nova palavra escrita na parte inferior. É uma palavra longa, e ela continua tentando.

"Você acabou de falar", digo, concordando com a cabeça. "Ouça o que você está dizendo."

"Cho-co-la-te. Cho-co-la-te. Chocolate!" A centelha de entendimento se acende, e ela demonstra triunfo quando revelo a foto. Examinamos mais alguns cartões – cachorro, salsicha, mochila, e ela corre para contar aos colegas sobre "x" e "ch" enquanto eles fazem fila para o recreio.

Em nenhuma outra área da minha vida tenho tanta paciência. Com poucas tenho tanta gratificação. Em nosso curto período de tempo juntas, essa garotinha percebe que pode ler muitas palavras novas, e uma leitora iniciante cria confiança para tentar a próxima combinação de truques. Ela nunca fará uma conexão consciente entre os breves momentos que passei com ela e seu crescente vocabulário. Eu nunca esquecerei.

Esses momentos constituem meu legado, e muitos dos recursos que pude reunir algum dia beneficiarão a alfabetização na primeira infância. Se ao menos uma criança que eu conhecer encontrar significado e alegria ao aprender a ler, minha vida terá tido importância.

Agora sei que o tempo e a energia vital que posso investir nos outros são um resultado direto de não ter meus próprios filhos. Meu cuidado e influência abrangem um escopo que certamente teria se estreitado se eu tivesse criado minha própria descendência. Sua ausência me capacita a tocar outras vidas.

*

É surpreendentemente fácil quantificar ao menos parte dessa capacidade, graças a entrevistas e dados de estudos de uso do tempo coletados pelo Centro de Pesquisas Pew. Numa estimativa conservadora, uma mãe dedica em média

Capítulo 10 – *O que deixamos para trás*   233

20.970 horas ao cuidado dos filhos desde o nascimento até os dezoito anos.[19] Supondo uma semana de trabalho americana média de quarenta horas, isso equivale a mais de dez anos de trabalho em período integral (quarenta horas por semana vezes 52 semanas é igual a 2.080 horas). Dez anos.

O que não está incluído nesse cálculo é o tempo gasto planejando, preocupando-se e falando sobre os filhos, bem como todos os anos da vida de cada filho após os dezoito anos. É justo dizer que é provável que a mulher comum sem filhos tenha consideravelmente mais tempo disponível para buscar outros empreendimentos na vida. No entanto, muitas de nós correm o risco de desperdiçá-lo sem nem mesmo saber que é nosso investimento.

Meu objetivo aqui não é destilar a gravidez em unidades de tempo, mas destacar os ricos potenciais que aquelas mulheres sem filhos têm para impactar a própria vida e a vida de outras pessoas. Quando não somos vinculadas a filhos, nossa vida é autodirecionada e composta de outros cuidados, alegrias e preocupações. Ao considerar conscientemente nossas capacidades, podemos intencionalmente esculpir vidas congruentes com o que valorizamos.

Malcolm Gladwell, em seu livro best-seller *Fora de série*, examinou a relação entre tempo e desenvolvimento de expertise.[20] Dez mil horas. É o que é preciso para dominar determinada habilidade. Se direcionarmos mais de 20 mil horas "extras" para algo de que gostamos, podemos nos tornar o tipo de pessoa que esperamos ser. Ou podemos dividir nosso tempo em pedaços menores espalhados por um escopo mais amplo. Há liberdade, poder e potencial criativo inerentes à vida sem ter filhos.

*

Em breve aquela pequena aluna da primeira série que aprendeu o som de "ch" se tornará uma pré-adolescente. Ela e as colegas ouvirão praticamente a mesma conversa que suas tias, mães e avós ouviram quando se aproximaram da puberdade. Cada menina tentará invocar como as crianças podem se apresentar em sua futura condição de mulher. Ela ficará no portal de seus amanhãs.

Depois da minha própria conversa de menina para mulher, lembro-me de ter me consolado com a garantia da professora de que, a despeito de onde eu estivesse, se eu tivesse menstruado inesperadamente, outras mulheres poderiam me ajudar, quer eu as conhecesse ou não. Imagino que as mães expectantes ouçam uma variação do mesmo tema antes de darem à luz e à medida que os filhos amadurecem.

Meu desejo para a minha aluna de primeira série e suas amigas é que elas cresçam com o conforto de saber que, se seus amanhãs seguirem um caminho diferente daquele da rota para a maternidade, elas também serão apoiadas e celebradas por mulheres de todas as idades e destinos.

Manifestando que a visão está dentro do nosso alcance. Quando aproveitamos as oportunidades para compartilhar como estamos navegando pela vida sem filhos, adicionamos pontos de vista e pausas para o atlas da não maternidade. História por história, mulher por mulher, elaboramos opções para levar uma vida satisfatória no trabalho, no lazer, no relacionamento e como seres humanos amadurecidos. Entre gerações, com mulheres mais velhas e mulheres mais jovens.

Quem somos não é o antônimo de ser mãe, e nossas opções e estilos de vida não comprometem de forma alguma a maternidade. Em vez disso, representamos uma dinâmica complementar do que é ser mulher de um tipo diferente. Independentemente do motivo de não termos filhos, crescemos fora da corrente convencional da maternidade e podemos cultivar vidas que nunca esperávamos.

POSFÁCIO
VOCÊ TEM FILHOS?

Que diferença faz? Não acho que seja necessário fazer a pergunta.

Quando estava atravessando a infertilidade, eu chorava no banheiro. Felizmente, isso se transformou. Agora é quem eu sou.

Depois que digo que não tenho filhos, sei que vai vir uma pergunta estranha.

De todos os indicadores de que a nossa é uma cultura pró-natalidade, a aceitação social dessa onipresente pergunta para quebrar o gelo é talvez a mais emblemática. Como podemos integrar melhor as realidades da vida sem filhos por opção ou não no discurso social? Não perguntamos sobre religião ou se e com quem alguém está fazendo sexo. Mas indagar sobre a produção de descendência de alguém logo que se conhece a pessoa é um procedimento operacional social padrão. A essa altura, deveria ser óbvio: para muitas mulheres, responder a essa pergunta não é simples nem benigno.

As perguntas sobre filhos surgem em situações sociais quando encontramos alguém pela primeira vez, no decorrer de nossos encontros diários com conhecidos, comerciantes e colegas de trabalho, e entre familiares e amigos durante todo o curso do relacionamento. Embora algumas conversas não se desenrolem perfeitamente, assumir o risco de incluir perspectivas livres de filhos e sem filhos ajudará a liberar estigmas e estereótipos.

Quando a resposta para a pergunta sobre filhos é "não", pode parecer que o ar é sugado para fora da sala. O que geralmente ocorre é uma significativa pausa, enquanto todos tentam descobrir o que fazer a seguir. *Opa, a mãe provavelmente está pensando, Eu imagino por que não. Mas sei que não devo perguntar a ela. O que faço agora?* A mulher sem filhos provavelmente está se preparando para o incentivo, o julgamento ou a piedade da mãe. Ninguém sabe bem o que dizer.

Essa pausa significativa é um momento de ouro para nós, sem filhos, levarmos a dança da conversa na direção de nossa escolha. A pergunta é inevitável, e temos a vantagem de já saber nossa resposta. Então por que não honrar a nós mesmas e resgatar o interlocutor emudecido ao responder de uma maneira que se adapte às nossas intenções e ao estado emocional atual? Com preparação e prática, podemos suavizar os desníveis na pista de dança das conversas.

As mães também têm a oportunidade de preencher essa pausa significativa com curiosidade, temperada pela percepção atenta de como suas perguntas estão sendo recebidas. Um interlocutor respeitoso pode facilitar o fluxo de informações e abrir uma troca autêntica.

As mulheres sem filhos que conversam entre si podem ser uma fonte potente de exploração, apoio e apreço. Ao manter a percepção das diferenças em nossas circunstâncias e as respostas individuais, podemos encontrar um terreno comum e aprender com mulheres sem filhos de todas as idades.

O problema é que a maioria de nós não sabe o que dizer ou fazer com essa pausa significativa. E, mesmo se tentarmos preenchê-la, corremos o risco de cometer gafes enquanto desenvolvemos novas habilidades. Mas devemos tentar se queremos integrar melhor todo o espectro de quem e como somos no mundo, independentemente de termos filhos ou não.

Posfácio – *Você tem filhos?* 237

*

Então como conversamos umas com as outras? Aqui estão alguns pensamentos, prós e contras, primeiro para mulheres que não têm filhos que respondem a perguntas sobre seu status reprodutivo, depois para mães que descobrem que a mulher com quem estão conversando não tem filhos e, por fim, para mulheres sem filhos que encontram outras mulheres sem filhos.

PARA MULHERES SEM FILHOS FALANDO COM MÃES

Aquelas de nós sem filhos podem tentar se fundir com os limites das conexões centradas na família, limitar nossos relacionamentos comunitários a outras mulheres sem filhos ou livres de filhos, ou criar uma mistura das duas coisas. Criar uma mistura é algo interessante para todas.

Durante anos, tenho respondido à questão dos filhos com uma mistura de medo e confusão. Eu digo a verdade? Se sim, estou me expondo antes de ter alguma ideia de como é a outra pessoa. Se esclareço, a mãe pode presumir que não gosto de crianças. Se eu falar de meus animais de estimação, ela poderá apresentar histórias e fotos de seus filhos *e* seus animais de estimação. Dependendo da minha intuição a respeito de quem está perguntando, do meu humor ou de algum outro medidor interno do que acho que é esperado de mim, posso ser superficial, sombria ou franca. Aquele intervalo de gagueira no espaço entre a pergunta dos filhos e a minha resposta é estranho.

E quase sempre há na minha resposta um tom de que eu não gosto:

"Não, *mas* realmente gosto de crianças."

"Tentamos, *mas* não funcionou."

"Não, *mas* tenho sobrinhos maravilhosos. E amo meus animais."

Tudo verdade, sim; no entanto, por que todos os *mas* soam tão defensivos?

Um advogado astuto para o qual trabalhei era fascinado por fazer perguntas pessoais ultrajantes, e as pessoas quase sempre o respondiam. "Nunca se esqueça", ele me disse, "uma pergunta feita não é necessariamente uma pergunta respondida."

Talvez você esteja se sentindo frágil, defensiva ou vulnerável. Talvez não esteja disposta a explicar sua situação. Talvez prefira falar sobre outra coisa, qualquer outra coisa. Francamente, você tem todo o direito de fugir do assunto, porque não é da conta de ninguém, só da sua.

Claro que as pessoas que conhecem sua situação não perguntam se você tem filhos. Em vez disso, perguntam direta ou furtivamente sobre detalhes de seu status, intenções e conclusões sobre tê-los. Quando isso acontece, você tem uma escolha: fugir do assunto completamente ou se engajar com a pessoa que pergunta.

Eu acho que é prudente ser hábil nas estratégias de evasão e engajamento, porque haverá ocasiões para usar cada uma delas, geralmente em conjunto. Certifique-se de ter suas opções prontas para o que virá. Você será perguntado repetidamente sobre filhos pelo resto da vida.

Aqui estão algumas formas de fugir da pergunta:

Isca e troca.

É muito provável que a pessoa que está perguntando tenha filhos. Se você está realmente interessado, pergunte sobre eles. Se não, mude para um assunto menos pessoal.

Alguns exemplos:

"Você é mãe, estou certa? Quantos filhos você tem? Como eles são?"

"Eu não tenho filhos. E também me mudei recentemente para cá. Há quanto tempo você mora nessa área? Quais são seus locais favoritos?"

"Aposto que podemos encontrar algo que temos em comum. Sou apaixonada por meio ambiente/alfabetização de adultos/culinária. E você?"

Use humor e troca.

Se isso se encaixa em seu estilo pessoal e na ocasião social, o humor pode servir como uma maneira alegre de desconversar.

Alguns exemplos:

"Ainda não encontrei um pai digno para o meu bebê. Onde você conheceu seu parceiro?"

"Ainda estamos praticando. Avisarei se alguma coisa mudar. Também estamos trabalhando em nossas habilidades de pingue-pongue. Você joga?"

"Há muito tempo, meus irmãos me fizeram prometer que não teria filhos. Você tem irmãos?"

Num artigo que escreveu para o *American Scholar*, intitulado "Childfree in Toyland" ["Sem filhos na Terra dos Brinquedos"], o professor da Penn State Christopher Clausen compartilhou duas de suas estratégias de evasão baseadas no humor quando a pergunta dos filhos surgiu.[1] "Se eu tivesse certeza de conseguir um igual ao seu, faria num minuto", responde ele. "A maioria das pessoas prefere a bajulação à imitação", diz. "Infelizmente, isso raramente funciona com seus próprios pais."

O que eu mais gosto nessa abordagem é que ela também funciona quando você conhece e admira sinceramente o filho de alguém. Posso pensar nos filhos de vários amigos sobre os quais poderia falar isso.

Clausen continua descrevendo um momento em que a esposa lidou com um parente intrometido.[2] "Numa ocasião, meu pai, sempre um homem franco, chamou minha esposa de lado e soltou experimentalmente: 'Chris deveria ter lhe dado um filho.' Ao que ela respondeu: 'Eu o devolveria.' Meus pais nunca mais tocaram no assunto."

Corte e corra.
Haverá ocasiões em que, por qualquer motivo, você simplesmente desejará sair da conversa o mais rápido possível. Não é rude; você está simplesmente cuidando de si mesma.

Alguns exemplos:

"Por favor, me dê licença. Preciso ir ao banheiro."

"Perdoe-me. Tem alguém tentando falar comigo."

"Preciso de gelo para minha bebida. Posso pegar algo para você?"

Hoje em dia, tomo a iniciativa de envolver outras pessoas no assunto, independentemente de eu achar que a pessoa com quem estou conversando tem filhos. Pergunto a eles primeiro. Dessa forma, escolho o *timing* e, como as pessoas quase sempre retribuem e perguntam se tenho, cabe a mim o que acontece a seguir. Ganhei algum tempo, me sinto menos defensiva e estou mais bem preparada para o resto da conversa.

Gosto de falar sobre como é a vida sem filhos. Quando estamos prontos e dispostos, falar com outra pessoa sobre nossas experiências e identidade pode abrir portas para um novo entendimento e conexão. Podemos oferecer acesso à experiência de não ter filhos e tentar torná-la mais real para eles. Também estamos assumindo nosso lugar de direito como mulheres manifestando nossos papéis de gênero de maneira diferente da norma. Tentar se engajar também é potencialmente arriscado; portanto, relaxe e esteja pronta com uma estratégia para bater em retirada.

Aqui estão algumas maneiras de envolver outras pessoas e abrir a conversa:

Fale sobre conversar sobre o assunto.
A forma menos arriscada de entrar no assunto de não ter filhos é falar indiretamente no assunto.

Alguns exemplos:

"Não tenho filhos, não. Você conhece outras pessoas que não têm?"

Dê a eles um momento para pensar. Claro que conhecem, mas provavelmente nunca foram questionados antes.

"Pode ser desafiador falar sobre isso, especialmente entre mães e mulheres sem filhos. Algumas de nós queriam filhos e outras não, mas geralmente não é tão claro. Quantas vezes você teve a chance de falar francamente com alguém que não tem filhos?"

É provável que raramente. Um possível prosseguimento é:

"Por que você acha que isso acontece?"

Compartilhe estatísticas ou outras informações factuais impessoais.
Dados e fatos concretos são uma maneira segura de riscar a superfície do assunto de maneira envolvente.

Alguns exemplos:

"Você sabia que mulheres ganham em média 81 centavos para cada dólar ganho por um homem, certo? Mas uma mãe casada com um filho em casa ganha apenas 76 centavos e uma mulher sem filhos ganha 96."

"Dependendo da geração de origem, até 20% das mulheres nunca terão filhos. Somos muitas, e ouvi que as projeções para a próxima geração são mais altas."

"Organizações beneficentes amam pessoas sem filhos, sabia?"

Fale sobre a experiência de outra pessoa.
Especialmente quando estamos tentando falar com mais fluência sobre a vida sem filhos, pode ser mais fácil falar sobre as experiências de outras pessoas do que sobre as nossas.

Alguns exemplos:

"Li recentemente sobre um casal que escolheu não ter filhos que pôde trabalhar totalmente on-line enquanto viajava pelo mundo por dois anos. Você pode imaginar como é fazer algo assim?"

"Minha irmã não tem filhos. Ela nunca conheceu ninguém com quem quis tê-los. Ela é professora de pré-escola e dedicou a vida a garantir que as crianças comecem a ler e conheçam os números. Algum dos professores de seus filhos não tem filhos?"

"Uma mulher mais velha que conheço está iniciando um fundo para doar bolsas de estudo a mulheres sem-teto. Espero considerar algo assim também algum dia. E você?"

Conte sobre sua própria experiência.
Quando você deseja levar a conversa para um nível mais pessoal, alguém precisa tomar a iniciativa. Mergulhando em si mesma, você guia para onde a conversa pode ir.

Alguns exemplos:

"Não tenho filhos, e imagino que seja diferente do que você acha que é".

Se eles morderem a isca, você pode contar algumas vantagens e desvantagens que descobriu.

"Eu adorava a bibliotecária da minha escola, e tenho certeza de que ela também não tinha filhos. Além de seus próprios pais, quando você era criança, que pessoas foram exemplos importantes em sua vida?"

"Gosto de pensar em 'mãe' como um verbo. Por exemplo, eu oriento uma dúzia de jovens que estão começando na minha profissão. Além de seus próprios filhos, de quem ou do que você é mãe?"

Vire a mesa.
Mudar o foco para a outra pessoa pode fornecer informações valiosas sobre seu nível de interesse e disposição de se envolver. Manter-se aberta e curiosa pode levar a conversas interessantes.

Alguns exemplos:

"Essa pode ser uma pergunta bastante pessoal. Por que está perguntando isso? Sério, estou curiosa."

"O que você vai achar se, por qualquer motivo, um de seus filhos não tiver filhos?"

"Vamos supor por um instante que você não teve filhos. O que você poderia ter feito de diferente na sua vida?"

Um dia fiz essa última pergunta para a minha mãe. Ela ficou com um olhar distante e me contou como teria feito um doutorado em literatura inglesa e lecionado numa universidade. Então ela olhou diretamente para mim, horrorizada. "Isso não significa que eu não queria você e suas irmãs."
"Eu sei", disse a ela. "Gosto que você possa imaginar outra vida para si mesma. Talvez você possa ver meu mundo de maneira diferente agora."
Foi a troca mais autêntica que já tive com minha mãe.

★

Às vezes, é útil estudar a abordagem de um especialista.
Em abril de 2016, Hillary Frank, coprodutora do podcast "The Longest Shortest Time", marcou uma entrevista com a grande entrevistadora Terry Gross, do *Fresh Air*, da National Public Radio.[3] O tema? Não ter filhos. Durante

Posfácio – Você tem filhos? 245

a entrevista, Gross responde a uma série de perguntas sobre se ela já quis ter um filho (não de verdade), que tipo de mãe ela poderia ser (ela nunca saberá), os benefícios (ela obteve independência e a vida que queria), se gosta de bebês (ela gosta mais de cachorros e gatos fofos), quem cuidará dela à medida que envelhecer (ela ainda não fez planos). Depois de três quartos da entrevista, Gross pergunta se pode fazer uma pergunta. Frank concorda e ouve o que ela mais tarde chama de "uma pergunta pessoal superassustadora".

A pergunta de Gross: "Você já pensou duas vezes sobre ter tido um filho?" (Frank pensou.)

Com essa pergunta, o formato tradicional de perguntas e respostas muda para uma conversa estilo toma lá, dá cá. Como isso aconteceu? Acho que porque Gross foi vulnerável e honesta em suas respostas às perguntas de Frank, revelando informações pessoais várias vezes. Só então ela mesma fez uma pergunta exploratória, que permitiu às duas encontrar áreas de concordância e contraste. Gross assumiu um risco, ainda que bem calculado, de um entrevistador profissional, e a recompensa foi a exploração sincera do espaço entre duas pessoas. Ela trouxe a conversa de volta ao equilíbrio.

Seja por Providência, manobra ou hábil edição, Gross também tem a última palavra. Ela amarra toda a conversa com uma convicção pessoal firme: "É ótimo ser pai ou mãe quando você não é forçado a ser", diz ela, "quando a sociedade não está exigindo, quando não estão fazendo disso uma obrigação. E, para não ser mais uma obrigação, acho que algumas pessoas tiveram que optar por não ter filhos e reescrever um pouco as regras. E, sabe... que bom para todos nós."

Quando questionada sobre sua produção de descendência por pessoas com filhos,

Faça assim:
• Cuide de suas necessidades pessoais.

246 Você tem filhos?

- Tente conduzir a conversa.
- Elimine o "mas" após o "não".
- Respeite seus próprios limites.
- Reconheça e respeite as diferenças entre sua vida e a deles.

Não:
- Responda a qualquer pergunta que prefira não responder.
- Justifique, compense ou defenda não ter filhos.
- Peça desculpas, ataque ou critique.

PARA MÃES FALANDO COM MULHERES SEM FILHOS

As mães podem se beneficiar de uma compreensão maior das mulheres que não são mães, porque elas estão por toda parte, e os números estão aumentando.

Uma mãe orgulhosa é quase sempre a pessoa que pergunta sobre filhos. Ela está simplesmente tentando fazer algum tipo de conexão agradável, e o que há de errado nisso? A maioria das mulheres acaba se tornando mãe, então é provável que ela encontre um espírito afim. Ou alguém que queira se tornar um.

Perguntar se alguém tem filhos não é tão inofensivo quanto pode parecer. Há muita coisa vinculada a essa questão, mesmo quando a mulher é mãe. Por exemplo, e se a pessoa já teve um filho que morreu? Ou se as relações com um filho adulto são tensas? E se houver problemas crônicos de abuso de drogas ou o filho estiver na prisão por algum crime hediondo? Por outro lado, você pode aprender que os filhos dela são mais brilhantes, mais bonitos ou mais bem-sucedidos que os seus. Campos minados em potencial são abundantes.

Qual é a sua intenção ao perguntar sobre filhos? Se for para quebrar o gelo, você pode substituir por outra pergunta menos pessoal? É muito provável que, se a outra pessoa tiver filhos e não houver circunstâncias extenuantes, ela em breve acabe comentando isso, sem precisar ser questionada. E, se você descobrir mais tarde que alguém não tem filhos, poderá decidir como abordar o assunto, se for o caso. Suas opções permanecem abertas.

Desenvolver habilidades e exercitar opções de conversação hoje podem dar resultados amanhã. À medida que as filhas crescem e entram em seus anos potencialmente férteis, poucas podem acabar tendo filhos no futuro.

A Cassandra Company acompanha tendências emergentes na juventude há mais de vinte anos.[4] Seu relatório *Idades e Etapas* de 2015 revelou que "quase um terço [dos millennials] não quer ter filhos, porque eles não querem abrir mão de sua flexibilidade (34%) ou não querem assumir a responsabilidade (32%)". Se essas projeções se tornarem realidade, os pais e avós de hoje terão menos netos e bisnetos e, consequentemente, mais oportunidades para melhorar o entendimento sobre suas filhas e netas que talvez não tenham filhos.

Então como mães podem abordar mulheres sem filhos de maneira eficaz? Mesmo que você ache que ter filhos é a melhor coisa do mundo, divulgar sua convicção provavelmente servirá apenas para frustrar ou ferir aquelas que os desejavam e elevar as defesas daquelas que não. É provável que nada que você disser mude a realidade delas.

É claro que decidir aceitar diferenças é um processo que acontece na privacidade da própria mente. E, embora seja da natureza humana discordar das situações e decisões de outras pessoas – onde vivem, sua inclinação religiosa ou política, como lidam com seu dinheiro –, oferecer julgamentos de valor pode ser contraproducente para construir relacionamentos fortes. Se você conseguir aceitar que não ter filhos é uma maneira válida de ser mulher, essas mulheres estarão mais inclinadas a se abrir com você. Se não conseguir, considere não perguntar sobre filhos ou mude alegremente de assunto quando ela disser que não.

No entanto, muitos pais e mães parecem ter um estoque de respostas prontas quando encontram alguém que não tem filhos. De fato, esses comentários são tão previsíveis que um novo uso foi cunhado para uma palavra antiga – bingo: *Um adiamento ou crítica a uma opção de vida.*[5]

> Uso: *Bingo. É quando uma pessoa diz que não tem filhos e alguém lhe diz que ela vai mudar de ideia ou que é diferente quando é dela.*

Você pode até ouvir uma mulher sem filhos pronunciar a palavra baixinho algum dia. Se estiver curioso, há imagens na internet de cartões do "bingo dos sem filhos" (às vezes chamados de "bingo do reprodutor").

Aqui estão algumas respostas típicas que podem provocar um "bingo":

"Você vai acabar se arrependendo."

"Mas você seria uma ótima mãe!"

"Você não é solitária sem eles?"

"Você acha que não quer, mas vai mudar de ideia."

"Você nunca conhecerá o amor verdadeiro até olhar nos olhos de seu filho."

"Os filhos dão sentido à vida."

"Ser avó é o melhor papel que existe."

"Não ter filhos é egoísta."

Posfácio – Você tem filhos? 249

"Quem vai cuidar de você quando você for velha?"

"É o trabalho mais importante do mundo."

"Você não é uma mulher de verdade se não dá à luz."

Essas réplicas não são reservadas apenas para mulheres que optaram por não ter filhos. Posso garantir que aquelas que querem filhos também as ouvem com frequência. Tente reler a lista pensando numa mulher que está passando por problemas de infertilidade.

O mais difícil de todos esses comentários é a suposição subjacente de que uma maneira de ser, *ou seja*, ter filhos, é a maneira certa e acessível a todos. Nenhuma das duas é verdadeira, e o que surge ao pressionar a posição de uma pessoa sobre outra resulta numa mudança desagradável na dinâmica interpessoal, mesmo (às vezes especialmente) entre amigos e familiares.

Felizmente, a maioria das pessoas é menos intimidadora e crítica. Mentes abertas são curiosas. Os corações que aceitam são compassivos e gentis. As vozes interessadas são de tom suave. Quando o assunto dos filhos surgir (mesmo que você não seja aquela que está perguntando), tente explorar o assunto.

Aqui estão algumas ideias:

Seja atenciosa com as reações da outra pessoa.
Crie o hábito de prestar atenção em como alguém se expressa sobre não ter filhos. As pessoas frequentemente sinalizam seus sentimentos de forma não verbal. Se você perceber dicas sutis, conseguirá responder com mais atenção. Respire fundo antes de continuar e confie em seus instintos.

Exemplos:

250 Você tem filhos?

"Essa é uma pergunta pessoal, não acha? Que tal conversarmos sobre algo que não seja sobre filhos?"

"Imagino que você às vezes ouça comentários insensíveis de pais sobre a importância que eles acham que ter filhos tem. Quer me contar alguns dos mais ofensivos?"

Tenha sua experiência; esteja aberta a delas.
Você não precisa descartar todas as referências à descendência. Elas desempenham um papel enorme na vida da maioria dos pais, e sabemos disso. Veja se você consegue encontrar o meio-termo.

Exemplos:

"Adoro ser mãe, mas me preocupo com o que farei quando as crianças saírem de casa. Conte-me o que preenche seu tempo e atenção hoje em dia, para que eu possa ver a vida de uma perspectiva diferente."

"Criar filhos tem sido difícil, mas vale a pena para mim. O que é importante para você?"

"Minha prima está sendo muito pressionada para ter filhos, e eu gostaria que ela soubesse que sou uma fonte de apoio. Você tem alguma sugestão de como eu poderia fazer isso com tato?"

Observe o que você fala.
Conversar sobre seus próprios filhos pode ser natural, mas com uma mulher que não tenha filhos a conversa certamente se tornará unilateral. Com aquelas que você já conhece e com as quais se importa, considere se elas

sabem mais sobre sua vida do que você sobre a delas. Nesse caso, tente saber mais sobre elas.

Exemplos:

"Conte-me mais sobre você."

"Prometo não mostrar todas as fotos de criança que tenho. Aqui estão três das minhas favoritas, que lhe dão uma ideia de quem eles são. Agora quero ouvir sobre você."

"Olha para mim – falando novamente sobre todos os meus netos. Ainda não ouvi o que há de novo com você. Por favor, me atualize."

Ao saber que uma mulher não tem filhos,

Faça assim:
• Pergunte se está tudo bem em lhe fazer perguntas sobre não tê-los.
• Observe a reação dela às suas perguntas.
• Expresse sua curiosidade com respeito.
• Cuidado com o bombardeio de informações sobre crianças.

Não:
• Ofereça condolências, sugestões ou soluções, a menos que solicitado.
• Tenha piedade, mime ou tente confortá-la.
• Julgue ou faça suposições sobre sua situação.

PARA MULHERES SEM FILHOS QUE FALAM
COM OUTRAS MULHERES SEM FILHOS

O estigma associado às mulheres sem filhos é difícil de abalar.

Um estudo de 2017 realizado por Annalucia Bays, da Universidade Virginia Commonwealth, analisou como as mulheres eram percebidas com base em seu status parental.[6] "As mães eram o grupo mais admirado", descobriu ela, "invocando comportamentos de ajuda; mulheres sem filhos provocavam piedade; e mulheres livres de filhos suscitavam inveja, repulsa e comportamentos prejudiciais [de outras pessoas, por exemplo, no local de trabalho]." Ela cita no estudo consideráveis trabalhos acadêmicos prévios sobre estereótipos. Alguns dos adjetivos que os pesquisadores usaram rotineiramente para descrever mulheres sem filhos incluem: materialista, imatura, emocionalmente instável, egoísta e com menor probabilidade de viver uma vida feliz e satisfeita.

No mesmo ano, outro estudo, este da Universidade de Indiana/Universidade de Purdue Indianápolis, provocativamente intitulado "Parentalidade como imperativo moral: indignação moral e estigmatização de homens e mulheres voluntariamente livres de filhos", concluiu que o estigma permanece. De fato, a pesquisadora Leslie Ashbury-Nardo descobriu que aqueles que vão contra os estereótipos culturais, escolhendo intencionalmente não ter filhos, podem encontrar o que os pesquisadores chamam de "indignação moral".[7]

Um meio poderoso de superar o estigma é tornar-se mais conhecido e compreendido. Fazemos isso sendo vistos e ouvidos, e também podemos começar uns com os outros.

Durante nossa vida, teremos muitas oportunidades de nos expor completamente, falar nossas verdades e ser ouvidos. Mas como fazemos isso? Ao nos mantermos quietos sobre nossas experiências de vida, desempenhamos um papel importante na perpetuação do estigma. Ao conversarmos, podemos ajudar a dispersá-lo e a tomar nosso lugar apropriado no mundo

Posfácio – Você tem filhos? 253

diverso da normalidade, mesmo quando nossas razões para não ter filhos diferem totalmente.

Quando fechou a primeira NotMom Summit em 2015, Karen Malone Wright havia estreitado magistralmente o fosso entre as *sem* filhos e as *livres* de filhos. Para desencadear conexões, nada nos crachás das participantes indicava quem não tinha filhos por escolha e quem não os tinha por acaso, então não tínhamos como saber a história de outra mulher sem perguntar a ela. Isso levou todas nós a uma posição vulnerável – a mulher com quem estou prestes a falar terá uma história semelhante à minha ou a dela é diferente? Malone Wright nos pediu que perguntássemos e explorássemos as experiências de não ser mães – nas refeições, nos workshops e no happy hour. Com a exploração veio a conexão, o entendimento e o insight.

Malone Wright é uma ousada comunicadora profissional com experiência em relações públicas, marketing e mídia social.[8] Ela lançou seu site TheNotMom.com em 2012. Ele "abrange todas as mulheres sem filhos", diz ela, "incluindo suas diversas histórias de vida sobre 'como' e 'por quê'. Cada mulher se vê e se define à sua maneira – quero que esse site pareça uma família quando ela chegar aqui."

Ela não está interessada em polarizar ou distanciar ainda mais as mulheres.[9] Em sua opinião, quem se considera uma "não mãe" é uma não mãe. "É um termo autodefinido", afirma ela. "Acho que realmente há poder no conceito de tribo. Há algo humano em encontrar outra pessoa que faz você se ver e ter certeza de que não está sozinha. Outra pessoa que a entende."

Mas e a distância que separa as histórias de escolha daquelas do acaso? "Há mais coisas em comum do que diferenças", diz Malone Wright. "Posso comparar isso à tensão entre mães que trabalham e mães que ficam em casa. Todas estão tentando fazer o melhor que podem, tentando equilibrar o tempo com exigências impossíveis. No entanto, elas se afastam.

"Como mulher negra, direi que é também como escravos domésticos e escravos do campo. Se nos dividirmos, estaremos separadas umas das outras. Não gosto da mesquinhez que divide comunidades óbvias."

Quando você conhece outra mulher que não tem filhos, as chances de ela os querer ou não são as mesmas. Querer pode envolver tristeza e não querer pode provocar uma atitude defensiva. Assim, a conversa pode travar desde o início. No entanto, há muito terreno comum a ser explorado depois de assumir o risco de incluir sua própria realidade e estar aberta a diferentes experiências e perspectivas.

Aqui estão algumas opções para conectar-se a outras mulheres sem filhos:

Por escolha ou por acaso?

Um primeiro passo para conectar-se a outras mulheres sem filhos é reconhecer sua própria situação e abrir uma porta de boas-vindas à mulher com quem você está falando. O modo como você começa define o estágio para onde pode ir a seguir.

Alguns exemplos:

"Não tenho filhos e nunca pensei que os teria, então funcionou bem para mim. Mas sei que não é o caso de toda mulher. Como tem sido para você?"

"Tentamos e não conseguimos. Isso foi há alguns anos, e ainda dói às vezes. Mas também estou aliviada por não precisarmos economizar para a faculdade da criança. Você não tem filhos por escolha ou não ter filhos aconteceu por acaso?"

"Comecei a compartilhar minha história com outras pessoas. O que você diz às pessoas que perguntam? O que funcionou para você, e o que não deu tão certo?"

Seja curiosa e respeitosa.
Em muitas situações sociais, pode ser um alívio conhecer alguém que não tem filhos. Alguns podem expressar interesse, mas outros podem não querer conversar.

Alguns exemplos:

"Acho que ninguém nunca compartilhou isso comigo. Você me fez pensar."

"Esse ainda é um assunto delicado para mim. Você se importa se conversarmos sobre outra coisa?"

"Nunca pensei muito sobre como não ter filhos afetou minha vida, mas é uma perspectiva realmente diferente. E você?"

Então, com o gelo quebrado de uma nova maneira, é hora da parte mais interessante – descobrir como alguém experimentou a vida sem filhos em toda a sua complexidade e vasta gama de opções.

Explore de que maneiras vocês administram circunstâncias em comum.
A maioria das circunstâncias da vida pode ser afetada por não ter filhos – vida profissional, como você passa as férias, planejamento financeiro, lidar com pais idosos. As possibilidades são infinitas.

Alguns exemplos:

"Uma de minhas melhores amigas acabou de ter o segundo filho. Você conseguiu descobrir como manter amizades próximas, especialmente durante os primeiros anos do bebê?"

"Quem em sua família cuidará de seus pais? Meus irmãos estão contando comigo, já que não tenho filhos e moro mais perto, mas minha mãe e eu nunca nos demos bem."

"Estou tentando descobrir onde morar. Sendo solteira, posso ir para qualquer lugar. Que partes da cidade você mais gosta?"

Compartilhe as vantagens e desvantagens de não ter filhos.
Há boas chances de vocês concordarem com várias vantagens e desvantagens, embora haja diferenças com base na escolha versus acaso, na idade das mulheres e nas circunstâncias da vida.

Alguns exemplos:

"É ótimo não ter que comprar tudo de que as crianças precisam. De que formas você usou o tempo e o dinheiro que outras pessoas gastaram para criar os filhos?"

"Você já descobriu quem seria um bom cuidador se algo acontecesse a você? Como você acha que é uma boa forma de pedir a alguém para fazer o trabalho?"

"Que experiências você teve que talvez fossem impossíveis se fosse mãe?"

Compare e contraste experiências de vida.
Sem filhos, temos mais autonomia sobre as escolhas da vida, incluindo como gastamos nosso tempo e o que fazemos com nossos recursos.

Alguns exemplos:

"Como você disse que queria filhos, estou curiosa sobre o seu envolvimento com os filhos de outras pessoas ou sobre outras formas que encontrou de cuidar. Quanto isso é satisfatório para você?"

"Com o passar do tempo, o que a surpreendeu em relação a não ter filhos? O que você acha que pode surpreender a família e os amigos que são pais?"

"O que você está pensando sobre a aposentadoria? Vários amigos se aposentaram cedo, mas não tenho certeza se é o melhor para mim."

Ao conversar com outras mulheres que não têm filhos,

Faça assim:
• Encontre uma abordagem que funcione para as duas.
• Mantenha a sensibilidade e o respeito.
• Ouça e aprenda.
• Esteja pronta para mudar de assunto.

Não:
• Suponha que a outra mulher quer conversar.
• Entre em detalhes, especialmente desde o início.
• Imponha sua experiência sobre a da outra pessoa.

Como ao iniciar uma nova série de exercícios, falar sobre não ter filhos pode ser um desafio no começo. Essas sugestões oferecem alguns recursos básicos para começar, mas obtemos os melhores resultados quando personalizamos uma abordagem que honra nosso estilo pessoal e nossas idiossincrasias.

A recompensa potencial por tentar é enorme. À medida que nos aproximamos com mais abertura, aprendemos e apreciamos o valor de uma gama mais ampla de experiências adultas. Conhecemos nossos amigos, irmãos, filhos e vizinhos de novas maneiras que incluem mais diversidade reprodutiva e diferentes formas de experimentar a vida. Homens e mulheres mais jovens encontram respostas para suas perguntas e apoio para suas decisões e circunstâncias. O ar que rodeia a todos pode circular mais livremente.

Notas

INTRODUÇÃO

1. US Census Bureau, "Fertility of Women in the United States", *Current Population Reports* (4 de maio de 2017). Disponível em: https://www.census.gov/topics/health/fertility/data/tables.html.

CAPÍTULO 1. QUEM SOMOS

1. Marilyn Fischer, "Any Suggestions for a Term?" Troca de e-mail no fórum WRAC-L, *Google Groups*, 21 de março a 5 de maio de 2014.

2. Kristin Park, "Stigma Management among the Voluntarily Childless", *Sociological Perspectives*, vol. 45, n. 1 (primavera de 2002), p. 22, disponível em: https://journals.sagepub.com/doi/abs/10.1525/sop.2002.45.1.21.

3. Sarah Hayford, "Marriage (Still) Matters: The Contribution of Demographic Change to Trends in Childlessness in the United States", *Demography*, vol. 50, n. 5 (outubro de 2013), p. 1643, disponível em: https://www.ncbi.nlm.nih.gov/pubmed/23595495.

4. Gretchen Livingston, Julianna Horowitz e Jessica Pumphrey, "They're Waiting Longer, but US Women Today More Likely to Have Children Than a Decade Ago", *Pew Research Center* (janeiro de 2018), p. 3, disponível em: http://www.pewsocialtrends.org/2018/01/18/theyrewaiting-longer-but-u-s-women-today-more-likely-to-havechildren-than-a-decade-ago/.

5. Gretchen Livingston e D'Vera Cohn, "Childlessness Up Among All Women; Down Among Women with Advanced Degrees", *Pew Research Center, A Social & Demographic Trends Report* (25 de junho de 2010), p. 1, disponível em: http://www.pewsocialtrends.

260 VOCÊ TEM FILHOS?

org/2010/06/25/childlessness-up-among-all-women-down-among-women-with-advanced-degrees/.

6. Livingston, Horowitz e Pumphrey, "They're Waiting Longer", p. 5.

7. Livingston, Horowitz e Pumphrey, "They're Waiting Longer", p. 6.

8. Joyce C. Abma e Gladys M. Martinez, "Childlessness among Older Women in the United States: Trends and Profiles", *Journal of Marriage and Family*, vol. 68, n. 4 (novembro de 2006), p. 1045, disponível em: https://www.jstor.org/stable/4122892.

9. Renske Keiser, Pearl A. Dykstra e Miranda D. Jansen, "Pathways into Childlessness: Evidence of Gendered Life Course Dynamics", *Journal of Biosocial Science*, vol. 40, n. 6, (20 de dezembro de 2007), p. 864, disponível em: https://www.ncbi.nlm.nih.gov/pubmed/18093349.

10. Keiser, "Pathways into Childlessnessness", p. 872.

11. Kate Bolick, "All the Single Ladies". *The Atlantic Monthly*, vol. 308, n. 4, ProQuest (novembro de 2011), p. 120, https://www.theatlantic.com/magazine/archive/2011/11/all-the-single-ladies/308654/.

12. Livingston, Horowitz e Pumphrey, "They're Waiting Longer", p. 5.

13. Karen Malone Wright, "Welcome to The NotMom.com Summit", Marriott Hotel, Cleveland (4 de outubro de 2015).

CAPÍTULO 2. CONSTRUINDO UMA VIDA

1. Claire Cain Miller, "The Motherhood Penalty vs. the Fatherhood Bonus: A Child Helps Your Career, If You're a Man", *The New York Times*, 6 de setembro de 2014, disponível em: https://www.nytimes.com/2014/09/07/upshot/a-child-helps-your--career-if-youre-a-man.html.

2. Adrienne Casey, entrevista pessoal gravada com a autora, 9 de junho de 2015.

3. Bobbi Hartwell, entrevista pessoal gravada com a autora, 13 de maio de 2015.

4. Centro de Política e Promoção Nutricional do Departamento de Agricultura dos Estados Unidos, "Parents Projected to Spend $245,340 to Raise a Child Born in 2013, According to USDA Report", Comunicado de imprensa 0179.14, 18 de agosto de 2014, disponível em: https://www.usda.gov/media/press-releases/2014/08/18/parents-projectedspend-245340-raise-child-born-2013-according-usda.

5. Chris Clarke, entrevista telefônica gravada com a autora, 26 de maio de 2015.

6. Sylvia Ann Hewlett, "Executive Women and the Myth of Having It All", *Harvard Business Review* (abril de 2002), disponível em: https://hbr.org/2002/04/executive-women-and-the-myth-of-having-it-all.

7. Michelle J. Budig, "The Fatherhood Bonus & the Motherhood Penalty: Parenthood and the Gender Gap in Pay", *Third Way: NEXT* (setembro de 2014), p. 7, disponível em: content.thirdway.org/publications/853/NEXT_-_Fatherhood_Motherhood.pdf.

8. Una Cadegan, entrevista telefônica gravada com a autora, 10 de setembro de 2015.

9. Jane Zembaty, entrevista pessoal gravada com a autora, 12 de outubro de 2015.

Notas 261

10. Wendy Sachs, "The 'Big Lie' in Putting Off Pregnancy", *CNN*, 22 de janeiro de 2014, disponível em: https://www.cnn.com/22/01/2014/living/pregnancy-big-lie-tanya-selvaratnam-books/index.html.

11. Sarah Elizabeth Richards, "Do You Have to Be Rich to Freeze Your Eggs?" *Slate*, 22 de agosto de 2013, disponível em: http://www.slate.com/articles/double_x/doublex/2013/08/the_cost_of_egg_freezing_after_years_of_prohibitive_pricing_clinics_are.html.

12. Cheryl Katen, entrevista pessoal gravada com a autora, 2 de maio de 2015.

CAPÍTULO 3. EMPRESTADAS DESDE O INÍCIO

1. Annie Eastap, entrevista telefônica gravada com a autora, 30 de junho de 2015.

2. Suzanne Sigafoos, entrevista pessoal gravada com a autora, 27 de maio de 2015.

3. Marie Erickson, *pseudônimo*, entrevista pessoal gravada com a autora, 18 de junho de 2015.

4. Leslie Hill, entrevista telefônica gravada com a autora, 27 de abril de 2015.

5. Clarke, entrevista, 26 de maio de 2015.

6. Hartwell, entrevista, 13 de maio de 2015.

7. Ariana Eunjung Cha, "It Turns Out Parenthood Is Worse than Divorce, Unemployment–Even the Death of a Partner", *The Washington Post*, 11 de agosto de 2015, disponível em: www.washingtonpost.com/news/to-your-health/wp/2015/08/11/the-most-depressing-statistic-imaginable-about-being-a-newparent/?utm_term=.42bcf6286df4.

8. Kendra Cherry, "Generativity Versus Stagnation: The Seventh Stage of Psychosocial Development", *Verywell Mind*, 12 de março de 2018, disponível em: https://www.verywellmind.com/generativity-versus-stagnation-2795734.

9. Tanja Rothrauff e Teresa M. Cooney, "The Role of Generativity in Psychological Well-Being: Does It Differ for Childless Adults and Parents?" *Journal of Adult Development*, vol. 15 (11 de outubro de 2008), p. 155, aging.wisc.edu/midus/findings/pdfs/727.pdf.

10. Katen, entrevista, 2 de maio de 2015.

11. Hartwell, entrevista, 13 de maio de 2015.

12. Susan Gianotti, entrevista pessoal gravada com a autora, 12 de novembro de 2014.

13. Daniel J. Siegel, *Cérebro adolescente: O grande potencial, a coragem e a criatividade da mente dos 12 aos 24 anos* (São Paulo: nVersos, 2016).

14. Siegel, *Cérebro adolescente*.

15. Barbara Hanna, entrevista telefônica gravada com a autora, 14 de junho de 2017.

16. Brooke Medicine Eagle em Jane English, org., *Childlessness Transformed: Stories of Alternative Parenting* (Mt. Shasta, CA: Earth Heart, 1989).

CAPÍTULO 4. AMIZADE PERMANENTE

1. Irene S. Levine, *Best Friends Forever* (Nova York: Overlook Press, 2009), p. 146.

2. Sigafoos, entrevista, 27 de maio de 2015.

3. Sigafoos, *Still and All*. Impresso com permissão da autora.
4. Joan Borysenko, "Gal Pals", *Prevention Magazine*, junho de 2006, disponível em: http://www.joanborysenko.com/dev/mind-body-balance/spirituality-inspiration/gal-pals/.
5. Levine, *Best Friends Forever*, p. 136.
6. Laura Johnson, *pseudônimo*, entrevista telefônica gravada com a autora, 4 de outubro de 2015.
7. Beverly Williams, entrevista telefônica gravada com a autora, 24 de agosto de 2015.
8. CBS News, "How to Make Your Friendships Last", foi ao ar em 2 de fevereiro de 2010, disponível em: https://www.cbsnews.com/news/how-to-make-your-friendships-last/.
9. Cadegan, entrevista, 10 de setembro de 2015.

CAPÍTULO 5. ASSUNTOS DE FAMÍLIA

1. Laura Carroll, "Are Families of Two a Family? Where Americans Stand", *Lauracarroll.com*, 14 de outubro de 2013, disponível em: https://www.lauracarroll.com/families-of-two-3/.
2. US Census Bureau, "America's Families and Living Arrangements: 2012, Population Characteristics", *Current Population Reports* (agosto de 2013), disponível em: https://www.census.gov/prod/2013pubs/p20-570.pdf.
3. Aziza Cunin, *pseudônimo*, entrevista pessoal gravada com a autora, 22 de março de 2016.
4. Karen S. Peterson, "Divorce Need Not End in Disaster", *USA Today*, 13 de janeiro de 2002, disponível em: https://usatoday30.usatoday.com/news/nation/2002/01/14/usat-cov-divorce.htm.
5. Mary T. Kelly, "Help for the Childless Stepmom.". *HuffPost Divorce*, 22 de junho de 2013, disponível em: https://www.huffingtonpost.com/mary-t-kelly-ma/help-for-the-childless-st_b_3102893.html.
6. Jenny Berg, entrevista pessoal gravada com a autora, 17 de março de 2015.
7. Deb Fischer, entrevista pessoal gravada com a autora, 23 de abril de 2015.
8. Amy Blackstone, "Who Are the NotMoms?" NotMom Summit. Marriott Hotel, Cleveland, OH, 9 de outubro de 2015.
9. Amy Blackstone, "Blackstone's Research Doesn't Kid Around", *UMaine News*, 30 de janeiro de 2014, disponível em: https://umaine.edu/news/blog/2014/01/30/blackstones-research-doesnt-kid-around/.
10. Elsa Stavney, entrevista pessoal gravada com a autora, 23 de março de 2016.
11. Jane Dunwoodie, entrevista telefônica gravada com a autora, 25 de agosto de 2015.
12. Shelly Volsche, "Parenting Dogs: Are Childfree Dog Owners Really Childless?" We're {Not} Having a Baby! 14 de abril de 2015, disponível em: http://werenothavingababy.com/childfree/parenting-dogs-are-childfree-dog-owners-really-childless/.
13. Stavney, entrevista, 23 de março de 2016.
15. Eastap, entrevista, 30 de junho de 2015.
16. Williams, entrevista, 25 de agosto de 2015.
17. Sigafoos, entrevista, 27 de maio de 2015.

Notas 263

CAPÍTULO 6. ONDE VIVEMOS

1. The Cohousing Association of the United States, "Cohousing in the United States: An Innovative Model of Sustainable Neighborhoods", publicado inicialmente em 22 de abril de 2016, disponível em: www.cohousing.org/StateofCohousing.
2. Site da Columbia Ecovillage, *"Who We Are"*, disponível em: columbiaecovillage.org/who-we-are/.
3. Martha Wagner, entrevista pessoal gravada com a autora, 28 de janeiro de 2016.
4. Diana Leafe Christian, *Finding Community: How to Join an Ecovillage or Intentional Community* (Gabriola: British Columbia, New Society Publishers, 2007), pp. 97-99.
5. Michele Fiasca, entrevista telefônica gravada com a autora, 16 de fevereiro de 2016.
6. Hill, entrevista, 27 de abril de 2015.
7. Eric Klinenberg, *Going Solo: The Extraordinary Rise and Surprising Appeal of Living Alone* (Nova York: Penguin Press, 2012), p. 5.
8. Johnson, entrevista, 4 de outubro de 2015.
9. Julie Aegerter, entrevista telefônica gravada com a autora, 14 de outubro de 2017.
10. Zembaty, entrevista, 12 de outubro de 2015.
11. Xenia P. Montenegro, "The Divorce Experience: A Study of Divorce at Midlife and Beyond", relatório realizado para a *AARP Magazine*, 2004, disponível em: https://assets.aarp.org/rgcenter/general/divorce.pdf.

CAPÍTULO 7. USE-O OU PERCA-O

1. De Katherine M. Leonard, "Women's Experience of Surviving Cervical Cancer: Maintaining the Self" (tese de doutorado, Universidade de Alberta, 1990), 82, 26, 91, doi: 10.7939/R3KP7V08W.
2. Kara Britt e Roger Short, "The Plight of Nuns: Hazards of Nulliparity", Comentário, *The Lancet*, vol. 739, n. 9834 (8 de dezembro de 2011), p. 2322, disponível em: http://www.thelancet.com/journals/lancet/article/PIIS0140-6736(11)61746-7/fulltext.
3. National Cancer Institute, "BRCA1 and BRCA2: Cancer Risk and Genetic Testing", *Fact Sheet*, 22 de janeiro de 2014, disponível em: https://www.cancer.gov/about-cancer/causes-prevention/genetics/brca-fact-sheet.
4. Norbert Gleicher, "Why Are Reproductive Cancers More Common in Nulliparous Women?" *Reproductive Biomedicine Online*, Elsevier Ltd., vol. 26, n. 5 (maio de 2013), pp. 416-419, disponível em: www.rbmojournal.com/article/S1472-6483(13)00015-1/fulltext.
5. American Cancer Society, *Cancer Facts & Figures 2015*, disponível em: https://www.cancer.org/research/cancer-facts-statistics/all-cancer-facts-figures/cancer-facts-figures-2015.html.
6. Jenny Bates, entrevista pessoal gravada com a autora, 25 de novembro de 2015.
7. American Cancer Society, "What Are the Risk Factors for Breast Cancer?" *Learn About Cancer Guide*, 4 de maio de 2016, versão atualizada disponível em: https://www.cancer.org/cancer/breast-cancer/risk-and-prevention.html.

264 VOCÊ TEM FILHOS?

8. MD Anderson Communications Office, "MD Anderson Study Finds Increases in Five, Ten-Year Survival at Every Stage of Breast Cancer Over Six Decades", *News Release*, 29 de setembro de 2010, disponível em: https://www.mdanderson.org/newsroom/2010/09/md-anderson-study-finds-increases-in-five-10-year-survival-at-ev.html.

9. Fred Hutchinson Cancer Research Center, "The More Times a Woman Gives Birth, the Higher Her Risk of Rare but Aggressive 'Triple-Negative' Breast Cancer", *News Release*, 24 de fevereiro de 2014, disponível em: https://www.fredhutch.org/en/news/releases/2011/02/triple_negative_breast_cancer.html.

10. Judy Teufel, entrevista pessoal gravada com a autora, 7 de novembro de 2014.

11. Renee Twombly, "Cancer Killer May Be 'Silent' No More", *Journal of the National Cancer Institute*, vol. 99, n. 18 (19 de setembro de 2007), p. 1359, disponível em: https://academic.oup.com/jnci/article/99/18/1359/925194.

12. Kate Leonard, entrevista pessoal gravada com a autora, 12 de novembro de 2014.

13. Reunião do grupo de apoio ao câncer de ovário, Legacy Good Samaritan Hospital, Portland, Oregon, 12 de novembro de 2014.

14. Denise Grady, "Symptoms Found for Early Check on Ovary Cancer", *The New York Times*, 13 de junho de 2007, disponível em: www.nytimes.com/2007/06/13/health/13cancer.html.

15. "Ovarian Cancer", Memorial Sloan Kettering Cancer Center, 2014, disponível em: https://www.mskcc.org/cancer-care/types/ovarian.

16. Gianotti, entrevista, 12 de novembro de 2014.

17. Cancer Research UK, "Ovarian Cancer Risks and Causes", 2014, guia atual em: http://www.cancerresearchuk.org/about-cancer/ovarian-cancer/risks-causes.

18. Britt e Short, "The Plight of Nuns", p. 2.

19. Marjorie Greenfield, "Nullipara: Childlessness and Your Health", NotMom Summit, Marriott Hotel, Cleveland, OH, workshop, 9 de outubro de 2015.

20. Bates, entrevista, 25 de novembro de 2015.

21. Teufel, entrevista, 7 de novembro de 2014.

22. The Humane Society of United States, "Why You Should Spay/Neuter Your Pet", disponível em: http://www.humanesociety.org/issues/pet_overpopulation/facts/why_spay_neuter.html.

23. Amber Moore, "Humans More Likely to Develop Cancer Than Chimps Thanks to DNA Modifications", *Medical Daily*, 24 de agosto de 2012, disponível em: http://www.medicaldaily.com/humans-more-likely-develop-cancer-chimps-thanks-dna-modifications-242142.

CAPÍTULO 8. MOVIMENTOS ESPIRITUAIS

1. Jon C. Stuckey, in: Robab Latifnejad Roudsari, Helen T. Allan e Pam A. Smith, "Looking at Infertility through the Lens of Religion and Spirituality: A Review of the Literature", *Human Fertility*, vol. 10, n. 3 (setembro de 2007), p. 142, disponível em: https://www.ncbi.nlm.nih.gov/pubmed/17786646.

2. Beth Rosenberg, entrevista telefônica gravada com a autora, 5 de abril de 2017.

3. Pew Research Center, "America's Changing Religious Landscape", Religion & Public Life, 12 de maio de 2015, disponível em: www.pewforum.org/2015/05/12/americas--changing-religious-landscape/.

3. Brenda Niblock, entrevista pessoal gravada com a autora, 8 de março de 2017.

4. Julia McQuillan, Arthur L. Greil, Karina M. Shreffler, Patricia A. Wonch-Hill, Kari C. Gentzler, John D. Hathcoat, "Does the Reason Matter? Variations in Childlessness Concerns among US Women", *Journal of Marriage and Family*, vol. 74, n. 5 (outubro de 2012), p. 1166, disponível em: onlinelibrary.wiley.com/doi/10.1111/j.1741-3737.2012.01015.x/abstract.

5. Marianne Allison, entrevista pessoal gravada com a autora, 24 de março de 2017.

6. Abma e Martinez, "Childlessness among Older Women", p. 1053.

7. Bryce J. Christensen e Robert W. Patterson, "Childless–and Godless", *The Natural Family*, vol. 23, n. 3 (outono de 2009), disponível em: http://familyinamerica.org/journals/fall-2009/childless-and-godless/#.Wrl0bpPwbkI.

8. Jen Hofmann, entrevista telefônica gravada com a autora, 21 de março de 2017.

9. "Marriage Requires Love That Imitates Christ, Pope Says" (2 de junho de 2014), disponível em: https://www.catholicnewsagency.com/news/marriage-requires-love-that-imitates-christ-pope-says.

10. Hanna, entrevista, 14 de junho de 2017.

11. Meg Woodard, entrevista pessoal gravada com a autora, 21 de maio de 2015.

12. Susan Hammer, entrevista pessoal gravada com a autora, 1º de fevereiro de 2017.

13. Anne Wennhold, entrevista telefônica gravada com a autora, 26 de março de 2016.

14.: Alice D. Domar, Alan Penzias, Jeffery A. Dusek, Amora Magna, Dalia Merari, Barbara Nielsen e Debika Paul, "The Stress and Distress of Infertility: Does Religion Help Women Cope?" *Sexuality, Reproduction & Menopause*, vol. 3, n. 2 (outubro de 2005), p. 47, disponível em: www.infona.pl/resource/bwmeta1.element.elsevier-2e1b17e2-55b-f-31b2-9a90-ffb2911ed4ba.

15. Roudsari, "Looking at Infertility", p. 142.

16. Roudsari, "Looking at Infertility", p. 144.

17. McQuillan, "Does the Reason Matter?", p. 1175.

CAPÍTULO 9. VELHOS ÓRFÃOS

1. North Shore-Long Island Jewish Health System, "Aging Baby Boomers, Childless and Unmarried, at Risk of Becoming 'Elder Orphans'", *ScienceDaily* (15 de maio de 2015), disponível em: https://www.sciencedaily.com/releases/2015/05/150515083532.htm.

2. Susan B. Garland, "Childless Seniors Need to Build a Safety Net", *Kiplinger's Retirement Report* (julho de 2015), p. 2, disponível em: www.kiplinger.com/article/retirement/T023-C000-S004-childless-seniors-need-to-build-a-safety-net.html.

3. Tex Geiling, entrevista pessoal gravada com a autora, 25 de junho de 2015.

4. Keren Brown Wilson, entrevista pessoal gravada com a autora, 26 de junho de 2016.

5. Atul Gawande, *Mortais: Nós, a medicina e o que realmente importa no final* (Rio de Janeiro: Objetiva, 2015).

6. Village to Village Network, FAQs, disponível em: http://www.vtvnetwork.org/content.aspx?page_id=274&club_id=691012.
7. Beacon Hill Village, "About Beacon Hill Village", disponível em: http://www.beaconhillvillage.org/content.aspx?page_id=22&club_id=332658&module_id=75811.
8. Brown Wilson, entrevista, 26 de junho de 2016.
9. Tracy Ready, trailer "Assisted Living in America", trailer, *YouTube*, 23 de maio de 2010, disponível em: https://www.youtube.com/watch?v=wXEq2Yu-vik.
10. Dunwoodie, entrevista, 25 de agosto de 2015.
11. Alzheimer's Association, "Women and Alzheimer's Disease", *Fact Sheet*, março de 2014, disponível em: https://www.alz.org/documents_custom/2014_facts_figures_fact_sheet_women.pdf.
12. Alzheimer's Association, "Stages of Alzheimer's", disponível em: www.alz.org/alzheimers_disease_stages_of_alzheimers.asp.
13. Naomi Gregory, *pseudônimo*, entrevista gravada por telefone com a autora, 14 de maio de 2015.
14. Mary Jo Saavedra, *Eldercare 101*, disponível em: www.eldercare101book.com.
15. Mary Jo Saavedra, entrevista gravada por telefone com a autora, 9 de maio de 2016.
16. Leslie Scism, "Long-Term-Care Insurance, Is It Worth It?" *Wall Street Journal*, 1º de maio de 2015, disponível em: www.wsj.com/articles/long-term-care-insurance-is-it--worth-it-1430488733.
17. "Insights from Genworth's 2015 Cost of Care Survey", 13 de abril de 2016. Pesquisa de custo de assistência da Genworth, disponível em: https://www.genworth.com/dam/Americas/US/PDFs/Consumer/corporate/130568_040115_gnw.pdf.
18. Susan Ross, entrevista gravada por telefone com a autora, 3 de maio de 2015.
19. Kristin Steinmetz, entrevista telefônica gravada com a autora, 31 de março de 2016.
20. Richard Eisenberg, "Americans' Ostrich Approach to Estate Planning", *Forbes/Personal Finance*, 9 de abril de 2014, disponível em: www.forbes.com/sites/nextavenue/2014/04/09/americans-ostrich-approach-to-estate-planning/#7eecb5795217.
21. Wennhold, entrevista, 26 de março de 2016.
22. "Welcome to the Conversation Project Starter Kit" 2016, disponível em: https://theconversationproject.org/starter-kits/.

CAPÍTULO 10. O QUE DEIXAMOS PARA TRÁS

1. Lauren Sandler, "The Childfree Life: When Having It All Means Not Having Children", *Time Magazine*, 12 de agosto de 2013, pp. 39-45, disponível em: time.com/241/having-it-all-without-having-children/.
2. Michael Hurd, "Inter-Vivos Giving by Older People in the United States: Who Received Financial Gifts from the Childless?" *Ageing & Society*, vol. 29, n. 8 (novembro de 2009), p. 1214, disponível em: www.cambridge.org/core/journals/ageing-and-society/article/intervivos-giving-by-older-people-in-the-united-states-who-received-financial--gifts-from-the-childless/6D4C4CD30289D09A3B6BBBF98F05A317.
3. Steinmetz, entrevista, 31 de março de 2016.

4. Russell N. James, III, "American Charitable Bequest Demographics (1992-2012)", p. 33, disponível em: http://www.pgdc.com/pdf/american-charitable-bequest-demographics-1.pdf.
5. Frank Adloff, "What Encourages Charitable Giving and Philanthropy?" *Ageing & Society*, vol. 29, n. 8 (15 de outubro de 2009), pp. 1185-1205, disponível em: https://www.cambridge.org/core/journals/ageing-and-society/article/what-encourages-charitable-giving-and-philanthropy/9755393D5A78A702340D808C34C3D2B6.
6. Debbie Fischer e Kate Kaufmann, "Non-Motherhood in a World of Giving", workshop da Oregon Community Foundation, 24 de abril de 2014.
7. Oregon Community Foundation, "Relatório Anual 2015".
8. Adloff, "What Encourages Charitable Giving", p. 1185.
9. James, "American Charitable Bequest Demographics", p. 33.
10. Marco Albertini e Martin Kohli, "What Childless Older People Give: Is the Generational Link Broken?" *Ageing & Society*, vol. 29, n. 8 (2009), p. 1272, disponível em: cadmus.eui.eu/handle/1814/13764.
11. Foundation Center, "Foundation Stats–Aggregate Fiscal Data of Foundations in the US", 2013, disponível em: http://data.foundationcenter.org/#/foundations/all/nationwide/total/list/2013.
12. Dunwoodie, entrevista, 25 de agosto de 2015.
13. Fischer, entrevista, 23 de abril de 2015.
14. Geiling, entrevista, 25 de junho de 2015.
15. Katen, entrevista, 2 de maio de 2015.
16. Erickson, entrevista, 18 de junho de 2015.
17. Sigafoos, entrevista, 27 de maio de 2015.
18. Zembaty, entrevista, 12 de outubro de 2015.
19. Kim Parker e Wendy Wang, "Modern Parenthood: Roles of Moms and Dads Converge As They Balance Work and Family", *Pew Research Center*, 14 de março de 2013, p. 27, disponível em: http://www.pewsocialtrends.org/2013/03/03/14/modern-parenthood-roles-of-moms-and-dads-converge-as-they-balance-work-and-family/.
20. Malcolm Gladwell, *Fora de série: Descubra por que algumas pessoas têm sucesso e outras não* (Rio de Janeiro: Sextante, 2011).

POSFÁCIO. VOCÊ TEM FILHOS?

1. Christopher Clausen, "Childfree in Toyland", *The American Scholar*, vol. 71 (Inverno, 2002), p. 113, https://www.unz.com/print/AmScholar-2002q1-00111/Contents/.
2. Clausen, "Childfree in Toyland", p. 116.
3. Hillary Frank, "Terry Gross on Not Having Kids", *The Longest Shortest Time*, episódio 79 do podcast, 20 de abril de 2016, disponível em: https://longest-shortesttime.com/episode-79-terry-gross-on-not-having-kids/.
4. Gabriella Berman, "Cassandra Report Finds Parenthood Is No Longer an Essential Element of Adulthood for Millennials", *Deep Focus*, 20 de outubro de 2015, disponível

em: http://www.marketwired.com/press-release/cassandra-reportfinds-parenthood--is-no-longer-essential-element-adulthoodmillennials-2065471.htm.

5. Urban Dictionary, Definição 2, disponível em: https://www.urbandictionary.com/define.php?term=Bingo.

6. Annalucia Bays, "Perceptions, Emotions, and Behaviors toward Women Based on Parental Status", *Sex Roles*, vol. 76, n. 3-4 (fevereiro de 2017), p. 148, disponível em: https://link.springer.com/article/10.1007/s11199-016-0655-5.

7. Leslie Ashburn-Nardo, "Parenthood as a Moral Imperative? Moral Outrage and the Stigmatization of Voluntarily Childfree Men and Women", *Sex Roles*, vol. 76, n. 5-6 (março de 2017), p. 398, https://link.springer.com/article/10.1007/s11199-016-0606-1.

8. "About Us", site TheNotMom.com, disponível em: https://www.thenotmom.com/aboutus.

9. Karen Malone Wright, entrevista telefônica gravada com a autora, 20 de março de 2017.

AGRADECIMENTOS

O que começou com um passeio na praia se transformou em milhares de conversas. Sou muito grata pela franqueza e confiança envolvidas em cada história que foi compartilhada comigo. Vamos continuar conversando.

Minha agente, April Eberhardt, é uma parceira de negócios experiente, defensora tenaz e amiga incrivelmente solidária. As intermináveis sincronicidades que continuam fazendo nossos caminhos se cruzarem são surpreendentes. E ao adorável Greg Messina, nosso representante de direitos estrangeiros, que abre as portas para lugares onde nunca estive e línguas que ainda não falo. Obrigada aos dois por todo o seu empenho e entusiasmo em fazer o meu trabalho florescer.

Sem o apoio de minha comunidade de escritores, essas páginas certamente teriam se juntado a outros manuscritos não terminados amontoados em caixas mofadas. Estou em dívida com o corpo docente de não ficção do antigo Northwest Institute of Literary Arts. Larry Cheek, o orientador do meu mestrado em Belas Artes, me ensinou o poder da escrita clara e simples e me convenceu de que eu era capaz de escrever um bom livro. Agradeço também a Ana Maria Spagna por ter me incentivado a ser corajosa e contar a minha própria história.

Os seguintes leitores brilhantes me inspiraram a escrever melhor e a aprofundar meu trabalho: Lauren Back, Jenny Bates, Charlotte Dixon, Heather Durham, Tim Flynn, Leslie Hill, Cynthia Jones, Cameron Kelly, Sue Anne Linde, Caroline Purchase, Sarah Shepherd, Avril Stewart e Nick Wagner. Sou profundamente grata a todos vocês.

A Sterling Writer's Room, na requintada Biblioteca Central de Portland, é uma incubadora de inspiração. Sou muito feliz por ter acesso a esse belo espaço de trabalho.

Marilyn Fischer, professora aposentada de filosofia e amiga maravilhosa, abriu as portas para sua vasta comunidade universitária, estimulou minhas análises e me encorajou durante o processo de escrita. Aprecio muito sua companhia enquanto percorremos caminhos editoriais paralelos.

Tive a honra de ser palestrante convidada no Colóquio sobre Mulheres e Estudos de Gênero da Universidade de Dayton no início do meu ciclo de pesquisa e novamente quando meu trabalho se aproximava da conclusão. Agradeço às diretoras V. Denise James e Rebecca Whisnaut e à sua equipe por facilitar as interações com a comunidade universitária.

Karen Malone Wright promoveu o primeiro NotMom Summit em Cleveland no momento mais oportuno. Que seu trabalho para ajudar a formação dessa comunidade continue, porque é extremamente necessário. Sou grata a ela, Laura Lavoie e a todas aquelas que participaram dos NotMom Summits.

Minha saúde e bem-estar enquanto escrevia esse livro foram apoiados por pessoas que são muito queridas para mim, especialmente Debra Pearce-McCall, minhas irmãs Suzanne Lee e Elizabeth Hale, e meus amigos Elizabeth Shypertt, Susan Tull, Susan Marrant, Ian Heitz e Patty e Michael Green.

Muito obrigada às moças e rapazes que confirmam que este trabalho é vital para imaginar os vários caminhos que suas vidas podem seguir, especialmente Annamieka Hopps Davidson, Kelly Nardo e Kristen Genzano.

Por fim, estou em dívida com minha equipe estratégica: Deb Fischer, Elsa Stavney e Eric Vines, que perceberam a importância deste projeto quando eu ainda estava intimidada só pela ideia dele. Obrigada por pedir de mim mais do que jamais pensei ser possível.

Em www.leyabrasil.com.br você tem acesso a novidades e conteúdo exclusivo. Visite o site e faça seu cadastro!

A LeYa Brasil também está presente em:

facebook.com/leyabrasil

@leyabrasil

instagram.com/editoraleyabrasil

LeYa Brasil

Este livro foi composto em Dante Mt Std, corpo 11pt, para a editora LeYa Brasil.